上海相册

70年70个瞬间

中共上海市委党史研究室◎编
黄金平　张励◎主编

上海人民出版社

前　言

今年是中华人民共和国成立70周年，也是上海解放70周年。70年前，毛泽东充满激情地预言："我们不但善于破坏一个旧世界，我们还将善于建设一个新世界。"新旧之间，是天翻地覆的巨大变化，是感天动地的奋斗史诗。每一步砥砺前行，都是艰辛探索；每一格瞬间定格，都是书写辉煌。

1949年5月27日，上海解放，这座我国最大的经济中心城市和中国共产党的诞生地，经历战火洗礼，迎来新生，开启了历史的新的一页。70年来，在党中央、国务院的领导下，在兄弟省市的大力支持下，上海人民自力更生、艰苦创业，初步建成一个生产门类比较齐全、协作配套能力比较强、科学技术水平比较高的综合性工业基地和科学技术基地，为新中国建立起独立完整的现代工业体系作出重大贡献。党的十一届三中全会以来，特别是浦东开发开放后，上海作为改革开放的前沿，紧紧抓住历史机遇，敢为人先，攻坚克难，"一年一个样，三年大变样"，实现城市面貌日新月异，城市功能显著提升，向世界展现了充满生机活力的中国改革开放新形象。党的十八大以来，上海在新时代新起点上"再出发"，加快建设国际经济、金融、贸易、航运和科创"五个中心"，打响上海服务、制造、购物和文化"四大品牌"，加快建设卓越的全球城市和具有世界影响力的社会主义现代化国际大都市。

回望70年，上海的每一项成就，都离不开中央领导对上海的关心和指导。从毛泽东同志"上海有前途，要发展"的重要指示，邓小平同志"上海是我们的王牌，把上海搞起来是一条捷径"的谆谆嘱托；到江泽民同志作出把上海建设成为"一个龙头、三个中心"的战略决策，胡锦涛同志提出上海要实现"四个率先"的殷切期望，为上海的发展指明了方向。以习近平同志为核心的党中央要求上海继续当好改革开放排头兵、创新发展先行者，对更好为全国改革发展大局服务、推动经济高质量发展、推动改革开放向纵深发展、深化社会治理创新、提高党的建设质量和水平五方面工作提出要求，并交给上海增设上海自贸试验区新片区等三项新的重大任务。上海的每一步前行，同样离不开全市人民的支持和奉献。70年来，上海人民以精益求精的钻研精神，创造出一个又一个上海第一、中国第一，乃至世界第一，实现了加快自身发展的同时更好地服务全国。

习近平同志指出："一切向前走，都不能忘记走过的路；走得再远、走到再光辉的未来，也不能忘记走过的过去，不能忘记为什么出发。"为此，中共上海市委党史研究室组织编纂《上海相册：70年70个瞬间》一书，以历史发展脉络为主线，撷取上海70年发展长河中70个具有重要意义的历史瞬间，意在通过具体生动的影像，以小见大，以点带面，以图说史，回顾70年来上海一路走过的光辉足迹，展现上海人民的精神风貌。历史是最好的教科书，希望本书不仅能够帮助大家重温这一段岁月峥嵘，更能够从重温历史中汲取继续奋发前行的动力，共同创造上海更加辉煌的未来。

目录
contents

前　言 / 1

01 五星红旗飘扬十里洋场 / 1
02 工人阶级成为国家的主人翁 / 7
03 打击金融投机的“银元之战” / 13
04 居民委员会从宝兴里起步 / 19
05 海外赤子为新中国归来 / 25
06 从“跑马厅”到“人民广场” / 31
07 第一个工人新村的兴建 / 37
08 “我们自己的”市百一店 / 43
09 上海“龙须沟”肇嘉浜的蜕变 / 49
10 支援一汽建设的上海身影 / 55

11 享誉全国的“上海”牌手表 / 61
12 各界人士欢庆社会主义改造基本完成 / 67
13 中共一大会址建成纪念馆 / 73
14 “草窝里飞出了金凤凰” / 79
15 灭钉螺送“瘟神” / 85
16 第一座卫星城的崛起 / 91
17 《梁祝》唱响“上海之春” / 97
18 “南京路上好八连” / 103
19 中国首枚探空火箭成功试射 / 109

20 百花齐放“百花奖” / 115

21 中国第一台万吨水压机的诞生 / 121
22 断手获新生 / 127
23 世界上第一次人工合成结晶胰岛素 / 133
24 引进与创新相结合的上海石油化工总厂 / 139
25 奔赴唐山抗震救灾 / 145
26 上海人民欢庆粉碎“四人帮” / 151
27 恢复高考改变命运 / 157
28 于无声处听惊雷 / 163
29 中国第一家现代化钢铁联合企业 / 169
30 上海工人阶级首创的“振兴中华读书活动” / 175

31 谱写中国轿车合资项目新篇章的上海大众 / 181
32 为外商提供“一个图章”服务的市外资委 / 187
33 首次以国际招标方式进行的土地批租 / 193
34 “菜篮子”里看形势 / 199
35 开启高速公路建设新时代的“沪嘉高速” / 205
36 观察学习世界的市长咨询会 / 211
37 吹响中国新一轮改革开放的号角 / 217
38 中国唯一以金融贸易命名的国家级开发区 / 223
39 新中国第一家证券交易所在上海开业 / 229
40 一桥横跨浦江南北 / 235

41 “豆腐块”里创造奇迹 / 241
42 凝聚力工程暖民心 / 247
43 明珠璀璨耀东方 / 253
44 从“纺织局”到“纺织控股” / 259
45 为“申”字型高架添上精彩的“一竖” / 265

46 上海敲响全国压锭第一锤 / 271
47 还市民一个碧水蓝天 / 277
48 上海温情传雪域高山 / 283
49 “支部建在楼上”的全国首个联合党支部 / 289
50 “中华商业第一街”重装亮相 / 295

51 第一届中国上海国际艺术节开幕 / 301
52 集观赏游览、休闲娱乐于一体的延中绿地 / 307
53 2002 年网球大师杯赛在上海举行 / 313
54 给科学家一双慧眼的上海光源 / 319
55 老厂房散发新魅力 / 325
56 崇明踏上“三岛联动”新征程 / 331
57 洋山深水港一期开港 / 337
58 “两湾一宅”焕新颜 / 343
59 永不拓宽的马路 / 349
60 中国 2010 年上海世界博览会开幕 / 355

61 “家庭医生”守护市民健康 / 361
62 上海自贸区谱写改革开放新篇章 / 367
63 上海报业迈出融合转型新步伐 / 373
64 破解超大城市交通治理“世界级难题” / 379
65 上海迪士尼开启“寻梦之旅” / 385
66 中国中小学教材首次系统进入欧美 / 391
67 国产大型客机翱翔蓝天 / 397
68 “中国版”原油期货在上海启航 / 403
69 像“网购”一样便利的“一网通办” / 409
70 首届进博会在上海成功举办 / 415

后 记 / 420

保衛世界和平
慶祝中華人民共和國中央人民政府成立
中國人民政治協商會議成功
擁護中央人民政府
擁護人民民主專政

01 五星红旗飘扬十里洋场

1949 年 5 月 27 日，上海解放，曾经的上海公共租界工部局大楼成为新的上海市人民政府所在地。10 月 2 日，上海市人民政府举行了庄严隆重的升旗典礼。在滂沱大雨中，市府大厦各局处员工 1100 余人集中在大厦前广场，排列成半圆队形。大家先是齐声高唱国歌，随后肃立致敬，在军乐声和爆竹声中，五星红旗冉冉升起，安置于大厦顶层的大红星也光芒四射，象征着新中国和上海的前途光芒万丈。

上海，是中国共产党的诞生地，中国工人阶级的发祥地，党的历史上诸多重大事件、重要活动的发生地，在政治、经济和社会等各方面都具有举足轻重的地位。1949 年 5 月 27 日，经过 16 个昼夜的激战，上海终于完整地回到了人民手中，历史翻开崭新的一页，步入了中国人民自己管理大上海的新时代。毛泽东主席亲自审阅修改 5 月 29 日新华社的社论《祝上海解放》，开篇就对上海解放的特殊意义作出了高度评价："上海是中国的最大的经济中心，上海的解放表示中国人民无论在军事上、政治上和经济上都已经打倒了自己的敌人国民党反动派"，"上海是帝国主义侵略中国的主要基地，上海的解放表示中国人民已经确立了民族独立的基础"。

10 月 8 日，上海各界群众举行了庆祝新中国成立的大游行。游行原定于 2 日举行，但因为暴雨而被迫暂停，应各区县群众的要求，市委、市政府特意决定在10月8日天气放晴后再次组织全市游行。那天，全市所有的公共汽车、电车一律停止出场，解放军和各区的职工、学生、店员、农民组成的游行队伍兴高采烈地汇聚到跑马厅，总数达100万人之多。来自郊区的队伍带着扎成向日葵、玉米、牛车棚的各色纸灯，来自铁路工人的队伍带着广州号机车和铁路员工乐队伴奏，还有的表演着秧歌、腰鼓、龙灯、旱船、狮舞等，“跟着共产党走！”等各种呐喊声、欢呼声响彻天宇，游行活动不断达到高潮，庆祝人民当家作主的时代真正到来。

链接一

送给上海人民的『见面礼』

1949年5月10日，陈毅在苏南丹阳县（今江苏丹阳市）发表了著名的丹阳讲话，其中明确指出：入城纪律是执行入城政策的前奏，是我们解放军给上海人民的见面礼。入城纪律搞不好，入城政策就要走弯路。对此，毛泽东极为赞许，在回电中用了四个“很好”。进城前，陈毅严格地强调了两点：一是市区作战不许用重武器，二是部队入城后一律不得进入民宅。人民解放军不顾自己的生命，尽量不使用火炮和

◎ 1949年5月，攻入上海后，为了不惊扰市民、不入民宅而露宿街头、和衣而卧的人民解放军

炸药，付出了伤亡3万余人的代价，使上海完整地回到人民手上。硝烟还没散尽的上海，整座城市依然保持灯火通明，电话畅通，煤气、自来水正常供应，市内公共交通车辆正常行驶，创造了城市攻坚战中令人叹为观止的奇迹。战斗结束的清晨，许多上海市民打开家门，走上枪声逐渐平息的街头时，惊讶地发现昨夜刚刚进入市区、疲惫不堪的解放军战士们就这样躺在泥泞潮湿的人行道上、屋檐下，身下只垫着一片麻袋。不少市民看此一幕，得出结论："国民党回不来了！"67岁的著名诗人、书法家沈尹默目睹这一情景深受感动，回家后即挥毫咏诗："秋毫无犯取名城，大炮昂然未许鸣；晓起居民始惊动，红军街宿到天明。"英勇攻取了大上海的胜利之师却睡马路，这旷古未有的景象强烈地震动了上海市民群众。这份"见面礼"，就是让整个上海市民都知道，这才是真正为人民而革命的军队。

链接二

南京路上第一面红旗在绮云阁升起

上海永安公司（曾改名为华联商厦，现又恢复永安百货名称）是解放前上海四大公司（先施、永安、新新、大新）之一，是中国民族商业经济中一家很有地位和影响的大型百货零售企业。1949年上海解放前夕，人民解放军兵临城下，永安公司资方代表经过中共地下党的思想工作，接受了"发展生产、繁荣经济、公私兼顾、劳资两利"的政策，退掉去香港的机票，继续留在上海和职工一起迎接解放。为迎接解放军的到来和欢庆上海解放，永安公司职工组织了保安队，保护永安大楼。5月12日，中国人民解放军第三野战军以雷霆万钧之势发起解放上海战役，在经过十多天激烈的外围战斗后攻入上海市区。在永安公司的一间小屋内，上海地下党组织正在布置准备迎接解放的任务。25日凌晨，解放军先遣部队进入南京路，一夜未眠的地下党员们兴奋不已，有人提议用升红旗的形式来迎接解放军。于是永安公司地下党员赶制

南京路上升起第一面红旗的永安公司绮云阁

了一面色彩鲜艳的红旗，并冒着生命危险登上公司大楼最高处，将红旗插上绮云阁顶端，南京路上飘扬起了第一面鲜艳的红旗！看到永安公司楼顶飘起了红旗，先施、新新、大新等百货公司也纷纷升起了红旗，霎时间，南京路上红旗飘飘，耀眼夺目。这条百年商业街，在这一天迎来了新生。

国旗的诞生

链接三

1949 年 6 月 15 日，新政协筹备会第一次全体会议在北平召开。7 月，全国政协筹备会向全国公开征集国旗图案。由郭沫若、沈雁冰、郑振铎草拟的《征求国旗国徽图案及国歌词谱启事》经周恩来审改、毛泽东等筹备会常委首肯，于 7 月 15 日起连续在《人民日报》等各大报刊载。此时在上海现代经济通讯社工作的曾

◎ 1984 年 1 月，国旗设计者曾联松在家中拿出 1949 年 9 月 30 日新中国成立前一天的《解放日报》，上面刊登了由他设计的中华人民共和国国旗，给小学生讲述当年设计国旗的经过

联松从报端见到启事，激动万分，心中那种欢呼新中国诞生的喜悦促使他要设计新中国的国旗。最终，他设计了“五星布成椭圆形，大星导引于前，小星环绕于后，恰似众星拱北斗的五星红旗”。8 月中旬，曾联松将设计图案寄给了全国政协筹备会。至 8 月 20 日，全国政协筹备会共收到应征国旗稿件 1920 件，共有图案 2992 幅。经过精心选评，从中选出符合条件的 38 幅图案，曾联松的五星红旗图案排第 32 号。9 月 25 日，在讨论国旗国徽国歌纪年和国都问题的会议上，五星红旗图案得到毛主席的肯定。27 日，中国人民政治协商会议第一届全体会议一致通过决议：“中华人民共和国的国旗为五星红旗，象征中国革命人民大团结。”经过三个月的征集、初选、讨论，中华人民共和国国旗诞生。1950 年 10 月，作为国旗原创者的曾联松应邀到北京参加国庆观礼，他还收到中央人民政府委员会的信文：“曾联松先生：你所设计的中华人民共和国国旗，业已采用。”

（段春义）

GRAND

02 工人阶级成为国家的主人翁

1949 年 5 月 31 日，2300 名职工代表来到大光明电影院参加纪念五卅运动 24 周年大会。

这次会议是华东局暨上海市委为贯彻党的七届二中全会关于进城后“必须全心全意依靠工人阶级”的精神而召开的。会前，上海市市长陈毅对原上海地下党工运领导人刘长胜说：“这是解放后上海工人第一次大会，应该开得轰轰烈烈！”并说：“上海有几十家电影院、剧场，开会地点由你挑，要最好的。”

会议开始，陈毅一上主席台，开口第一句话便是：“上海的工人老大哥、老大姐们，我们归队来了！”一句话说得许多人热泪盈眶，掌声、欢呼声骤然响起，在大厅里久久回荡。接着，他在讲话中充分肯定了上海工人阶级的地位和作用，指出上海的解放是中国有史以来的大改变，最主要的改变是工人已取得领导地位，成了国家的主人翁。他号召上海工人阶级迅速建立起自己的工会组织，并团结一切民主阶层，以高度的热忱建设新上海。会议宣布成立上海总工会筹备委员会（即上总筹）。

会后，经过上总筹近 8 个月的努力，全市 107 万名职工中有 87% 纳入了 37 个产业工会（有 10 个正在筹建）组织。

1950 年 2 月 3 日，上海市首届工人代表大会在市政府大礼堂举行。大会听取了市长陈毅的政治报告、上总筹主任刘长胜

《关于上海工人运动当前方针与任务》的报告，以及华东军政委员会主席饶漱石，全总副主席刘宁一，副市长潘汉年、盛丕华，九兵团司令员宋时轮等同志的讲话。大会通过了关于上海工人运动当前方针与任务等 10 项决议。2 月 7 日，大会宣告上海总工会正式成立，并选举产生了刘长胜等 129 位委员、候补委员与监察委员。全体委员上台庄严宣誓。从此，上海工人阶级在上海总工会的领导下，开启了集中力量，维持生产，粉碎封锁，克服困难，建设人民新中国的新征程。

链接一

成为新时代工厂的主人翁——废除抄身制

抄身制，又称“检身制”“搜身制”，是解放前资本家为防止工人擅拿厂里的东西回家而制定的。那时，工人下班出厂门时得先排成长队，等待由厂方特别雇佣的门警或抄身人员一个个浑身上下搜摸一遍，过关后方能回家。解放后，公营、私营工厂仍然实行抄身制。这种过去反动统治时代遗留下来的不合理制度，显然与工人阶级已成为国家政权的领导阶级的新时代不相适应。1949 年 11 月 1 日，华东区财政经济委员会纺织工业部部长刘少文在上海第十棉纺织厂（上棉九厂）工会成立大会上宣布废除抄身制度。同年 12 月 6 日，上海市劳动局局长马纯古在市一届二次

◎ 1950 年 1 月，中纺十厂职工欢庆废除抄身制

各界人民代表会议上临时动议，请求军管会命令永远废除目前工厂中仍旧存在的不合理的抄身制度，认为它“不仅是一种对人身的侮辱，而且表示对工人阶级不信任和不尊重的态度”。“只有使正当工人发生反感，造成劳资关系的隔阂和恶感，而并不能防止厂中不良分子的偷窃行为。”12 月 11 日，市一届二次各界人民代表会议原则通过该项提案。据此，上海各公营、私营工厂先后宣布取消抄身制。抄身制的废除，表明工人不仅获得了解放，而且真正成为了国家的主人。

链接二 迈出成为有文化的劳动者的第一步——扫盲识字

解放初，上海职工中的文盲、半文盲约占 75%，总人数超过 70 万。党和政府十分重视职工的文化教育，由各级工会和教育行政组织举办了大量的工人夜校和识字班，展开了轰轰烈烈的扫盲识字运动。识字活动以常用的 1200 字为标准，工人只要坚持每天学习五六个字，一年时间就可以脱盲。为动员更多的文盲职工参加学习，工会利用报纸、广播台、黑板报、标语、漫画、

◎ 1952 年 8 月，国棉九厂的工人在识字班学习

编排和上演活报剧《不识字的苦》、越剧《夫妻识字》等多种形式开展宣传教育。到1950年底，全市共有500个识字班，7万多人参加识字学习。到1953年6月，全市已有16.8万名职工成功扫盲。1954年，上海提出五年内基本扫除现有工人中的文盲。1955年下半年到1956年上半年、1958年和1959年下半年，上海组织开展了大规模扫盲活动，全市有数十万人参加学习。通过识字教育，到1966年上半年，全市职工中文盲比例已降至2%左右。许多工人正是通过坚持学习，不仅摘除了文盲的帽子，而且成为了出色的社会活动家、科学家、文学家和领导骨干。

链接三

创办工人的学校和乐园——上海工人文化宫

上海市总工会为适应广大职工学政治、学文化、开展文娱体育活动的需求，决定筹办工人文化宫，并与纱厂工会、市政工会、店员工会等联合起来以14万折实单位（约旧币7亿元）的代价买下坐落在西藏中路、广东路口的东方饭店，还花费2.5亿元（旧币，折合新币2.5万元）于1950年5月开始装修改造，使整座大楼焕然一新。1950年9月30日，上海工人文化宫开幕。陈毅市长为文化宫题词“面向生产，学习文化”，并代表市委、市政府亲笔题写了“工人的学校和乐园”的匾额，为办好工人文化宫指明了方向。在这幢六层楼高的大厦里，设有工人图书馆、工人运动史料陈列馆、小剧场、健身房等，并有文娱组、体育组、宣教组、生活互助组等组织。此后，市工人文化宫举办各种政治、技术讲座，出版文化宫内部的墙报和黑板报，组织各类培训班，如音乐指挥、舞蹈、戏剧导演、足球、篮球裁判等训练班，设立读书指导组，开展阅读辅导工作……在这所“工人的学校和乐园”里，广大职工提高了政治思想觉悟、文化程度和技术水平，愉悦了身心，增进了团结，保证了生

◎ 1950 年 9 月，上海工人文化宫正式对外开放

产任务的完成。同时，市工人文化宫培养了一批优秀人才，创作出许多优秀文艺作品，展现了新中国工人阶级的新风貌。

（黄　坚）

03 打击金融投机的“银元之战”

1949 年 6 月 10 日，上海市军管会和人民政府查封银元投机的大本营——上海证券交易所大楼，打击金融投机行为。旧上海是“冒险家的乐园”，是国内外投机资本的聚集地。国民党统治时期长期的恶性通货膨胀，造成市面上投机成风。上海解放后，一些留在上海的不法资本家和投机势力利用新生政权面临的种种困难，通过贩卖“黄”（黄金）、“绿”（美钞）、“白”（银元）扰乱金融市场。

坐落在汉口路 422 号的上海证券交易所大楼，虽然证券交易已停止多时，但因有便捷的交易设备，此时成为上海银元投机交易的中心。每天有数千人在交易所内公开进行银元投机，街头巷尾也随处可见银元小贩的叫卖声。在上海解放后短短 13 天中，银元上涨了 2 倍，带动市场物价扶摇直上，还严重妨碍人民币进入上海市场。一些普通百姓对人民币能否在市场上立足心存疑虑，工资一发下来就赶紧去买米、煤、布等日常生活必需品，或调换成银元。当时上海著名的四大百货公司销售的商品也是用银元标价，不收人民币，以至于人民币早晨从人民银行发出，当天晚上就如数回到了人民银行。一些人甚至公开叫嚣：“解放军可以打进上海，人民币则进不了上海。”

面对日益猖獗的投机活动，中共中央华东局和上海市委、市军管会、市人民政府经报请中央批准后，决定查封上海证券交易所大楼。1949年6月10日上午8时许，市公安局200余名公安干部进入证券交易所大楼，外围由人民解放军警卫旅负责包围。1.2万名工人、学生则在外围封堵交通，向市民做宣传解释工作。10时整，证券交易所大楼内的投机活动进入高潮，公安人员一起亮出身份，当场将238名重要投机分子逮捕，一举查封了大楼。这次行动共抄没黄金（含金饰）3642两，银元3.97万多枚，美元6.27万多元，人民币1545万多元，呢绒、布匹、颜料、肥皂等各类囤积的商品折价人民币3553万多元，还收缴美式手枪2支。“银元之战”大获全胜，沉重打击了上海的金融投机活动，也使人民币在上海站稳了脚跟。

平抑市场物价的『米棉之战』

链接一

打击金融投机的“战火”刚刚平息，一些投机商人又将目标瞄准了与人民生活和生产恢复息息相关的“两白一黑”（大米、纱布和煤炭）。他们狂妄地宣称，掌握了“两白一黑”，就能置新生的人民政权于死地。而上海解放初期，粮食、棉布、煤炭等重要物资供应十分紧张。据统计，当时上海的大米存量仅够全市半个月消费，存棉只够纱厂开工1个月，煤炭只够烧7天。再加上1949年全国农村普遍遭灾和上海海口受到美蒋武装封锁，素有囤积居奇、投机倒把“经验”的上海投机商，趁机掀起了以粮食、纱布和煤炭为主的三次大的物价上涨风。从1949年10月上旬到11月下旬，棉纱价格上涨了3.8倍，棉布价格上涨了3.5倍。物价的迅猛上涨扰乱了上海正常的经济秩序，严重影响了人民的正常生活，并迅速波及全国。

上海是全国经济的风向标，稳上海就是稳全国。为此，在中央的领导下，在中财委主任陈云的直接指挥下，从各地调拨了大批纱布、粮食、煤炭等必需物资集中到上海，低价在市场上连续多天进行抛售。这一招使那些投机商人失去还手之力，不得不以惨败告终。通过经济手段成功平抑了物价，向国内外显示了中国共产党管理经济的能力。一位工商界人士表示：“6月银元风潮，中共是用政治

◎ 1951 年 7 月，各地棉花运抵上海支援纺织厂生产

力量压下去的，此次仅用经济力量就能稳住，是上海工商界所料不到的。”经过“银元之战”“米棉之战”等一系列经济战役，人民政府掌握了市场的领导权，使延续多年不断上涨的物价稳定下来，创造了经济史上的一个奇迹。毛泽东高度评价这一胜利，说：平抑物价、统一财经，其意义“不下于淮海战役”。

链接二

反击『二六』轰炸

上海解放后，国民党政府不甘心自己的失败，不仅从经济上封锁上海，1949 年 6 月 11 日起不断从邻近上海的舟山群岛派遣飞机侵入上海空域，对上海实施狂轰滥炸，破坏生产、生活以及市政交通设施，以使上海陷于机器不转、电灯不亮、汽车抛锚的瘫痪境地，企图把新生的人民政权“扼杀在摇篮里”。这其中最为严重的就是 1950 年 2 月 6 日的轰炸，造成千余间民房被炸毁，市民死伤

© 1950年2月6日，国民党空军飞机对上海进行大轰炸，上海的电厂等企业及民居都遭到破坏，居民开展自救

1600余人，受灾群众达5万多人。作为上海主力电厂的杨树浦发电厂的三分之二发电设备被损坏，全厂无法发电，市区供电因此大部分停止，工厂大都被迫停产，市民生活受到很大影响。但上海人民并没有被轰炸造成的严重困难所吓倒，在市委、市政府领导的亲切关怀和勉励下，全市人民和人民解放军同仇敌忾、大力协作，进行抢修。抢救被炸毁设施，维护社会秩序。仅用了42小时，杨树浦发电厂就于2月8日上午7时5分恢复了部分发电，比预定时间提前6小时。2月15日，全市已恢复原有发电量的65%，基本能够应付当时的急需用电。机器开始运转，车辆重新启动，电灯重放光明，几近瘫痪的上海工商业渐渐复苏，反轰炸斗争取得了初步胜利。中央人民政府对上海遭到“二六”轰炸十分关心，正

在苏联访问的毛泽东向斯大林提出由苏联提供空军支援的要求，得到斯大林的同意。苏联空军进驻上海后成功拦击来犯的国民党空军，取得四战四捷、连续击落 6 架敌机的战绩。中苏联合上海防空保卫战，使上海取得了反轰炸斗争的最后胜利。

（段春义）

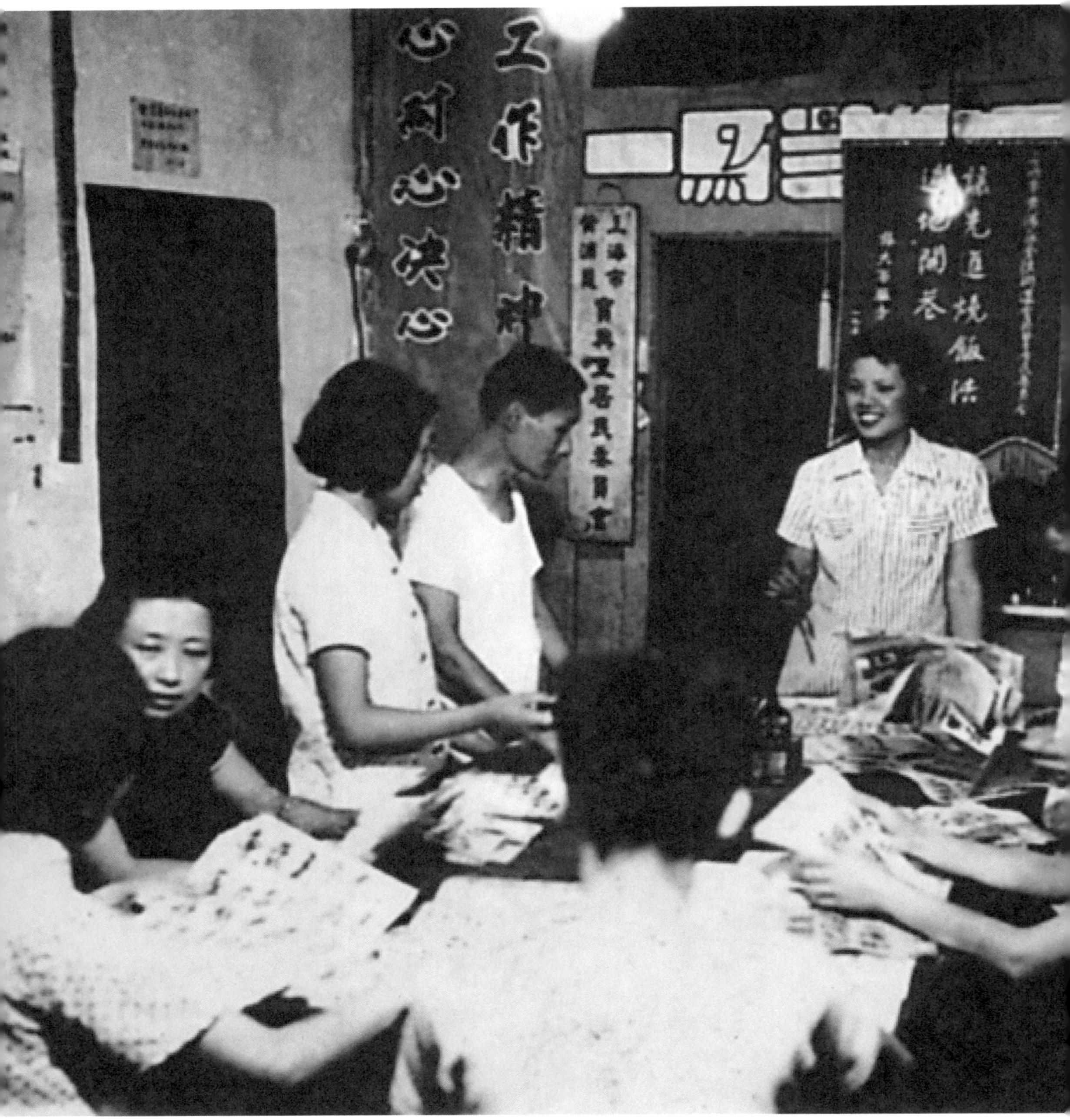
工作精神
心对心决心
上海市

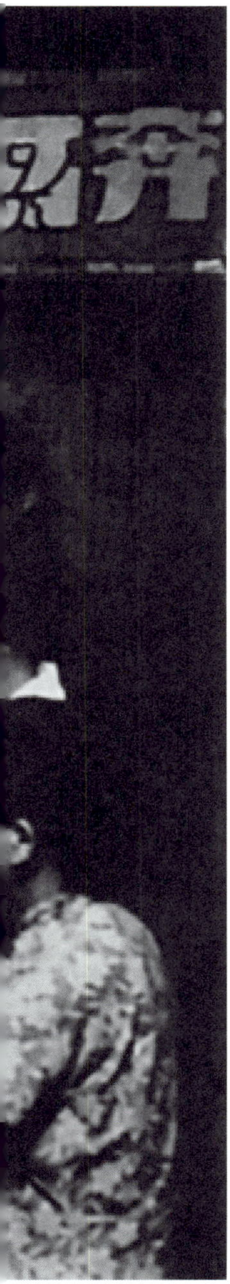

04 居民委员会从宝兴里起步

1949年12月上旬，宝兴里居民福利委员会成立，这可以说是居民委员会的雏形。

新中国成立后，随着保甲制度的逐步废除，如何建立起一种新的城市基层组织模式，把散居在地区、里弄中的广大无组织的居民群众组织起来，这确实是上海市委、市政府面临的一个重大难题。探索首先在黄浦区宝兴里开始了。

宝兴里在租界时期便是上海有名的“贩毒弄堂”，由于毗邻当时全市最大的摊贩市场，五方杂处，良莠难分，“小偷日日有，大偷三六九”；这里又被称为“低头弄堂”，走进弄堂，得先看脚下，不然会踩上一脚污泥或粪汁。为了改变这样脏乱的状况，在黄浦区接管会第五办事处、黄浦公安分局的指导帮助下，居民们组织起来，召开全体居民代表大会，成立了居民福利会。

居民福利会成立后的第一件工作便是组织全弄大扫除，家家户户各自把住宅前后打扫干净，填平路面水潭，疏通弄内终年淤塞的阴沟，宝兴里第一次现出了干净的面貌。福利会组织里弄居民开展夜间轮流值班，弄内没有再发生过偷窃事件，流氓、扒手和毒贩也不敢再在弄内徘徊逗留；还办了黑板报、读报小组，组织妇女和失学儿童举办识字班。居民之间发生纠纷，大家不再是你来我往争吵不休，而是找小组长开小组会，心平气和地评理劝导，使得纠纷得到合理调解。

成立了福利会以后，宝兴里的面貌焕然一新。居民们参与里弄活动的积极性明显提高，居住条件较为宽敞的居民，主动让出客堂间给大家作为活动场所；有的商号老板主动出资为里弄修建小便池、垃圾箱等卫生设施。对于推销公债、校正户籍等工作，居民们也是踊跃参与，其他地方需要 7 天才能完成的工作，这里只用了 3 天时间，真正体现了“自己事情自己管”的精神。

链接一

第一个居民委员会——梅芳里居委会

上海解放后，在里弄中出现了各类基层自治组织，其中居民福利会起步较早，但要论影响最大还得数冬防服务队了，全市共有 2020 支，占全市里弄总人口的 67%，它的职能主要是组织居民冬季开展防特、防匪、防盗、防火、清洁等活动。为此，在 1951 年 4 月召开的上海市街道里弄代表会议上，市政府决定以冬防服务队为基础，充实其内容，改组为街道里弄居民委员会，试点选在了普陀区梅芳里。之所以选择梅芳里，是因为这里位于国棉一厂斜对面，70% 的居民是工人，政治觉悟高；也是考虑到这里有比较健全的群众组织，有一批热心里弄工作的骨干。5 月 19 日晚上，梅芳里居民代表会议在锣鼓喧天、鞭炮齐鸣声中开幕了，53 名由居民推选出来的代表胸前佩戴着大红花，在全体居民簇拥下走进会场。会议一连开了三个晚上，代表们讨论得非常热烈，有时还开到第二天凌晨两点。经过推选，成立了由 15 名委员组成的居民委员会，下设总务、福利、安全、卫生、文娱五个组。6 月 8 日，经普陀区区政府批准，上海第一家居民委员会在梅芳里正式挂牌。居委会的成立在上海是一个创举，到 1952 年底，

◎ 1951 年 3 月 15 日，普陀区冬防服务队发动群众清扫里弄垃圾

上海已经成立了 3891 个居委会，约占全市人口的 85%，形成了一个自上而下的覆盖到社会基层的组织网络，奠定了今天上海城市管理的基础。

链接二

张家宅：让里弄妇女走出家庭小天地

20 世纪 50 年代末 60 年代初，受农村人民公社化运动的影响，在城市中也开始兴办人民公社，把分散在家庭中、成天与煤球炉子和尿布打交道的里弄妇女组织起来，走出家庭小天地，融入社会主义建设之中。在静安区张家宅，在区委工作组的动员下，里弄妇女们在短短几天中就腾出房子，组织起里弄生产组，因陋就简、机动灵活地搞起了加工生产，或是接受工厂企业的来料进行装配包装，如糊纸盒、缝羊毛衫、绕线圈、装配避雷器和玩具等，或是生产刺绣、编结等手工艺品。许多妇女在劳动中增强了自信心和积极性，里弄中一位职工家属原先终日愁眉不展，被称为“神主牌”，参加里弄生产组后带头搞起了技术革新，和

◎ 张家宅里弄洗衣组的家庭妇女创造一台电动洗衣机，半小时能洗 30 件衣服，比手工快八九倍

大家一起利用废品创造了一只检验避雷器的万能电表，保证了避雷器不出废品，不仅当上了张家宅生产加工委员会主任，还被评上了上海市的“三八红旗手”，大家都亲切地改称她是“蜻蜓姑娘”。为了让妇女们更好地开展生产，里弄里办起了食堂、托儿所、幼儿园，解决了妇女家务劳动中费时最多的做饭和带孩子两件大事；还组织居民之间的互教互学、包教包学，1500 多名一字不识的居民全部摘掉文盲的帽子。

（张　励）

迎被美帝
民科学家回

05 海外赤子为新中国归来

1950 年 12 月 4 日，从美国归来的原子物理学家赵忠尧教授（前排右二）抵达上海，终于踏上祖国的土地。他从美国乘坐邮轮，在途经日本时与同行的留学生一起被美军扣押，随身携带的行李多被没收。在中国政府和人民以及国际科学界同行的声援下，他们才最终获得释放，并经香港回到上海。回国后，赵忠尧主持建立核物理实验室，成为中国核物理研究的开拓者。

新中国成立后，百废待兴，急需各种专业人才，特别是那些有西方留学背景的理工科专业技术人才。不过，由于以美国为首的西方资本主义国家的封锁与阻挠，海外留学生想要回到祖国困难重重。1949 年 9 月 22 日，上海学联曾派数十名代表在公和祥码头等候海外留学生及圣约翰大学教授们等 65 人乘坐美国轮船公司“戈登将军号”归沪。然而，当船靠岸时却无一被欢迎者登陆，才知因美方阻挠，这些留学生都在香港被强迫上岸。这些渴望回沪的留学生之前还致电陈毅市长，希望指示及协助如何在上海登岸，而不在香港登岸。在得知他们被迫在香港登岸后，陈毅市长还去电希望他们设法回到上海来。欢迎人员在没有接到人并得知真相后十分地愤慨，号召大家参加“和平斗争日”示威游行。西方资本主义国家的阻挠并不能阻止海外赤子归国的步伐，他们怀着留学报国的信念，放弃了国外优越的条件，冲破重重阻力，毅然决然地踏上了回国征程。

上海成为了他们重要的中转站，也是他们中一些人为新中国服务的落脚点。他们以极大的热情投入到上海各项事业建设中，为祖国国防科技的进步、文化教育的转型、经济社会的发展等作出了重要贡献。

钱学森艰难归国路

链接一

出生于上海，早年毕业于国立交通大学的钱学森，留学美国后学习航空专业，研究涉及空气动力学、火箭和导弹等领域，并成为世界知名的空气动力学家。新中国成立后，钱学森就决定早日回国效力。1950 年 8 月，准备回国的钱学森被限制出境，之后被美国海关人员以违反出口管理法、中立法案和间谍法案的借口逮捕，并被带到了特米诺岛监狱关押了 15 天，后来在加州理工

◎ 1955 年 10 月 13 日，钱学森（后左二）一家在上海家中

学院的不懈努力下，钱学森被取保候审。为了保障自己的人身自由，钱学森与美国移民局展开了长达5年的法庭斗争，在这5年中，他长期陷于与外界隔绝的境地。1955年6月，钱学森摆脱了特务的监视，将一封写在小香烟纸上的求救信夹带在家书中，寄往比利时的亲戚家。亲戚收信后再帮忙转寄回国内。随后，在日内瓦会议上，中美两国就两国的侨民问题进行了商谈。我国外交人员亮出了钱学森要求回国的铁证，并以释放十几名美国飞行员战俘的条件要求美国方面不再阻挠钱学森等人回国。最终，美国同意钱学森回国。1955年9月17日，钱学森携带妻子儿女，踏上了归国的旅途。10月8日，钱学森一家抵达广州，之后转车往上海。12日，钱学森一家抵达上海，受到热烈欢迎。回国后的钱学森，以巨大的热情投身祖国的导弹等国防科技事业，并作出了卓著的贡献。

链接二 为国不断攀登科学高峰

为尽快缩短中国与世界科技发展潮流间的距离，新中国成立初期，一批留学海外的科技人才响应祖国号召冲破阻力陆续回国。根据中央统一部署，上海采取各种积极措施，创造条件，委以重任，先后吸引安置了63名海归人员（包括解放前回国的9人）在中科院上海分院各研究所工作。我国无机材料科学技术的奠基人严东生就是其中的杰出代表。1954年，他调到中科院上海冶金陶瓷研究所担任研究室主任，主持无机材料研发工作，1959年担任中科院上海硅酸盐研究所副所长。他急国家所急，把硅酸盐研究所的科研方向从传统硅酸盐材料调整为新型无机材料。他主持研制的耐高温烧蚀材料，给导弹穿上了“外衣”，解决了导弹高速进入大气层时，会因与大气摩擦而损毁的难题，使得我国第一代洲际导弹完好无损地落入预定海域。在他70多年的科研生涯中，始终保持着创新精神。20世纪80年代，他又敏锐觉察到纳米材料研究的广阔前景，推动其成为国家“攀登计划”首批项目之一，并被列入国家“973”计划。正是依靠这些归国留学人员浓烈的爱国情怀和永攀科

◎ 1958年，严东生在研究晶体结构

学高峰的勇气，使得我国瞄准世界科技发展前沿，在较短时间内取得了重大基础研究和国防尖端科研项目上的一系列重大突破。

链接三

投身教育为祖国培养人才

新中国成立后，上海各行业急需各种人才，但是旧式的大学根本无法满足这么多的人才缺口，通过院系调整、扩大招生规模后又面临着专业师资短缺的问题。响应祖国号召从海外归来的部分留学人员，以为祖国培养急需人才的使命感投身到上海教育事业中。1952年底，经过千辛万苦与丈夫一起回到祖国后，谢希德去了复旦大学物理系任教。解放初，复旦大学面临师资短缺课程难于安排的问题，特别是基础课的教学，一般人不大愿意承担。谢希德主动挑起了基础课教学的重担，她的教学任务特别繁重，有时候刚刚开了一门新课，编好教材，打好基础，根据学校教学的需要，她又得去开拓新的领域，把比较熟悉的课程让给其他年轻教师。回国后的

◎ 谢希德（左一）与复旦大学物理系学生座谈

短短几年，她开设了理论力学、量子力学、固体物理等七八门课程。她不满足于通用的教材，亲自编写讲义，不断补充现代物理学的最新研究成果，并将讲义在课前发给学生，使他们不至于在课堂上忙于记笔记而忽略了最关键的地方。为培养我国物理专门人才，她一直在努力工作着，有时在上班的公共汽车上竟然睡着了，有时在讲课中眼前发黑，晕倒在地。她无怨无悔，从一名普通教师做起，成为了复旦大学校长、著名的物理学家和教育家，书写了归国留学人员投身祖国教育事业的辉煌篇章。

（刘明兴）

06 从“跑马厅”到“人民广场”

1951年9月7日，上海市人民广场举行开工典礼。这座解放前的“远东第一跑马场”，被改建为全市人民集会的场所——人民广场和市民休憩游玩之地——人民公园。旧时代的污浊之气烟消云散，上海的面貌焕然一新。

人民广场所处的地域原是上海县城西北部的一片水网地带。1861年，英国商人霍格骑马在这片地方兜了个大圈子，按马蹄印低价强征了460多亩农田，建成了远东第一的“跑马厅”。由于赛马和赌博挂钩，这里变成了骗财害命的赌窟、歧视华人的场所和帝国主义炫耀武力的地方。当时，跑马总会发售的“赌马票”、“香槟票”害得许多人家破人亡。上海滩上流传着这样一首短歌：“香槟票，到处销，吸饱中国人民的血，装满帝国主义的腰包。”

1951年8月27日，市军管会收回跑马厅产权。跑马厅回归人民的怀抱，加快了它成为新上海文化地标的步伐。时任上海市副市长潘汉年在人民广场开工典礼上指出：“这块过去被人称为‘冒险家的乐园’的土地，乃是帝国主义罪恶的渊薮，乃是一个最脏的藏污纳垢的地方，对上海人民是极其有害的。现在，它已收归为人民所有了。……让我们依靠自己的劳动，将这个广场修建成为广大上海人民活动与娱乐的场所，建设成为上海人民的乐园吧！”

开工典礼后，紧张的建设随即拉开序幕。除了700多名建筑工人外，2000多名青年团员积极响应市团工委的号召，高呼“依靠自己劳动，建设上海人民广场！建设人民的新上海”等口号，冒雨投入到建设工程中。团员们由工人师傅率领着分头赶赴预定的工地开始劳动，在400多米长和100多米宽的工地上，抬泥的抬泥，挖土的挖土，呈现一派热火朝天的景象。那段时间，很多人都向主管单位要求，去人民广场参加义务劳动。工程进行得很快。到9月底，广场初建完成。次年10月，上海全市就以人民广场为中心，举行了百万人盛大国庆游行。正如李味清在《六十年上海见闻竹枝词》中所写的那样：“跑马厅圈民众地，春秋两赛赌西商。于今盛会都来此，还我人民大广场。”

1952年10月，跑马厅旧址北部，一座青葱苍翠簇拥着小桥流水、每天可供上万人休息游玩的公园——人民公园改建完成后向全体市民开放。至此，这片做了90多年跑马场的空间，正式回到了600多万上海市民的生活中。

链接一 昔日『逸园跑狗场』，今朝『文化广场』

同人民广场的建设相似，逸园跑狗场改建为文化广场，是解放初上海市政建设中又一项伟大工程。民国时期的上海，以拥有许多大赌场闻名于世，逸园跑狗场就是其中典型的一个。许多人把挣来的辛苦钱掷进了这座光怪陆离的赌窟里，不仅荒废正业，甚至弄得倾家荡产，卖妻鬻子，正因如此，坊间把逸园的英文名“Canidrome”戏谑地读作“看你穷”。1951年，市人民政府将逸园收归国有。1952年，经市政府批准，逸园改建为文化广场，同时启动改扩建工程，至1954年基本建成。

作为上海举行大型政治集会和文艺演出的重要场所，刘少奇、周恩来、邓小平等党和国家领导人先后在这里作过报告。黄继光烈士英雄事迹报告会曾在这里举行。苏联英雄卓娅的母亲在这里作卓娅生平事迹介绍。中国人民志愿军战斗英

1957 年 9 月，苏联新西伯利亚国立歌舞剧院芭蕾舞团在文化广场演出

雄在这里作上甘岭战斗英雄事迹汇报。据统计，1952 年至 1966 年间，文化广场举行重要政治集会、报告会 626 场，参加人次 201 万。另外，苏联新西伯利亚国立歌舞剧院芭蕾舞团、波兰玛佐夫舍歌舞团、罗马尼亚“云雀”民间舞蹈音乐团等众多国外一流文化团体竞相在此一展风采。梅兰芳、马连良、侯宝林等著名艺术家也曾在此为市民献艺。1964 年 5 月，第五届“上海之春”在文化广场开幕，上演了大型音乐舞蹈史诗《在毛泽东旗帜下高歌猛进》，周恩来、陈毅专程观看演出，这一节目成为日后音乐舞蹈史诗《东方红》的创作基础。文化广场宛如引凤的梧桐，很快就成为上海的文化地标。当时，有外国记者参观完文化广场之后，在《上海的奇迹》一文中写下了这样的字句：“新的人民政府管理下的上海，是东方的骄傲。”

链接二

闪耀的红星——中苏友好大厦

坐落在延安中路上的上海展览中心始建于 20 世纪 50 年代，它还有一个曾用名：中苏友好大厦。这幢极具俄罗斯古典主义风格的建筑，在上了年纪的上海人心中有着不可替代的位置。这不仅仅因为它是苏联专家帮助设计的上海第一幢展览馆，更因为在相当长的一段时间里，这幢建筑顶端的红五角星，曾是上海城市天际线的最高点。那个

◎ 中苏友好大厦夜景

时期，上海建筑界似乎有个不成文的规定：所有楼宇的建造高度，不能超过苏联老大哥这颗灿烂夺目的红星。

新中国成立初期，中央决定在上海举办苏联经济和文化建设成就展览会，并决定建造一幢与之相适应的永久性展览馆。经考察，筹建展馆的中苏双方负责人一致将地址选定在哈同花园旧址之上，并初步定于1954年5月开工。由于时间紧迫，苏联中央设计院和华东工业建筑设计院的设计师们挑灯夜战，齐心协力，在不到三周的时间里完成了大厦设计方案图，确保了工程的顺利开展。为了按时竣工，该工程还调用了上海以及北京、山东、浙江、辽宁等地的建筑技术力量，施工高峰人数达 4845 人。施工期间，上海 6000 余名青年组成青年突击队来到这里参加义务劳动。经过十个月的辛苦奋战，中苏友好大厦终于在 1955 年 3 月完工。几天后，1 万多件反映苏联经济文化成就的展品布置完毕，展览会盛况空前，至今为一些老人津津乐道。

此后，这幢宫殿式建筑在 60 多年的时间里举办过许多重大的政治、外事活动，接待过数十位外国元首和政府首脑，组织了上千场国内外展览和会议，成为上海最重要的政治、经济、科技、文化、旅游活动中心和对外交往的窗口之一。

（张　鼎）

07 第一个工人新村的兴建

1952 年 6 月 26 日，入住曹杨新村的第二天，两个工人的孩子在新村草坪上闲庭信步。曹杨新村是上海新建的第一个工人新村，它曾在中国成为令人羡慕的新式住宅的代表，是无房户梦想中的天堂。上海解放之初，工人群众居住条件依然很差，许多人居住在污水浜、垃圾堆旁的棚户区内，环境恶劣，拥挤不堪，吃水、用电、上厕所等都是很大的问题。

根据中央有关指示精神，1951 年 3 月，上海就派工作组到工人集中的普陀区调查工人居住情况。之后，市政府在财力资金紧张的情况下，还是设法筹资，准备在工业集中区附近建设工人新村。经过细致调查后最终确定在中山北路以北、曹杨路以西一带征地建房。住宅结构以五开间为一单元，二层楼，后部一层披屋，瓦屋面，楼上地面铺设木板，楼下是水泥地面，厨房、厕所、洗衣处集中底层，五家合用。1951 年 9 月工程正式动工兴建，1952 年 5 月完成，可容纳 1002 户，因地近曹杨路，所以命名为曹杨一村。

曹杨一村建成后，首先分配给普陀、闸北、长宁三个区各工厂的劳动模范和先进生产者，以及部分住房困难的老职工。6 月 25 日，100 多户劳模、先进工人家庭敲锣打鼓，燃放鞭炮，兴高采烈地搬进新居。曹杨一村采用了邻里单元的规划结构，融合了欧式花园洋房和上海传统里弄的特点。新村所有街道都是圆弧形走向，房屋呈扇形分布，以留出充足的日照距离。新村配套建设了学校、图书馆、公共浴室、菜场、商店等，还专门划出一定土地面积建设草坪，植上绿植，形成了一个十分方便的生活服务圈。新村红旗食堂为了解决三班制工人的用餐问题，实行24小时营业。为解决新村居民的出行问题，市公交公司还专门新辟线路。在那个上海居民还在用煤球和马桶的年代，曹杨新村的第一批居民已经用上了煤气和抽水马桶。曹杨新村是上海第一个对外开放的工人新村，1952年底便开始了接待外宾参观，成为世界了解上海，尤其是了解上海普通百姓生活的一扇窗口。

链接一

星罗棋布的工人新村

曹杨一村即将完工的时候，1952年4月11日，上海市人民政府市长办公会议决定当年兴建“二万户”工人住宅，作为“今后更大规模地建造工人住宅的开端”。1952年4月21日确定9处建设基地，这些基地分布在江湾（今属杨浦）、

◎ 上海的工人新村

浦东、徐家汇（今属徐汇）等工人居民相对集中的地区。“二万户”住宅建成后，划分为 17 个工人新村，包括曹杨二至六村和长白、控江、凤城、鞍山、甘泉、天山、日晖等新村。1953 年至 1954 年新村建筑面积继续扩大，在已辟建的新村周围扩大用地规模，又新辟了新的基地。随着工人新村住宅建设面积不断扩大，呈现出新村住宅星罗棋布的局面。“二万户”新工房的设计标准，当时只设计了一种统一的形式，很难适合于各种不同家庭的需要；一幢房内合用厨房、卫生间，带来许多不便；二层楼的住房，对土地使用也不经济。到 1954 年“一五”计划时期，住宅标准也有所提高，楼层从原先的两层提高到三或四层。别看每户居住面积基本都不超过 30 平方米，但在当时的上海工人心目中，这样的房子却是“幸福生活”的代名词。中央制药厂优秀工人冯永年，曾住的茅草棚小得可怜，一下雨四处漏水，屋里又没有自来水，要到外面去挑水。当冯永年搬运着一些新家具迁入新居时，真有说不出的高兴，他的爱人随手扭开自来水龙头，水就不停地流下来，不禁大笑地说：“从此以后不要再去挑水了。”各厂工人搬进新村

后，也都十分满意，大家都认为工作完了后，能够在这样好的环境里休息，实在是太幸福了。工人新村的建设很大程度上解决了工人的住房困难，其规模质量和内部设计，与当时社会经济发展水平相适应，也充分反映了不同时期的时代需要和特色。

链接二

改造蕃瓜弄，旧貌换新颜

地处上海原闸北区西南部的蕃瓜弄，因居民种植南瓜（俗称蕃瓜）而得名。解放前，蕃瓜弄是上海典型的“下只角”，人们戏称“蕃瓜弄是阴沟洞，走路三步一鞠躬”。蕃瓜弄的居住环境极其恶劣，弄内是一片“滚地龙”，阴暗潮湿、狭窄拥挤、杂乱无序，没有供电、上下水等基础设施，连基本的厕所、垃圾箱也没有，垃圾粪便到处都是，长年臭气冲

◎ 蕃瓜弄居民喜迁新居

天。解放后，人民政府重视、关心蕃瓜弄的居住环境改善，拨款填沟铺路，建造供水、供电、厕所等公用设施。但是房子质量差、布局乱的局面一直没有根本性改变。20 世纪 60 年代，上海积极展开以街坊为单位的旧房改造，决定将蕃瓜弄改建为住宅新村。1963 年 6 月，闸北区人委成立“蕃瓜弄拆迁改建规划工作组”，负责弄内住户的动迁安置和旧房拆除工作。1964 年 11 月动迁工程基本结束，共涉及 1900 多户。新建工程分两期，到 1965 年 12 月全部竣工，共建成钢筋混凝土结构的五层楼房 31 幢，建筑面积 6 万多平方米，安置入住居民 8000 多人。新村楼房水、电、煤等基础设施俱全，建筑整齐、环境优美、生活方便。搬入新居的居民激动地说：“解放以前，像这样好的房子，我们穷人不要说住，就是站在门口看一看，也马上要给看门巡捕赶开。”媒体的关注、世人的羡慕，还让原本窘迫的蕃瓜弄居民着实自豪了好多年。蕃瓜弄棚户区改造，还做到了拆迁与安置的就地平衡，所有的拆迁户全部按户原地安置，不仅符合节约用地的原则，也达到了提高土地使用率的要求，它是上海旧房成片改造的成功试点，为以后上海中心城区尤其是人口密度较高地区的旧区改造积累了经验。

（刘明兴）

08 “我们自己的”市百一店

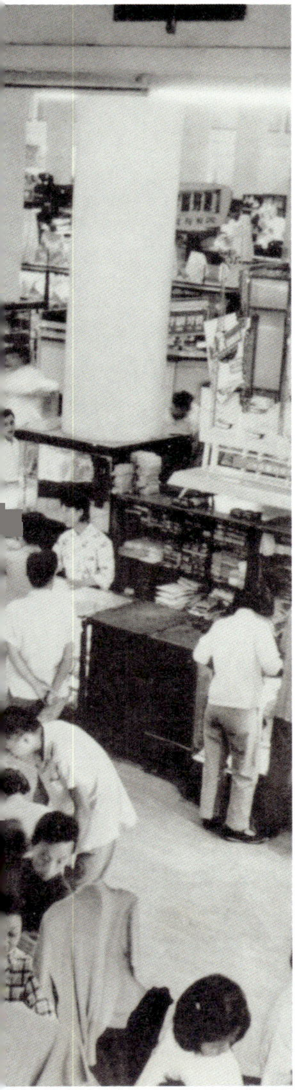

1953 年 9 月 28 日，国营上海市第一百货商店（以下简称“市百一店”）在南京东路西藏路口的新址开始营业。从此，该店的营业面积、营业品种、销售规模长期在全国百货零售行业雄踞榜首，成为名副其实的“中华第一店”。

市百一店诞生于 1949 年 10 月，和新中国同龄，是新中国成立后第一家大型国有百货零售企业，被时任上海市市长陈毅亲切地称为“我们自己的商店”。市百一店开业后，以与沪上商店完全不同的面貌迎客，不做广告，营业员胸前挂工号牌，接待顾客称同志，陈列的商品全部明码标价，柜上设立顾客留言簿，听取顾客意见。以上种种营销方法，令人耳目一新，从而引起了轰动。开门第一天就接待了一万多名顾客，占当时南京路四大公司（先施、永安、新新、大新）营业额总和的 60%。后来，为了适应人民生活日益提高的要求，市百一店才迁到南京东路西藏路口扩大营业。该址在民国时期曾是著名的大新公司所在地。大新公司由澳大利亚华侨蔡昌于 1936 年创办，以建筑优美、设施完备、商场宽敞、布局新颖而逐渐在四大公司中成为后来居上的一家百货公司。1947 年，蔡昌携全家定居香港，逐步将上海资金抽出，使得大新公司慢慢成为一个空架子。

市百一店迁入新址前，将商场内部全部修整一新。“湖绿色的平顶上，挂上了两排富有民族色彩的宫灯；一只红光四射的大五角星在商场的中央闪闪发光。数十只通风电扇将在四壁日夜转动，使商场内的空气保持新鲜。还设有三个顾客休憩处，这里有一百五十个座位，旁边摆有美丽的盆景。”商店设有 14 个售货部门，20000 多种货物，有 530 多位职工为顾客服务。为了方便机关、工厂职工和市民购货，商店试行“两班制”延长营业时间，从原来的上午十时至下午六时，改为上午八时至晚八时。开幕首日特地选在星期一，已经是有意识地避免了周末的拥挤，可没想到拥挤情况较以往试营业时更甚，顾客中一般市民比例增大了，四郊来了农民，外国游客也不少，营业状况呈现一片火爆。其中，许多顾客专门为商场特有的自动扶梯而来，来回乘坐升降，其盛况在今天仍为一些老上海人津津乐道。

链接一

上海深夜里的一盏明灯——星火日夜食品商店

1968 年 9 月 26 日，西藏路北京路拐角处的一家商店里，几名职工为了更好地为深夜进城送菜的农民服务，决定“扔掉排门板”，“今夜不打烊”。从此，上海独创的全国第一家 24 小时服务的商店——星火日夜食品商店诞生了。

此前，上海的商店大多实行朝九晚五的营业时间，对于双职工的“上班族”来说，购买日用商品是一件比较头疼的事情。“星火”的 24 小时全天候服务，大大方便了市民购物。一时间，“星火”生意红火，人气“爆棚”。商店门前还经常排起购买烟、糖、瓜子和糕点的“四条长龙”，成为申城一景。

在“为顾客着想，使顾客得益”的企业宗旨指引下，星火日夜商店坚持“日夜服务”的便民特色，不管分内分外，只要群众需要，都认认真真做好。夜班工人的自行车中途走了气，商店里就备置了打气筒，免费借用；附近居民家里电灯坏了，晚上找不到电工，商店就设立了夜间电灯小修业

◎ 1975 年的星火日夜食品商店

务；为了避免聋哑人来店里买东西言语不通，商店职工特地到聋哑学校学会手语；商店还专门开辟了工农兵问讯服务处，为南来北往的外地旅客坐车、乘船、打电话、住旅馆等提供方便……有情服务，温暖了无数顾客的心。星火日夜商店也因此成为全市商业服务行业中一面鲜亮的红旗，还得到了周恩来总理的赞赏。在 1972 年的全国计划会议上，周总理介绍了星火日夜商店“日夜服务”的先进事迹。此后，全国商业系统掀起了一股学习“星火”的热潮。“星火”的事迹被编成连环画出版发行，北京、天津等大城市也相继开设了 24 小时服务的“燎原商店”。

如今，各种品牌的 24 小时便利店星罗棋布地开设在上海的大街小巷，极大地方便了市民生活。与之相比，坚守了半个世纪的星火日夜商店已悄然落伍，然而，对于每一个从那个年代走过来的上海人来说，“星火”始终是深夜里最亮的一盏明灯。

链接二

百联集团：『中国零售业第一品牌』

20世纪末，上海的三大商业集团——一百集团、华联集团和友谊集团，在市场经济中较量竞争。进入21世纪后，为了应对我国加入世贸组织，全面开放零售业市场和服务贸易领域带来的严峻挑战，做大做强国有商贸流通企业，打造上海现代服务业新高地被提上议事日程，“合”成为市场发展的大趋势。

2002年，市商业系统开始酝酿合并：将中国两个最大的百货集团——一百集团和华联集团合并。一百集团和华联集团分别由市百一店和永安公司发展而来，这两家企业历史悠久，声名赫赫。这一合并，当时震动了整个中国商界。次年4月，一百集团、华联集团、上海友谊集团、上海物资集团合并重组，成立百联集团，新集

▲ 2005年，百联集团在南京路世茂广场举办“欢乐百联，幸福百姓”营销活动

团的总资产超过 280 亿元，总销售额超过 700 亿元，旗下包括了中国最大的两个零售集团、最大的两个连锁超市（联华超市和华联超市），而且拥有最齐全的商品种类。

在我国改革开放和经济持续快速发展的大好形势下，百联集团自成立以来，实现了持续快速发展，奠定了国内行业第一的市场地位，被誉为“中国零售业第一品牌”。在家乐福、沃尔玛大张旗鼓地进入中国市场的时候，这个中国流通业中最大的本土企业成为应对外资竞争的中坚力量。“担负着振兴中华民族商业重任”的百联集团已经充分认识到竞争对手强大的地方，但他们有充分的信心做到又大、又强、又快发展，进而实现他们的目标——“中国第一、世界一流的流通产业集团”。

（张　鼎）

09 上海“龙须沟”肇嘉浜的蜕变

1954 年 10 月，肇嘉浜改造工程动工。因为两岸棚户林立，四周垃圾成山，浜水黑臭刺鼻，肇嘉浜被称为上海“龙须沟”。环境恶劣，臭气冲天，解放后居民要求改造的呼声很高，如不改造的话，不仅不能满足群众的需求，而且也影响城市面貌，而要改造这样一条臭水浜并不是件容易的事情。

经过前期的细致勘察，结合城市总体规划，市政府决定对肇嘉浜施行填浜筑路的整治方案。在财政非常困难的情况下，仍然拨款 700 余万元用于改造肇嘉浜。为配合工程进行，共动迁居民近 2000 户，拆除棚户 2.3 万平方米。1954 年 10 月改造工程正式动工后，工人们以极大的热情投入到工作中。在恶臭的浜水被抽干，最艰巨的挖泥埋管工作全面铺开的时候，正值北方冷空气南下，浜底结了冰，他们没有保护措施，一个个赤脚跳入 3 米深的浜底，敲冰挖淤泥，许多人的脚都冻裂了，鲜血与臭泥糊在一起，看上去像一只只大紫萝卜。在报纸上刊登了改造肇嘉浜的消息后，周末时候，大中专学校的师生来了，机关干部来了，他们不计报酬义务劳动。只见浜底、河岸两边，人头攒动，热火朝天。

经过大奋战，巨大的钢筋水泥排污管被埋下了，黑臭的肇嘉浜被填平了，崭新的沥青路铺成了。1956 年 12 月底，长 3 千米、宽 40 米，沿线遍植绿植的肇嘉浜路全面竣工通车，整个工程历时两年三个月，比原计划提前九个月。肇嘉浜从臭水浜蜕变成林荫大道，成为上海市区重要的交通动脉。

飞跨苏州河的长寿桥

链接一

上海解放后，普陀长寿路靠近苏州河一带的沪西工业区是上海重要的工业基地，有工厂上千家，但与苏州河对岸闸北工业区和上海火车北站的联系，只能依靠渡船，这严重影响市民的交通出行，也阻碍了当地经济和社会发展。市政府工务局多次勘查，决定拨款新建连接苏州河两岸的永久性桥梁——长寿桥。工程于 1951 年 5 月举行奠基典礼，1953 年 9 月顺利竣工。该桥为钢筋混凝土单悬臂梁结构，长 101.4 米，宽 20.1 米，是上海解放后较早架设在苏州河上的桥梁，其也成为贯通沪东和沪西交通的重要枢纽。20 世纪 90 年代由于路面狭窄造成车辆阻塞，市民出行困难，市政府开始拓宽长寿路，并在原长寿

◎ 1951 年 5 月 28 日，长寿桥奠基典礼上，时任普陀区区长将长寿桥铭牌贴牢

桥两旁各建了一座新桥，这样一座桥成了三桥并列组成的新长寿桥，并定名为长寿路桥。

链接二

圈起上海中心城区的中山环路

1958年，随着上海工业生产的迅速发展和近郊区一些新工业基地的建立，运输日益繁忙。1959年，为了疏导进出中心城区的车流，上海决定按照一级干道的标准，南起日晖港，往西上北向东折，贯穿徐汇、长宁、普陀、闸北、虹口五个区，直达大八寺（今大柏树），以原有的中山南路、中山南一路、中山西路和中山北路为基础，连接拓宽为中山环路，使之成为环绕市中心区域的环城大道。市委和市人委领导审定改建工程方案，并指示从所属单位抽调技术骨干参加市政工程建设的组织实施。在修建过程中，有关各区成立了筑路指挥部，共组织了14000名里弄妇女配合市政工人分段施工。1960年10月，中山环路竣工通车，全长21.95千米，绝大部分道路路幅宽35米，可同时行驶五辆汽车，全线路面用水泥混凝土铺筑，重要道路交叉口成环形。中山环路建成后，以此为枢纽，新辟和修建了一系列放射形干道，通向郊区各县的重要城镇和近郊新工业基地，构成四通八达的全市道路网。20世纪90年代，市政府决定将中山环路向浦东扩展，成为联

◎ 货车行驶在宽畅的中山环路上

系浦东浦西环绕市区的内环线。

链接三 首穿黄浦江底的打浦路隧道

横贯上海的黄浦江，带来了舟楫之便，也阻隔了两岸的联系。随着上海经济和城市规模的扩展，仅依靠轮渡过江已不能满足需要。1960 年，上海隧道局正式成立，拉开了黄浦江越江隧道建设的序幕。根据当时平战结合的原则，考虑到当地远离当时市中心，两岸均为港区堆场而便于拆迁的因素，第一条隧道建设地点确定在打浦路附近。1966 年，打浦路隧道正式开工建设，工程动工后不久受“文化大革命”干扰，一度陷于混乱停顿状态。之后，在周恩来总理的亲自过问下，工程重新启动，按照周总理指示，解放军工程兵也加入施工队伍，以加快建设进度。工程施工人员在极其艰苦的条件下，顽强地与上海地下复杂的地层对抗，克服不断出现的

◎ 打浦路隧道“海鸥”形状的出入口

漏水、盾构机无法推进等问题。1970年，首穿黄浦江底的打浦路隧道正式竣工，次年通车。隧道全长2700多米，为单管双车道，车道宽7米多，高4米多，每天能通行各种车辆7500余辆次。打浦路隧道是我国第一条自行设计、自行施工的越江隧道，受到党和国家领导人的高度赞扬，周恩来、朱德、邓小平、叶剑英等中央领导，都亲临参观、视察。由于修筑较早，打浦路隧道无法满足需要也存在一些问题，之后有关部门对其进行了多次维修，至今还在发挥着重要的作用。

（刘明兴）

10 支援一汽建设的上海身影

1955 年 7 月 18 日，341 名优秀五金工人从上海出发，支援第一汽车制造厂等重点建设工程。为改变我国“一辆汽车、一架飞机、一辆坦克、一辆拖拉机都不能造”的落后状况，中共中央决定从 1953 年开始建设长春第一汽车制造厂、鞍山钢铁公司等一批重点企业。一汽是新中国成立后建设的第一家汽车生产厂，它的建成结束了我国汽车全部依赖进口的局面。建设一汽的消息传来，上海许多工人满怀制造我们自己汽车的强烈愿望，踊跃报名。其中不少人还担任工厂的党支部书记、工会主席、车间主任等职务，也有市工业劳动模范。公私合营公兴造船厂的一位车间副主任三次报名要求参加国家重点建设，却都因为工作一时离不开，三次失望而归，直到第四次报名才终于如愿以偿。

从 1953 年到 1955 年，先后有 1 万多名建设者离开上海奔赴长春，支援一汽建设。其中，有市委常委、组织部部长赵明新这样的领导干部，他不仅自己来到一汽担任党委书记，而且把全家六口都动员到了长春；有优秀的技术人员和五金技工，他们发挥熟悉汽车生产组织、技术精湛的优势，带头攻克各类难关，后来都成为一汽的技术骨干；还有一大批普通建筑工人，他们头顶蓝天，脚踏荒原，冬天一身冰雪，夏天一身泥土，保证了建厂任务的按时完成。

支援一汽建设，可以说是上海工人阶级积极响应祖国号召，支援国家重点建设的一个缩影。上海工人不断走向祖国建设最需要的地方，上海制造的机器、工业设备和新产品输送到全国各地的工矿企业，上海的轻工业产品也不断丰富着全国人民的生活需要。

走向全国的上海『名店』

链接一

上海是我国商业服务最为发达的城市，新中国成立后，上海选择一批经营有特色、服务质量高的“老字号”商店整体搬迁到全国各地。1956 年，为响应周恩来总理提出的“繁荣首都服务行业”号召，一批服装、照相、美发、洗染、餐饮业名店从上海迁到北京，华新、紫罗兰、云裳和湘铭 4 家理发店在王府井组成“四联”理发

◎ 1956 年 7 月 10 日，从上海迁往甘肃兰州的信大祥绸布店开业

馆。虽然与其他理发店4角钱的消费相比，在“四联”理个发要8角钱，烫发更是要2元2角，可谓是“高消费”，但那里新颖的款式和周到的服务依然吸引了络绎不绝的客人，人们勒紧裤腰带也要前去感受一下。1956年8月4日，《北京日报》刊登了10款“四联”发型，一时轰动，不少北京女性直接拿着报纸去店里要求按着报上的款式做发型。京剧表演艺术家梅兰芳及夫人，演员王晓棠，歌唱家郭兰英等，也都是店里的常客。同年，上海著名的“三大祥”之一的信大祥绸布店也迁到了甘肃兰州，7月10日开张首日就吸引了5万多名顾客和参观群众。商店对接受加工的各色花布事先下水，再进行精确的量体裁衣；还打破当地柜台售货的老规矩，实行开放式营业，顾客可以到货架前自由挑选商品，这些新的经营方式得到大家的赞扬。开张当天营业额达到2.1万多元，等于在上海时日均营业额的300%，接受加工的各种服装也比在上海时增加了10倍。

链接二 交通大学从黄浦江畔到渭水之滨

为改变高等院校多集中于沿海的状况，1955年4月，党中央、国务院作出了将交通大学从上海迁至西安的决定。50年代的西安，发展水平与繁华的上海判若云泥，学校处在田野之中，晴天扬灰路，雨天水和泥。然而，交大的师生员工们并没有退缩，他们毅然放弃上海舒适的工作和生活环境迁往西安，其中不乏校级领导和知名教授。时任交通大学校长的彭康已步入天命之年，但他用自己的实际行动践行了“要在西北扎下根来，愿尽毕生之力办好西安交通大学”的承诺。“中国电机之父”钟兆琳先生当时已56岁，但他婉拒周恩来总理考虑他年龄比较大，夫人需卧床养病，可不必去西安的照顾，孤身一人前往西安。1956年9月10日，交大在西安举行开学典礼，没有因为迁校而晚开一天学、迟开一门课、少开一个实验。当时学校大礼堂还没有建成，师生就坐在临时搭建的草棚大礼堂中听讲座，尤其是在风雪交加的严冬，真得经受严寒的考验。可以说，师生们

◎ 1956 年，交通大学师生为迁往西安做好设备装箱起运准备

用自己的行动诠释了“胸怀大局、无私奉献、弘扬传统、艰苦创业”的“西迁精神”。1959 年 7 月，交大西安部分和上海部分分别成立西安交大和上海交大。

链接三

越剧之花绽开八闽大地

20 世纪五六十年代，为了推动各地文化事业发展，上海一批文艺院团走向全国，其中就包括上海滩赫赫有名的芳华越剧团。芳华越剧团是由“越剧皇帝”尹桂芳于 1946 年在上海创建的。在 1954 年举行的华东戏曲观摩演出大会上，剧团排演的新编历史剧《屈原》荣获优秀演出奖及音乐演奏奖，扮演屈原的尹桂芳荣获演员一等奖。1959 年，尹桂芳放弃在上海所获得的声望地位和优越的生活条件，率团到福建安家落户。不过，福建当地盛行闽剧，观众不熟悉越剧，芳华的第一场公演竟然连票都没有售完，有的剧目只演了一两天就没了观众，这与剧团在上海时连演数月不衰的景象形成了

◎ 1959 年，迁往福建的芳华越剧团团长尹桂芳等在车上与欢送者告别

鲜明对比。但剧团的演职人员并不气馁，他们尝试把闽派文化融入海派越剧，编排的《盘妻索妻》人物内心丰富、形象优美，表演节奏流畅，广受好评。1964 年排演的《江姐》一剧，由尹桂芳扮演的江姐庄重刚毅、形象丰满，还首次实行男女合演的形式，连演 130 多场，观众达 10 万多人次。芳华越剧团在福建的声誉大振，光彩夺目的“尹派”艺术成为福建文化宝库中的璀璨明珠。

（张　励）

11 享誉全国的“上海”牌手表

1955 年 9 月 26 日，中国第一块细马手表在上海试制成功，掀开了我国手表工业史上划时代的一页，“上海”牌手表受到广大民众的青睐，成为上海轻工业的骄傲，也恰恰发端于此。

“马”是手表的心脏零件。“细马”是用人造宝石制成的，耐磨损，工艺复杂，走时准确，为国际通用机芯。制造细马手表，在新中国成立初期还是空白。1955 年 4 月，上海钟表行业的几十名师傅联名给上海市委写信，希望能够制造中国自己的细马手表。这一倡议得到了市委的支持。7 月 9 日，上海市第二轻工业局与上海钟表同业公会从中国钟厂等 20 多家单位抽调 58 人组成手表试制小组。第一批计划试制 12 只仿瑞士“赛尔卡”细马防水手表，150 个零件由各参试单位和人员分头制造。为了研制手表的关键部件“马”，钟表师傅们匠心独具，自主设计铣床，自制铣刀，经过长时间的反复摸索，终于制成一只完整的、准确的“马”。1955 年 9 月 26 日，18 只长三针 17 钻细马手表，打上了“第一批试制”“中国上海”的字样，如期完成了试制任务。此后，为了进一步提高手表质量，又经过前后 20 多批集中试制，A581 型机械手表于 1958 年 3 月正式投产，注册商标为“上海牌”。同年 4 月 23 日，在手表试制小组的基础上，我国第一家手表厂——国营上海手表厂正式建成。当年 7 月 1 日，首批“上海”牌手表一上市即被抢购一空，商店还要为买不到的顾客办理预售登记，一个上午登记人数就超过 1000 人。自此，“上海”牌手表踏上了辉煌之路。

计划经济年代，这块圆头白面的“上海”牌手表始终是紧俏商品。由于它的精工细作，凝结了上海一代制表人的智慧和辛劳，人们对这个佩戴在手腕上的小物件趋之若鹜，当时的情侣们多以“上海”牌手表作为定情信物，周恩来总理更是佩戴着这块手表走完了他伟大光辉的一生。“上海”牌手表也因此一度被誉为“中国第一名表”。

链接一

愿交国家万斤粮，只求一辆『永久』车

计划经济时代，因为供不应求，长期实行凭票供应，有时即便有钱也未必能买到一辆“永久”自行车。《孝感报》1981 年 9 月 5 日有这样一则报道：湖北应城农民杨小运，愿向国家交售粮食两万斤，只求买到一辆“永久”自行车。应城县委、县政府不仅答应了他的要求，还决定为全年超卖万斤粮食的农户都供应一辆“永久”车。这则消息经《人民日报》转载后，迅即传遍整个中国。为了满足应城县的需要，永久厂职工加班加点，于当年 10 月将精心制造的 1200 辆“永久”车送往应城，受到应城人民的热烈欢迎。此后，永久厂开始在应城县试点建立“永久村”。至 1985 年底，全国共建立 22 个“永久村”，11500 位农民成为“永久村民”。

这一事例生动地展现了“永久”车在当时的巨大影响力。20 世纪 70 年代，聘礼或嫁妆俗称“老三件”，即自行车、手表和缝纫机。在这三大件中，自行车当之无愧排在第一位。当时，接新娘子的自行车最好是名牌的“永久”、“凤凰”，就像现在要用“宝马”和“奔驰”一样。“永久”牌自行车，作为当时最受欢迎的自行车品牌之一，其前身是上海第一家自行车厂——昌和制作所生产的“铁锚”牌自行车，新中国成立后改名为“永久”。自诞生之日起，“永久”自行车敢为天下先，开始铸造品牌

◎ 时任永久厂厂长王元昌（前左二）专程到湖北应城给杨小运（前左三）等人送去该厂生产的“永久”牌自行车

辉煌。1952年，“永久”自行车年产量近3万辆，占当时全国自行车产量的三分之一以上。此后几十年，永久厂不断创新，声名日渐显赫，成为上海乃至全国人民记忆中难忘的“老品牌”。

链接二

『破茧而出』的『蝴蝶』牌缝纫机

除了自行车和手表，当时流行的“结婚三大件”中，缝纫机也是公认的结婚必备品。有的家里买不起缝纫机的，甚至要先借一台缝纫机来结婚。若要论起缝纫机品牌哪个更知名，产自上海的“蝴蝶”牌缝纫机自然是首屈一指的。

生产“蝴蝶”牌缝纫机的协昌缝纫机厂始于1919年，由民族资本家沈玉山创建。协昌早期生产的并不是家用缝纫机，而是作坊用缝纫草帽的工业缝纫机，商标“红狮”牌。1940年，协昌开始生产家用机，商标为“金狮”牌。1946年，受“无敌”牌牙粉的启发，协昌缝纫机产品商标由“金狮”更名为“无敌”，其图样为一只正在展翅飞翔、蓬勃向上的大蝴蝶，下面配有英文“BUTTERFLY”。1966年9月，受“破四旧”浪潮影响，协昌厂改名为上海东方红缝纫机厂。好在金色蝴蝶的商标不受影响，“蝴蝶”

◎ 上海协昌缝纫机厂工人正在对“蝴蝶”牌缝纫机进行检测

和“无敌”在沪语中的发音相同，使得这一品牌转换也显得平稳顺畅。“蝴蝶”这个新品牌，经久耐用，外观精美，在七八十年代名噪一时，行销大江南北，成为高档的家庭装备和身价的象征。在那个物资匮乏的年代，家里有了这个好帮手，便能“新三年，旧三年，缝缝补补又三年”了。

链接三 『海鸥』牌照相机的『咔嚓』瞬间

在老一辈上海人的记忆中，“海鸥”牌照相机占据着一个重要位置。在 20 世纪 70 年代结婚流行的“三转一响一咔嚓”中，“三转一响”指的是自行车、手表、缝纫机和收音机，这个“一咔嚓”指的就是照相机了。拥有一台“海鸥”牌照相机是当时较富裕家庭追求的生活理想，同时也是一个时代“上品生活”的缩影。

早在 1957 年初，为了填补国内生产照相机的空白，上

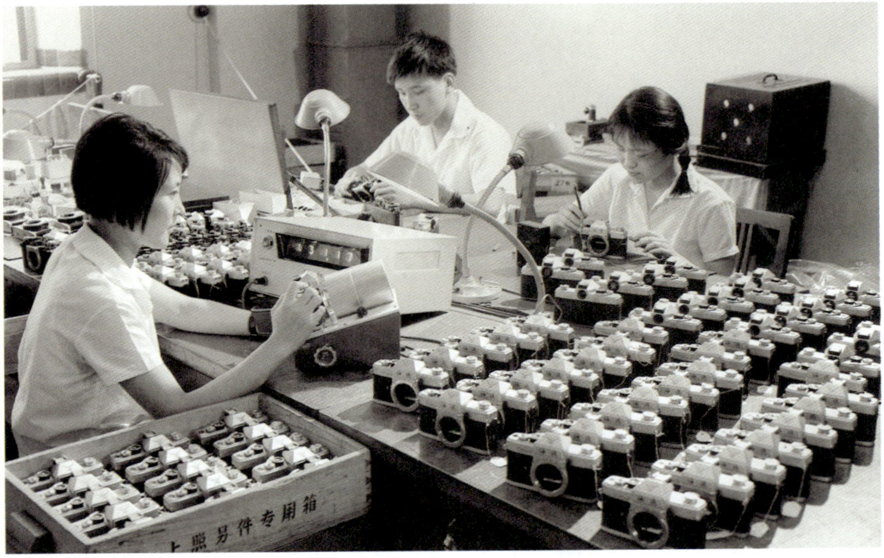

◎ 上海照相机厂的生产车间

海市计委牵头成立照相机试制领导小组。承担具体研制任务的上海钟表单位以德国“莱卡”3B型照相机为样本，组织工人在简陋的条件下，用手工敲打、锉磨，加工出了一只只零件，连技术难度最高的快门也用手工制造出来了。1958年1月，第一架全部自制的高级照相机——“上海”牌58-Ⅰ型35毫米平视取景照相机诞生了。同年，上海照相机厂成立，照相机开始从手工制作走向流水线生产，从依赖进口转为逐步出口。1968年，为了进一步适应出口需要，根据国际商标使用惯例，“上海”牌照相机改名为“海鸥”牌。此后的数十年来，“海鸥”一直引领着共和国照相机工业的发展，产品风靡神州大地。“海鸥”牌照相机伴随着我国人造卫星遨游了太空，陪同我国第一位女登山队员攀登了珠峰，远渡重洋参与了南极科考，记录了我国首枚原子弹爆炸的壮观景象，多次跟随我国领导人参加重大外事活动，留下了一幕幕历史性瞬间。“海鸥”牌照相机也凭借其优良的性价比深受消费者的喜爱，曾被认定为“上海市著名商标”和“中国驰名商标”。

（张　鼎）

12 各界人士欢庆社会主义改造基本完成

1956年1月21日，上海市党、政、军领导和文艺、科技、高教、新闻、宗教、工商、工人、农民、少数民族、烈军属、归国华侨等社会各界代表，约10多万人在蒙蒙细雨中出席了在人民广场举行的庆祝社会主义改造胜利大会。

解放前，上海是中国民族资本主义工商业最集中的城市，在全国具有举足轻重的地位。解放后，特别在党的过渡时期总路线公布后，上海先后采取加工订货、全面安排、逐步替代、经销代销、公私合营等方法，对资本主义工商业进行社会主义改造。同时，引导个体农业和手工业走合作化道路。至1956年1月20日，副市长曹荻秋宣布批准全市尚未合营的205个行业，106274户私营工商业实行公私合营，上海对资本主义工商业、农业和手工业的社会主义改造基本完成，并建立起以公有制为主体的社会主义经济制度。

1月21日下午2时整，副市长许建国宣布庆祝大会开始，并宣布："上海市这个中国资本主义工商业最集中的城市，已经进入社会主义社会了。"2时15分，游行开始，聚集在人民广场的各路队伍分十路向全市各主要街道进发。一时间，数不清的龙灯、狮子、腰鼓、秧歌、高跷、荡湖船、莲湘、民间乐器，在人民广场、在马路上载歌载舞地表演起来。工人、农民、战士、教师、青年学生、文艺工作者和工商业者一圈圈围起来，欢呼、跳跃、道喜……挤在马路两旁的人们同行进的游行队伍，大家一起欢庆社会主义改造的胜利，共同欢呼上海市进入社会主义社会！

3 时 15 分，大会宣告结束。

链接一 申新纺织公司的社会主义改造

荣家企业包括申新纺织公司，它是旧中国规模最大的民族资本主义企业。解放后，上海市政府采取紧急配棉、人民银行贷款、纳入代纺代织等措施，大力扶植、帮助申新棉纺各厂，企业职工发挥主人翁精神，进行生产自救，并降低薪资，与资方一起为克服企业棉花、资金双重短缺的严重困难。部分荣氏资本家深受感动，携资、棉由港返沪。1950 年到 1952 年，通过建立劳资协商会议、接受加工订货、开展“五反”运动和民主改革运动，申新棉纺各厂的生产进一步纳入国家计划轨道，劳资关系得到进一步改善。1953 年，申新纺织公司总经理荣毅仁在学习党的过渡时期总路线、参加毛泽东主席召集的座谈会和全国工商联代表大会后，进一步认识到

◎ 1956 年 1 月，上海市工商界代表（左起：荣毅仁、胡厥文、盛丕华）带着申请书步入申请公私合营大会会场

公私合营是大势所趋，利国又利己，是私营工商业者的努力方向。1954年4月，他提出申新要争取向国家资本主义的高级形式发展。该项提议得到了公司股东和各厂劳方代表的一致支持。5月31日，荣毅仁提出了合营申请。8月11日，上海市人委宣布批准申新等168家私营工厂公私合营的申请。1955年9月28日，申新集团举行公私合营庆祝大会，正式宣布公私合营。至此，申新纺织公司及所属各厂基本完成了社会主义改造。

链接二

引导个体农民走合作化道路

为引导个体农业走合作化道路，1951年12月，中共中央发布《关于农业生产互助合作决议（试行）》。刚刚完成农村土改的上海郊区根据自愿互利、典型示范和国家帮助的原则，迅速开展农业互助合作运动，发展互助组，并试办初级农业生产合作社。之后，上海郊区又根据1953年12月中共中央《关于发展农业生产合作社的决议》的精神，逐步发展初

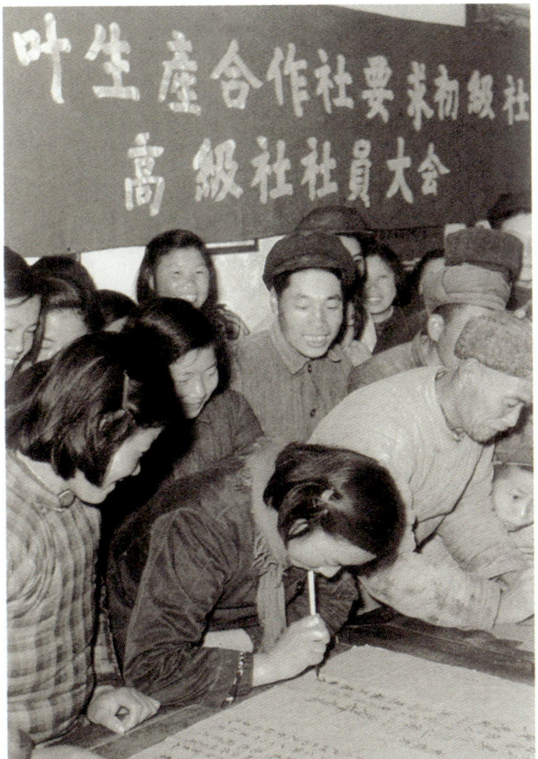

◎ 1956年1月，西郊黎明生产合作社社员纷纷签名要求办高级社

级农业生产合作社。到1954年底，全郊区建立起909个初级社，28%的农户入社。伴随着1955年下半年毛泽东《关于农业合作化问题》的报告、党的七届六中全会的召开、《中国农村的社会主义高潮》的出版，党内批判了合作化问题上的所谓右倾思想，上海加快了郊区农业合作化的步伐。1955年底，合作社猛增到1808个（包括14个高级社），提前两年完成了市郊工委原定争取在"一五"计划时期基本实现合作化的计划。在北京郊区七天把初级社全部转为高级社的示范带动下，1956年1月18日，上海召开农业生产合作社代表会议。会上，代表们纷纷表示转高级社的决心。市委和市人委批准全郊区1794个初级社与原14个高级社一起经过合并转为348个高级社。至此，上海基本完成了对农业的社会主义改造。

链接三

引导个体手工业走向合作化

解放初，上海分布在180多个行业、拥有5.84万户的手工业以独特的经营特色，弥补了大工业的不足，满足了特种工艺品出口和人民生活需要，在国民经济和社会生活中占有重要地位。1950年，为组织失业工人自救，上海市合作总社和总工会建立了第一批手工业生产合作社。之后，上海贯彻第一次、第二次全国手工业生产合作会议精神，整顿已有合作社，并进一步发展新社，逐步引导手工业者走上合作化道路。到1952年底，上海共建立起35个手工业生产合作社，社员近4000人。过渡时期总路线公布后，上海根据第三次全国手工业生产合作会议精神，对手工业采取逐步由低级的生产小组、供销生产合作社向高级的生产合作社发展的方式进行社会主义改造。1954年，上海共组织217个供销生产小组和23个供销生产合作社。后经过有计划、有重点地推进，到1955年底，上海建立起各类手工业合作组织444个，社员2.86万人。在农业合作化运动迅猛发展和北京率先完成三大改造形势的推动下，1956年1月19日，上海举行庆祝全市手工业

◎ 号称“三把榔头起家”的上海铁床社工人用8尺车床生产

合作化胜利大会。经市人委批准，3.27万户个体手工业全部参加生产合作社，上海基本实现了手工业的合作化。

（黄　坚）

13 中共一大会址建成纪念馆

1956年10月初，德国统一社会党（民主德国）代表团参观中国共产党第一次全国代表大会（简称中共一大）会址。为了保存位于望志路106号（今兴业路76号）的中共一大会址这个具有重要意义的地方，新中国建立后，上海市委成立专门委员会，指派专人查实了确切位置。之后，市政府遵照中央的指示精神开始搬迁会址内的居民，进行复原修缮并作加固。

内部的布置，最早是根据李达的意见，将一大会场布置在兴业路78号客堂楼上，放有长方形的会议桌，桌上有花瓶和烟灰缸等摆设。桌子周边围放着几把椅子。1954年3月，包惠僧及李书城（一大代表李汉俊的哥哥）夫人薛文淑等专程来沪考察一大会址。薛文淑回忆了当年她家室内的布置，说那张长方形的大餐桌从来都是放在楼下的，如果一大代表是围着大餐桌开会，那么会场势必是布置在楼下。1956年初，董必武来视察。他仔细观察了会议室后说："当年我们开会不是在楼上，而是在楼下，会议室应该布置在楼下。"因为"当时不像现在，人家有女眷，我们怎么好走到楼上去开会呢？何况那时我们的会议又有外国人参加。"他还应邀为纪念馆题词："作始也简，将毕也钜。"1957年6月，纪念馆工作人员前往北京，再次走访了李达、包惠僧、薛文淑和刘仁静等人，并向国家文物局汇报了情况，最后决定将会议室布置在兴业路76号楼下。

除会址外，当时还设置了辅助陈列室，展出中国共产党创建时期文献资料，包括中国共产党成立的历史背景、各地共产主义小组产生及其活动、中国共产党的诞生等三部分内容。1952 年 9 月，中共一大会址开始内部开放，以“上海革命历史纪念馆第一馆”为名接待一些外宾和领导参观。1968 年，上海革命历史纪念馆第一馆正式改名为中国共产党第一次全国代表大会会址纪念馆。1984 年由邓小平题写了馆名，并对外开放。

链接一

找寻中共一大会址

为迎接建党 30 周年，上海市委希望查实中共一大会址，并指示市委宣传部负责进行调查。1950 年秋的一天，宣传部副部长姚溱找到市文化局社会文化事业管理处处长沈之瑜和宣传部干部杨重光，希望他们具体落实寻找工作。沈、杨通过别人帮助找到了周佛海的儿子周之友（原名周幼海），周向他们提供了寻找中共一大会址的重要线索：他的母亲杨淑慧在中共一大召开期间，曾随周佛海

◎ 1951 年中共一大会址勘察核定时的外景

去过开会的那座房子，也曾往那里送过信，而且周佛海写过一本《往矣集》，谈及出席中共一大的情形。在与中央方面的联系过程中，杨重光等人还拜访了李书城、包惠僧等亲历者，他们都提供了当时开会地点的情况。经过多方证实，确认了开会地点是李汉俊寓所（李公馆）。可是，经过了近 30 年的时间，房子周边环境已经发生变化，路名也更改了，李汉俊寓所的具体位置和门牌号都不知道，无法确认是哪栋房子。寻访人员找到了杨淑慧，请她帮忙去实地察看。头一天杨淑慧来到附近，竟没有找到当年的记忆。后来，杨淑慧又来仔细寻访查看，终于发现白墙上刷着个巨大的“酱”字以及砌着“恒昌福面坊”招牌的房子，很像是当年的李公馆。进入房内，她似乎很快记起了当年的情景，能说出哪间是李书城的客堂，哪间是李汉俊的书房，还记得当时房间内的家具陈设。1951 年 6 月，最终确认此处就是李汉俊寓所，就是中国共产党第一次全国代表大会召开的地方。

链接二

延安高架为中共二大会址让道

中共二大会址从规划、保护到重新开发，有许多鲜为人知的细节。1958 年，上海有关部门经过艰难查访，最终确证了静安区成都北路 7 弄 30 号（原南成都路辅德里 625 号）就是中共二大会址，并根据李达、王会悟等人的有关回忆和文献记载，对它重新进行复原布置。1959 年，这里正式被挂上了上海市文物保护单位的标牌。20 世纪末，上海开始建造延安高架路，按照原来计划，中共二大会址就在拆迁范围。不过，鉴于中共二大在中国革命史上的重大意义，有关部门对原来的规划作了修改，高架路为会址让道，到这里有个细微的转弯，且只拆除了二大会址所处的同期建造的四排石库门建筑的第一排，使得原来位于第二排的二大会址成了沿街楼房。

现在去看中共二大会址，四周没有其他建筑，其明显是城市拆迁的孑遗，它能够在高架桥的下方留存，正是因为它曾代表的历史。之后，为了纪念

◎ 1954 年中共二大会址外景

中共二大召开 80 周年，静安区对中共二大会址相关建筑进行修缮，恢复其历史原貌，并建立了中共二大会址纪念馆。

链接三

最早的中共中央局机关旧址——老渔阳里 2 号

当年，上海有关部门在查找中共一大会址的时候，又找到了另外两个重要的革命纪念地：中共一大代表宿舍旧址（博文女校）和《新青年》编辑部旧址。原环龙路老渔阳里 2 号（今南昌路 100 弄 2 号）是一幢二楼二底砖木结构的旧式石库门建筑。经过杨淑慧、陈望道等人的勘查确认，这里不仅是 1920 年初陈独秀从北京到上海后的寓所，也是中国共产党发起组机关刊物《新

◎ 解放初期陈毅市长、潘汉年副市长等视察老渔阳里 2 号

◎ 最早的中共中央局机关旧址——老渔阳里 2 号

青年》编辑部所在地。1920 年 6 月，陈独秀等人在此成立中国共产党发起组。在党的一大召开后，这里又成为我们党最早的中共中央局机关旧址。1951 年 10 月，上海市委决定以中共一大会址旧址为上海革命历史纪念馆第一馆、《新青年》编辑部旧址为第二馆、中共一大代表宿舍旧址为第三馆，成立了以夏衍为主任委员的上海革命历史纪念馆管理委员会，负责领导三个革命纪念馆的筹建工作。1952 年 9 月，三馆开始有限制地内部开放，主要接待重要中外来宾。1959 年 5 月 26 日，老渔阳里 2 号被公布为上海市文物保护单位。如果说中共一大会址是中国共产党的“产床”，那么老渔阳里则是上海红色文脉的起点，是红色之源。

（刘明兴）

14 “草窝里飞出了金凤凰”

1958年3月8日，永鑫无缝钢管厂（原名永鑫五金制造厂）用自己的独特工艺和设备成功穿出无缝钢管，并迅速提高了无缝钢管的日产量和质量，成为全国能与鞍钢无缝钢管厂媲美的小型无缝钢管厂！消息一出，惊动全国，也引起了中央领导的高度重视。

这家弄堂小厂，50年代初成立之际，只有20个人，没有工程师。潘阿耀，这位成功试制我国第一根无缝铜管并受到毛泽东主席接见和鼓励的上海工人，他和工友们在简陋的厂房，依靠陈旧的设备，克服诸多困难，设计制造出我国第一台穿无缝钢管的主要设备——热轧穿孔机，但很快他们便遇到了穿孔机顶头发热熔化和顶杆弯曲变形两大难题。

为解决难题，数年间，工人们苦思冥想，厂领导想方设法。直到1958年的一天，潘阿耀偶然从铜壶烧水不熔化这件小事中获得启发，想到了穿孔机顶头、顶杆通水的解决思路，并在厂领导支持下，到鞍钢无缝钢管厂考察取经，带回了由苏联帮助建设“140机组”通水合金钢顶杆。据此，潘阿耀他们设计制造出用于本厂热轧穿孔机的合金钢通水顶杆，解决了顶杆受热弯曲变形问题。接着，为解决顶头熔化的难题，找到把水从顶杆通到顶头的办法，工人们又开始在旧的耐热钢顶头上进行挖洞通水试验，经历了一次又一次的失败、试验、再失败、再试验，边试边改，到当年3月，问题终于得到了解决。

周恩来总理在视察该厂后，赞誉它是“草窝里飞出了金凤凰”。在永鑫无缝钢管厂工人们创造的基础上，冶金部黑色冶金设计院定型设计了“76机组”无缝钢管生产线，并在全国推广、布局。

『蚂蚁啃骨头』

链接一

1958年，上海建设机器厂接到了18天内为上钢一厂加工转炉风圈的紧急任务。面对转炉风圈这个长4.6米、宽3.6米、重11吨的大工件，当时厂里没有任何大型加工设备，全厂的加工设备除了一台660毫米高的卧式车床外，就是些过时的“老爷”机床，根本承受不了它的重量。怎么办？工人们积极想方设法，献计献策。老工人张如清凭借自己几十年修船的实践经验，提出把小机床搬到大工件上进行加工的办法。沿着这一思路，工人们又经过三天三夜的苦战，设计制造出用来加工的小机床——既可车端面，又能镗孔的小机床“双头端面车床”。

◎ 蚂蚁啃骨头——小车床加工大部件

正是凭借着它，上海建设机器厂最终提前两天完成了转炉风圈的加工任务。工人们形象地把它比喻为“蚂蚁啃骨头”。它很快成为中国机械加工制造中一种重要而有效的加工方法。“蚂蚁啃骨头”，凝结了20世纪五六十年代上海工人阶级的智慧，弘扬了自力更生、艰苦奋斗、奋发图强的创业精神。1958年11月，国务院副总理、外交部部长陈毅陪同外宾参观以“蚂蚁啃骨头”闻名的上海建设机器厂（今上海建设路桥机械设备有限公司），并即兴写下《参观蚂蚁啃骨头》的诗篇，称赞“蚂蚁啃骨头”与愚公移山的古老故事一样动人。从此，“蚂蚁啃骨头”名传天下。

链接二

成功在第371次

高压电桥，是对电力设备进行绝缘性能预防性监测、对电力设备制造厂产品进行质量控制检测的精密电工仪器。解放初，我国高压电桥的制造仍是空白。为打破全国各地新建厂矿、电站求购高压电桥无望的窘境，1958年，上海沪光科学仪器厂青年工人王林鹤决心试制高压电桥。从没见过高压电桥的王林鹤为画出设计图纸，跑遍了上海图书馆、科技图书馆、新华书店、外文书店，硬是从60多本俄、英、德、日等国的参考书和产品目录中，找到了介绍高压电桥使用、性能和基本线路的薄薄3页纸，经与车间工人反复摸索、不断构

◎ 1965年4月21日，王林鹤从上海科技大学毕业，进行公开毕业设计答辩

思后，最终画出了有2000多个零件的仪器草图。为了得到绝缘性能极好，却很难觅得的“超高频磁”材料的代用品，王林鹤又和工人们一起找来了玻璃、陶瓷、石英、胶木等各种材料进行试验，一次又一次，直到1960年，在经历了370次失败后，第371次试验获得了成功，1万伏高压电桥终于面世了，它填补了我国仪表工业的空白，使中国从此拥有了自己制造的高压电桥。之后，上海沪光科学仪器厂并没有停止改进和创制新产品的步伐：高压电桥不仅缩小了体积，采用了通用件，用料更省，结构简单，性能更好，而且增添了国内第一台QS16型高精度电容电桥、精度为0.005级的电容电桥、QS39型高压电桥等新成员。

链接三

首根国产化学纤维的诞生

20世纪50年代，为克服棉毛原料供应不足，解决人民的穿衣问题，上海决心建立并发展合成纤维工业。1958年3月，肩负化纤工业开路先锋的一批年仅30岁左右的青年人，离开熟悉的印染、棉纺行业，来到原寅丰毛纺厂和纺织局二干校（上海市合成纤维研究所前身旧址）实验室里，从零开始探索。没有纺丝设备，他们就在搜集国外资料的基础上，自行设计研制小型纺丝机；没有喷丝头，他们就用医药针筒替代试验纺丝；在一次又一次的试纺丝失败后，他们调整溶解浓度比例，然后制取浆液、脱泡、搅拌、加压、扩散、凝固。功夫不负有心人，从针筒中终于缓缓挤压出了丝条，渐渐地，它凝固成型为一根长约2—3米、粗约1毫米左右的银丝。这是国产第一根合成纤维的“雏形”。又经过两昼夜的苦战，他们成功试制出国内第一束聚丙烯腈（即人造羊毛）。一个月后，卡普纶试制小组成功纺出了国内第一根卡普纶丝。从此，上海纺织工业结束了完全依靠自然纤维生产纺织品的历史。1958年7月初，我国第一座合成纤维工厂——国营上海合成纤维实验工厂，纺出了粘胶纤维（人造丝）、聚丙烯腈纤维、卡普纶、尼龙66、涤纶、醋酸纤维

© 在人造丝厂车间里

等六种化学纤维，并由加工工厂织出了尼龙 66 丝袜、卡普纶汗衫、人造羊毛绒线、人造丝绸缎等第一批国产化学纤维织物。

（黄　坚）

15 灭钉螺送“瘟神”

1958年5月，上海西郊八万大军分块消灭钉螺。与此同时，各郊县也都纷纷开展群众性的血吸虫病防治运动。四个月后，《解放日报》以《一件振奋人心的大事》为题，报道了上海市基本消灭血吸虫病的情况。

血吸虫病，俗称“肚饱病”、“水臌胀”，是一种严重危害人民群众身体健康的寄生虫病。解放后，经全面调查，证实上海是全国血吸虫病严重流行区之一。市郊十县中，除崇明外，其他九县均有血吸虫病流行。血吸虫病的猖獗，给疫区人民带来了极大灾难。不少疫情严重区，人亡户绝，田地荒芜，房屋空寂，正如毛泽东《送瘟神》诗中所云：“千村薜荔人遗矢，万户萧疏鬼唱歌。”

1955年，党中央发出消灭血吸虫病的号召。1957年，周恩来总理签署《国务院关于消灭血吸虫病的指示》，要求“必须充分发动血吸虫病流行地区的广大群众，坚决地为消灭这一病害而斗争”。根据中央指示精神，上海市郊掀起了血防工作的高潮。1958年4月，市委要求疫区各级党委结合生产，大力开展血防工作，务必在10月以前基本消灭血吸虫病。由于血吸虫病主要是由人畜的粪便经水源传播，江河水流中的钉螺则是血吸虫病唯一的中间宿主。因此，血防工作的重点是消灭钉螺。西郊八万大军灭钉螺就是在这一背景下展开的。

当时，为了彻底消灭钉螺，嘉定、青浦、松江等县充分发动广大民众积极参加灭钉螺行动，凡是有钉螺沟浜的地方，灭螺大军云集。他们自带筷、瓶、刀、铲等各种工具，蹲在河边捕捉钉螺，还运用土埋、火烧、喷药等各种方法来消灭钉螺，控制钉螺的蔓延和血吸虫病人的进一步感染。同时，做好粪便的科学管理，达到粪便不下河和杀虫灭卵的要求，对能够治疗的血吸虫病患者全部进行治疗等。到 1958 年 9 月，上海各疫区的螺情、血吸虫病患者的病情大幅下降，血防取得显著成效。

链接一 消灭霍乱、天花

解放前的上海，各种传染性疾病经常流行，霍乱在二十年中曾流行十三次，天花、伤寒、白喉等病的地方性流行也连年不断。因传染病致死的人数占了全部死亡原因的首位。

上海刚一解放，党和政府就开展了卫生防疫工作，发动全市人

1950 年 5 月 28 日，沪杭线上，一名乘客接受防疫针注射

民突击打扫市容卫生，清除会馆等处的长年积柩，扑灭病媒虫害，集结医务人员组成 358 个霍乱注射小分队，为城乡居民接种霍乱疫苗达 375 万人次，从而有效地防止了霍乱的发生。自 1949 年下半年起，再没有发生一起霍乱病例。

1950 年 1 月，市政府发布《关于开展清洁卫生运动的通知》，自当月起在全市范围内开展了为期一个月的首次群众清洁卫生运动，出动近 20 万人次，清除积存垃圾，整治多年积水。1950 年冬至 1951 年春，又开展了以“人人种痘”预防天花为主要内容的冬春季防疫清洁卫生运动，先后组织了 7000 多名医务工作者组成 2000 多个种痘队，共计接种了 1068 万人次，并建立了婴幼儿定期种痘制度等预防措施。到 1951 年 7 月，上海在全市范围内消灭了天花，比全国早 9 年，比全球提前 26 年。

链接二

第一支国产青霉素研制成功

今天，许多疾病的治疗离不开抗生素。青霉素作为世界上第一种抗生素，更是被广泛应用于如白喉、破伤风、肺炎等多种感染性疾病的治疗。然而，解放初，我国的化学工业落后，很多药品无力自行生产，青霉素更是只能依靠进口。1950 年 3 月，时任上海市市长的陈毅亲自批示成立“上海青霉素实验所”，开始了青霉素的国产化试制。在童村等科研专家的不懈努力下，第一支国产青霉素针剂于 1951 年 4 月试制成功。为了方便规模化生产，必须进行大规模发酵。1953 年 5 月 1 日，在实验所专家们自行设计制作的 1500 加仑发酵罐中，第一批国产青霉素生产出来了。同年，上海第三制药厂在上海青霉素实验所的基础上创建起来，拉开了我国青霉素大批量工业化生产的序幕，“盘尼西林”依靠国外进口的时代一去不复返。

此后，我国不仅能生产青霉素，而且其他各类抗生素也不断投产问世。由于长期以来国内一些主要抗生素新品种几乎都是上海第三制药厂首先研制成功的，故该厂也被誉为我国“抗生素之摇篮”。

◎ 上海科发药厂的青霉素生产制作车间

抗击『非典』

链接三

新中国成立后，上海市不断加强对各类传染病的预防控制，使传染病的发病率和死亡率大幅下降。然而，2003 年突如其来的“非典”告诉我们，传染病防治工作仍面临严峻挑战。

当年 4 月 2 日，上海确诊首例输入型“非典”患者，市委、市政府紧急启动“公共卫生突发事件应急处置体系”，带领 1600 万上海人民打响了这场没有硝烟而又惊心动魄的战争。

当天下午，上海防治“非典”联席会议制度建立。4 小时内，承担综合协调功能的 18 个小组到位，通信、交通、后勤等保障设施悉数开通运行，专司防灾抗灾的民防大厦被紧急启用，成为上海抗击“非典”的指挥中枢。市委、市政府高度重视“非典”防治工作，决定主动公布疫情和政府措施，稳定民心；加强疫情评估，在不同疫情阶段采取不同措施；有效封堵源头，严防“非典”蔓延；坚持发挥“两级政府、三级管理、四级网络”的体制优势，实施“条块结合、以块为主”的属地化管理，发挥三级预防医疗网的作用，做到防治工作“横向到边、纵向到底”，全面加强对“非典”的防范。当时，身处“防非”第一线的上

◎ 大宁路街道居民仔细阅读“非典”防范指导

海医务工作者们自知是最易感染的高危人群，但他们仍义无反顾地投身到这场战役中，正如一份“请战书”上所说的那样：这时候躲开的人不叫“医生”。6 月，“非典”疫情趋向平稳。6 月 27 日，上海最后一例输入型“非典”患者康复出院，“防非”工作取得阶段性胜利。

在“非典”疫情期间，上海“非典”病例始终控制在个位数，且未发现一例原发型“非典”病例，一线医务人员实现“零感染”，2.9 万多家外资企业无一撤离……被新华社报道为难忘的“上海案例”。

（张　鼎）

16 第一座卫星城的崛起

1958年9月，上海第一座卫星城——闵行卫星城开工建设。闵行从原来的只有羊肠小道和少量房屋，几乎没有什么基础设施的滨江小镇，一跃成为启动最早、发展最快、工业发展规划和城市现代化建设较好结合的卫星城。它的成功经验成为后来建立上海工业卫星城的参照范式和学习样本。

按照毛主席于1956年作出的“上海有前途，要发展”的指示，上海市委提出“充分利用、合理发展”的工业建设方针，并计划“在上海周围建立卫星城镇，分散一部分工业企业，减少市区人口过分集中”。1958年，国务院批准将江苏省的嘉定、上海、宝山等10个县划归上海，为卫星城的规划和建设创造了空间。作为上海县一部分的闵行卫星城，就是在这样的背景下兴建起来的。

1958年5月，市规划设计院编制闵行工业卫星城总体规划，决定“将闵行发展成为一个以钢铁和机电工业为主的城镇”，人口15万—20万，总用地约21.7平方公里。闵行卫星城启动建设后，以飞快的速度不断扩大发展。在原有的上海电机厂、上海汽轮机厂的基础上，又新建了上海锅炉厂、上海重型机器厂。这四家超大型工厂，每家占地面积均在一平方公里左右，职工近一万名，被形象地称为卫星城的“四大金刚”。刘少奇、朱德等党和国家领导人曾多次到这里视察。1961年5

月，毛泽东主席还专程来到上海电机厂与工人们一起欢度劳动节。此外，随着上海水泵厂、上海滚珠轴承厂等许多市区工厂纷纷迁至闵行落户，闵行卫星城逐步成为全国性生产大型电站和各种机电设备的重要基地。在迁移或新建的主要工厂逐步到位的同时，还打造了“闵行一条街”，完善生活配套；对沪闵路进行改扩建，使市区和卫星城的交通更加便捷；建设新闵铁路支线，推动卫星城加速向全国辐射。

1962 年 6 月，伴随着中国第一台万吨水压机正式在上海重型机器厂问世，闵行卫星城建设基本完成。当时，以闵行为代表的卫星城建设，不仅在改善上海工业布局，疏散市区人口等方面发挥了一定作用，更重要的是开拓了上海城市发展的崭新空间，为未来上海实现现代大都市的可持续发展奠定了坚实基础。

『闵行一条街』

链接一

在闵行卫星城建设过程中，“闵行一条街”的打造是一个不得不提的亮点。1959 年 3 月，市城市规划勘测设计院根据市委提出的工业区配套的住宅建设要“成街成坊”、“先成街后成坊”的原则，编制完成了“闵行一条街”规划方案。这是上海解放后第一个成街坊的完整建筑设计。4 月，第一期住宅工程破土动工，仅仅数月后，新中国成立十周年之际，一期工程就宣告完成，特别是沿街 11 幢大楼，7 月 3 日开工，9 月 20 日即交付使用，仅用 78 天，可谓速度惊人。在闵行一号路（今江川路）两侧建成了 31 幢四至五层、总面积 7.29 万平方米的商住建筑，公建配套面积达 1.49 万平方米，融住宅、幼托、学校、医疗、银行、派出所为一体；沿街设有百货、食品、书店、服装、照相、理发、药店等店铺，其中比较著名的有可同时容纳 600 人一起吃饭的本帮“老正兴”菜馆，35 开间门面的国营闵行第一百货商店，六层楼的闵行饭店等，此外还有影剧院、旅馆和公园。

在当时看来，“闵行一条街”不仅住宅新颖、公共设施齐全、居民生活方便，

◎ 刚建成的“闵行一条街”街景

而且形成了繁华热闹的街市和崭新的城市面貌，成为全国闻名的新中国工业新城规划建设的样板。在 1949 年至 1989 年“上海十佳建筑”的评选活动中，“闵行一条街”被推选为全市三十项精品建筑之一。

链接二

传统文明与现代科技交相辉映的嘉定卫星城

上海规划的第一批卫星城中，除了闵行，还有吴泾、松江、嘉定、安亭等四座卫星城。嘉定卫星城位于上海市区西北，距离市中心人民广场 33 公里。1959 年 9 月，市城市规划设计院编制了《嘉定总体规划》，次年 2 月，又根据市委关于充分利用旧镇，紧凑布局，将科技大学和一部分科技单位放在城内的指示，形成卫星城的初期规划。嘉定被确定为以设置科学技术研究机构、大专学校为主的卫星城，适当安排与科学研究有关的精密无害工业，人口规模 10 万—15 万，用地规模 11 平方公里。按“城内生活、城外生产”的原则，将嘉定城河以内约 3.2 平方公里作为上海科技大学校

◎ 学生在嘉定卫星城内的上海科技大学图书馆里讨论问题

址和生活居住区，东北沿嘉罗路为科研单位和与科研相关的精密无害工业科研生产区，城西是轻纺工业区。嘉定卫星城自 1960 年开始建设，到 1966 年，卫星城内的道路、水电等基础设施建设基本完成。在此期间，上海科技大学、电子学研究所、计算技术研究所、硅酸盐研究所等 8 家中央和市属科研单位新建或迁入嘉定，科研用地 65 公顷，职工近 6000 人，占当时嘉定卫星城总人口的六分之一。同时，建设了东西干道——清河路和塔城路，纵贯南北的交通干道——城中路，建成了全长 600 米的住宅和公共建筑配套齐全的城中路一条街，沿街东侧的新颖建筑与西边的体育场、公园虚实结合，形成新景观，城镇面貌焕然一新。

作为历史文化名城，嘉定卫星城规划合理，建设得当，较为圆满地解决了保护传统与发展现代工业之间的矛盾，现代科技和传统文明在这里同放异彩，交相辉映，为老城适应工业化需要进行的现代化改造提供了一个典型范本。

◎ 迁入安亭的上海汽车厂生产的“上海”牌轿车

链接三

以汽车工业为主体的安亭卫星城

1958年8月，市城市规划勘测设计院对安亭、南翔、黄渡三地比较考察后，认为安亭镇东首、沪宁铁路南侧、吴淞江以北，辟为机电工业区较为合适。次年11月，根据上海发展机电工业的需要，市城市规划勘测设计院编制了《安亭初步规划》，将安亭定位为以设置机电工业为主的卫星城。

20世纪60年代，随着上海汽车厂、上海阀门厂、上海发动机厂等12家工厂相继新建或迁入，安亭最终被定位为在机电工业基础上以发展汽车工业为主体的卫星城。这种产业定位的提升，对安亭的发展产生了深远而重大的影响：一方面避免了与同为机电卫星城的闵行的重复建设和恶性竞争；另一方面，建设作为新中国新兴产业的汽车工业给安亭的城市可持续发展创造了难得的机遇。后来的历史也充分证明：安亭的这次产业定位提升是十分正确的。1982年，为配合汽车工业的发展，市规划院再次编制了《安亭总体规划》，这次规划更加突出了安亭以汽车工业为主的卫星城性质。安亭从一个人口稀少，市政基础薄弱的乡村小镇逐渐蜕变为人口众多、产业规模庞大的现代汽车城，吸引了全国乃至世界的目光。

（张　鼎）

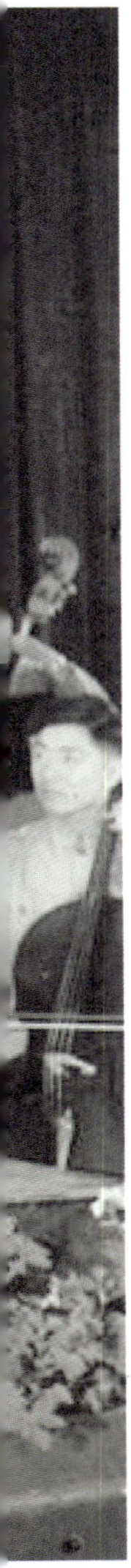

17 《梁祝》唱响“上海之春”

1959 年 5 月 27 日，由何占豪、陈钢作曲的小提琴协奏曲《梁山伯与祝英台》(简称《梁祝》)在上海兰心大戏院首次公演，俞丽拿担任小提琴独奏。这支中国有史以来最著名的小提琴曲，完成了交响音乐民族化的创世纪。1960 年，首届“上海之春”音乐舞蹈节隆重推出小提琴协奏曲《梁祝》，以其交响乐民族化的成功实践，不但成为中国音乐史上一个里程碑，并且为世界小提琴著名曲目添加了中国元素。

《梁祝》创作于 1958 年，是上海音乐学院的师生向国庆 10 周年的献礼之作。当时正值“大跃进”，小提琴专业学生何占豪、俞丽拿、丁芷诺（后由陈钢参加）等组成的“小提琴民族化实验小组”，试图解决小提琴演奏技巧的民族风格问题。因此，他们想到了“海岛女民兵”“大炼钢铁”等当年风靡一时的重大题材，最后，才把最适合小提琴特点的《梁祝》作为备选题目列上去。但是恰恰就是这个题目，被独具慧眼的党委书记孟波选中了。但孟波知道，向国庆 10 周年献礼的作品，绝对不可能是校内的自娱自乐。小提琴协奏曲《梁祝》要走向社会，第一个考验就是上海这座大城市能否接纳。考虑到当时的社会环境，《梁祝》协奏曲刚定稿，孟波就组织小提琴和钢琴两种乐器试奏了一遍，然后把录音带送给中共上海市委宣传部部长石西民，征求领导的意见。石西民听完录音后很高兴，对作品给予了很好的评价。1959 年 5 月 4 日，小提琴协奏曲《梁祝》在上海音乐学院礼堂举行了首次试演，何占豪担任小提琴独奏，陈钢担任钢琴伴奏。5 月 27 日，在上海兰心大戏院举行的新作品音乐会上，《梁祝》首次公演，小提琴民族化实验小组的全体同学参加，俞丽拿担任小提琴独奏，大获成功。时隔一年，被推荐参加第一届“上海之春”音乐舞蹈节，18 岁的俞丽拿用她年轻的心拉响了古老东方的爱情故事《梁祝》，一曲完毕，演出结束，全场鸦雀无声，片刻之后，响起雷鸣般的掌声，演出获得巨大成功。应热情的观众之邀，她再度挥弓，再次演奏其中片段，就此创下了世界音乐史上的一个奇迹。

《梁祝》不仅仅是一首小提琴协奏曲，也是代表着中国文化的一个符号。它使东方风韵、中国元素飞进了世界音乐殿堂，成为中西音乐结合的典范，成为让西方乐器开口说中国话的“中乐西奏第一曲”。周恩来总理每次到上海接见外宾，必点《梁祝》，让外宾领略富有中国特色的中国小提琴曲。《梁祝》还漂洋过海，受到全世界华人的欢迎，“有阳光的地方就有华人，有华人的地方就有《梁祝》”。

链接一

揭开上海音乐舞蹈新篇章的『上海之春』

上海解放后，为了丰富提高人民群众的文化生活，市政府采用会演、调演等形式开展地区内、地区间的交流，组织观摩、评比，以此来推动文化艺术事业的发展。1960 年 5 月 10 日，第一届“上海之春”音乐舞蹈节适时而生。“上海之春”由中国音乐家协会和中国舞蹈家协会上海分会、上海市文化局共同主办，形式以音乐舞蹈新作展演为主，兼有器乐、声乐比赛以及学术报告、专题座谈等。第一届“上海之春”中涌现出了许多脍炙人口的曲目，如小提琴协奏曲《梁山伯与祝英台》、合唱《六十年代第一春》、大提琴协奏曲《嘎达梅林》、民乐合奏《东海渔歌》等大型作品。这些作品

◎ 1960年5月10日，半个多世纪前的第一届“上海之春”音乐舞蹈节

一直以来都是新中国文化艺术领域的经典作品，影响了几代中国人，是我国文化艺术园地中的瑰宝。“上海之春”从举办之日起，除“文革”期间被迫中断外，每年连续举办，每届有10—20台节目演出，每一届都会有新作问世。如第二届首演了丁善德的《长征交响乐》、第六届首演了吕其明的管弦乐《红旗颂》等；还有芭蕾舞剧《白毛女》、民族舞剧《小刀会》、音乐舞蹈史诗《在毛泽东的旗帜下高歌猛进》等。

链接二

新中国第一部彩色戏曲艺术片

越剧《梁山伯与祝英台》(简称《梁祝》)是华东实验越剧团（后改为上海越剧院）创作的经典越剧传统戏。1952年10月，华东实验越剧团赴北京参加全国戏曲会演，范瑞娟、傅全香主演的《梁祝》获得盛誉，被喻为“整理改编旧有优秀剧目正确对待遗产的优秀范例”。1953年，上海电影制片

◎ 由著名越剧演员范瑞娟、袁雪芬主演的新中国第一部彩色戏曲艺术片《梁山伯与祝英台》

厂将越剧《梁祝》摄制成中国第一部彩色戏曲艺术片，由袁雪芬、范瑞娟主演。1954 年初，周恩来总理一行来到上海电影制片厂审片。审片后，周恩来提出建议：在“楼台会”和“山伯临终”之后，加上一个祝英台思念梁山伯的场面。于是，上海电影制片厂补拍了“思兄”场，增加了 4 句唱词，更好地表现了梁山伯与祝英台坚贞不渝的爱情。1954 年，周恩来总理出席日内瓦国际会议期间，放映了新中国第一部彩色戏曲艺术片《梁祝》，受到好评，留下了“越剧《梁祝》饮誉日内瓦”的佳话。会议期间，周恩来总理还邀请喜剧大师卓别林观看此片，卓别林把它称作“中国的罗密欧与朱丽叶”，是一部“非凡的电影”。8 月 25 日，

《梁祝》在上海大光明等20家影院正式上映，观众如潮。该片还在1954年捷克斯洛伐克第八届卡罗维·发利国际电影节获音乐片奖，在1955年第九届英国爱丁堡国际电影节获映出奖，受到国际广泛关注。

（段春义）

18 “南京路上好八连”

1959年7月23日，《解放日报》刊登通讯《南京路上好八连》，并发表社论《人民解放军的光荣，上海人民学习的榜样！》，介绍这支队伍“拒腐蚀，永不沾”，“身居闹市、一尘不染”，乐于为人民做好事的先进事迹，并号召“全市人民一定要学习南京路上好八连和其他先进单位的榜样，进一步发扬克己奉公的精神和旺盛的革命意志”。

这支在战火中百炼成钢的队伍，自进驻上海南京路以来，在和平环境里依然保持着艰苦奋斗的传统：新中国刚成立，百废待兴，连队官兵急国家所急，千方百计节约开支，减轻人民负担，提出“为国家节约一粒米、一分钱、一滴水、一度电、一寸布”的响亮口号。这个连的战士人人都有三件传家宝——草鞋、自糊信封和针线包，衣服鞋袜是“新三年，旧三年，缝缝补补又三年”，而把节约下来的衣服和钱捐献给灾区人民。连队和各班排都自备“三箱”(修理箱、木工箱、理发箱)，常用的桌椅板凳和门窗坏了，自己动手修理。八连的战士走到哪里，就把好事做到哪里。街头巷尾，帮助清洁工人清扫街道；在火车站，帮助旅客送行李；到建筑工地，参加义务劳动；到学校，帮助修理桌椅板凳；到孤寡老人家里，帮助挑水、洗衣、做饭等等。

《解放日报》报道后，全市社会各界陆续开展了学习“南京路上好八连”活动。许多单位纷纷邀请八连官兵举行事迹报告会，参观访问好八连。上海建筑机械厂、上海自行车厂、上海华新仪器厂、上海建春女中、安福路小学等单位组织文艺骨干成立好八连事迹宣传队，用对口词、快板书、“三句半”等通俗形式向广大职工群众、中小学生进行宣传。在上海各主要街道、车站、码头等公共场所的宣传橱窗内都可以见到介绍好八连事迹、反映学习好八连活动的图片和美术作品。团市委与上海人民广播电台联合举办“学好八连艰苦奋斗、勤劳俭朴革命精神”的电视广播大会，收效显著。

1963 年 4 月，国防部授予该连队“南京路上好八连”的荣誉称号。毛泽东主席也被好八连的事迹所感动，于当年“八一”建军节之际挥笔题写了一首《八连颂》，在表彰这个英雄连队的同时，留下了“军民团结如一人，试看天下谁能敌”的名句。好八连从此声名远扬。

链接一 霓虹灯下的哨兵

《霓虹灯下的哨兵》最初是南京军区前线话剧团于 1962 年创作演出的一部大型话剧，故事蓝本取材于“南京路上好八连”。为了创作出生动鲜活的剧本，著名编剧沈西蒙等人竟然“剃了光头、背上背包、登上草鞋”，到好八连深入生活 40 天，才最终写成了剧本。该剧上演后获得极大成功，红遍了大江南北，短时间内，全国有 100 多个剧团先后上演。周恩来总理先后观看了 7 次。在他的推荐下，一向很少看话剧的毛泽东也于 1963 年 11 月观看了此剧。毛主席当时看得十分投入，当剧中的童阿男受到批评要离开连队时，主席也十分着急，喃喃自语道：“童阿男，你可不能走啊！”当童阿男受到教育后重新回到连队时，主席又面带笑容，微微点着头说：“回来就好，回来就好。”演出结束后，毛主席十分高兴地走上舞台，和剧组的编导、演员们一一握手，深情地说：“是个好戏，很动人，写得好，演得也好，要多给一些人看。”

为了让全国亿万观众都能欣赏到这部红色经典剧目，1963 年底，周总理指示

◎ 电影《霓虹灯下的哨兵》剧照

要将该剧搬上银幕，并特别关照：拍电影用演话剧的原套人马，一句台词不能改，一个演员不能换。次年初，王苹任导演，沈西蒙任编剧的电影《霓虹灯下的哨兵》由上海天马电影制片厂在南京路实地拍摄完成，并在全国公映。随着影片的公映，“哨兵们”走进了千家万户，成为那个特殊年代人们生活中一道丰盛的文化大餐。

链接二

『好八连』传统代代传

进入改革开放新时代，“好八连”里虽然一批批战士相继退伍，但艰苦奋斗的传统却很好地传承了下来。每当有新战士来到八连，连长和指导员就带他们去学习毛主席“两个务必”的教导，观看转战南北、行程万里的用了15年的行军锅、补鞋箱、理发箱、木工箱、针线包等传家宝，以此告诫战士们，在生活上铺张浪费之时，就是政治上蜕化变质开始之日。保持艰苦奋斗作风，绝不是经济开支的小事，而是革命大节。连队电话亭边印有“时间就是金钱，请珍惜分分秒秒”的提示语；电脑打印机上，贴有“每人节约一张纸，希望小学的学生就多个练习本”的字条；饭堂墙壁上，悬挂着“要知盘中餐，粒粒皆辛苦”等警句。

◎“好八连”官兵在南京路上为市民量血压

1991 年春天，南京东路再次改造工程正在紧张地进行，八连官兵们在没有机械化工具的情况下，全靠手挖肩挑，日以继夜，拼死拼活，43 把铁锹挖断了 30 把，轮流休息的士兵一身泥水，在屋檐下三五成群席地而睡，就像 42 年前刚进大上海的第一晚。

时代在变，初心不变。如今，“南京路上好八连”驻地虽已不在繁华的南京路，但是自 1982 年 3 月开始，每个月 10 日、20 日，无论阴晴雨雪，连队官兵都会如约来到南京路，为过往市民提供理发、磨刀、补鞋、量血压等服务。何谓不忘初心？好八连官兵，几十年，为人民，用行动、用传承，给出了答案。

链接三

『学习雷锋好榜样』

在学习“南京路上好八连”活动如火如荼地开展时，学习雷锋活动也在全市掀起热潮。1963 年 3 月 5 日，毛泽东主席在《人民日报》上发表题词——“向雷锋同志学习”。随后，团市委发出向雷锋同志学习的通知，要求全市各级团组织认真贯彻团中央指示，在青年中广泛开展学习雷锋的教育活动。

上海各级团组织运用各种形式，广泛地宣传雷锋的优秀事迹。

上海团组织对青年开展学习雷锋精神教育

团市委在3月至4月份组织了2.8万人参加雷锋事迹报告会，由雷锋生前战友介绍雷锋事迹，并增印了登载毛主席题词的《中国青年》15.6万册，登载雷锋事迹的《青年报》增加发行至42万份，保证每个团小组一至两份学习资料。上海各新华书店发行雷锋的图书、图片、宣传画共140万册，其中最受青年欢迎的《雷锋日记》销售了7.9万册，雷锋活页歌选4.5万张。青年报社在三四个月的时间里收到关于学习雷锋的群众来信、来稿多达6000余封。1963年4月23日，中国人民解放军驻沪部队和市总工会、团市委、市妇联举办雷锋同志事迹展览，展览中的两百多件文物和照片具体而生动地反映了雷锋从一个苦孩子逐步成长为一个自觉的无产阶级革命战士的光辉历程，反映了雷锋在各种工作岗位上所表现的高尚品德和风格，也反映了上海青年向雷锋学习的强烈愿望。展览开始的当天下午，上海市就有近5000名观众前来观展。截止到9月1日，累计观众达80多万人，可谓盛况空前。此间，雷锋甘于奉献、专门利人、矢志不渝为民服务的高贵品质在人们心中留下了深深的烙印，也对上海的社会风貌产生了深远影响。

（张　鼎）

19 中国首枚探空火箭成功试射

1960 年 2 月 19 日，在上海市郊南汇县老港镇一片空旷的沙滩上，我国第一枚液体燃料探空火箭——探空七号（T-7M）轰然一声，腾空而起，直刺青天，揭开了上海航天事业的序幕。这是中国完全依靠本国力量发展探空火箭取得的第一个具有工程意义的成果。

为研制火箭，上海机电设计院的研制人员攻克了一道道技术难关：在经过几十种方案 700 多次试验后，才最终确定了薄膜材料、腐蚀图案、适用的保护剂和腐蚀剂、腐蚀温度及时间，使爆破薄膜在预定压力下均匀破裂，并达到控制精度的要求；没有控制爆炸螺栓和开伞螺栓点火时间的时间控制器，就动手改装小台钟；不会设计制作降落伞，就请教跳伞运动教练，绘出图纸后又请缝纫师傅帮忙制作……

为发射 T-7M 探空火箭，研制人员在南汇火箭发射场建起一座高 29 米的燕尾槽形单轨发射架，用几张芦席搭成的简易工棚内安放着一台临时借来的 50 千瓦发电机；没有专用加注设备，就用自行车的打气筒作为推进剂的压力源；没有步话机或电话、广播喇叭，就靠大声呼叫或做手势下达操作指令；没有自动脱落机构，操作人员就在高压气瓶充气结束后，冒着危险跑到处于待发状态的火箭近旁去拆下充气阀；没有自动遥测定向天线，就用手转动天线跟踪火箭。

正是靠着一股子拼劲，研制人员终于成功地将 T-7M 探空火箭送上了蓝天。7 个月后，在安徽广德发射场，将我国首枚实用型液体燃料探空七号（T-7）气象火箭成功地送上了蓝天。这“是中国空间科学史上的第一个重大成果”，为我国运载火箭的发展探索了前进道路。

链接一

力克原子弹的关键技术

根据党中央依靠自己的力量研制原子弹的决策，1960 年，周恩来总理亲自向上海市委交待了研制原子弹关键技术的任务，要求不惜代价，在最短时间内完成研制最紧迫的氟油和浓缩铀分离膜元件。中科院上海冶金研究所随即抽调人员专门成立分离膜研究室，由冶金所副所长吴自良教授领衔，与来自沈阳金属研究所、原子能研究所和复旦大学等单位的科技人员一起攻关分离膜的材料、工艺和测试。为协调解决研制和生产中的问题，上海市科委于 1961 年成立了“上海市分离膜任务领导小组”。1963 年，上海终于研制出符合要求的分离膜元件，经实际装机使用，成功分离出合格的高浓缩铀产品。翌年，上海完成了分离膜的工厂化生产。同时，中科院上海有机所科研人员在两年多艰苦的探索后，成功研制出氟油

1964 年 10 月 16 日下午 3 时，我国第一颗原子弹在新疆罗布泊爆炸成功

并进行批量供应，确保了浓缩铀厂机器的运转。该所参与研制的高能炸药方案也成功入选并被正式实际应用在武器上。1964 年 10 月 16 日，中国第一颗原子弹爆炸成功。中国成为世界上第五个拥有原子弹的国家，彻底打破了西方大国的核讹诈、核垄断，确保了我国的安全和发展，奠定了我国的大国地位。

链接二

仿制红旗一号导弹

为加快中国导弹工业发展，1960 年春，上海根据中共中央、国务院、中央军委的有关决定，开始筹建上海导弹试制技术基地。1961 年 8 月，上海成立市第二机电工业局（即后来的上海航天局），负责基地建设和红旗一号导弹的试制，确定上海新新机器厂、上海有线电厂、上海广播器材厂和上海仪表厂为导弹试制骨干工厂，并从各部门抽调了一批精兵强将。市领导明确表示："即使当掉裤子，也要将导弹事业搞上去"，并从财政中硬挤出 200 万元支

◎ 红旗一号导弹

持试制骨干厂的技术改造。导弹总装厂的研制人员生活在松江一个三面环水、仅一座小桥与外界相连的地方，由于设施跟不上，生活很不方便。但他们毫无怨言，坚持苦练基本功。焊接工人为节约焊接材料，将毛笔夹在焊枪上，悬臂在纸上练划线，直到手不发抖，线条粗细均匀、不歪不斜为止；科技人员持续开展技术攻关，为试制出合格的油箱，总装厂的科技人员几乎花了一年的时间。1964 年 12 月，上海导弹试制技术基地初具规模，3 枚红旗一号导弹总装成功，并完成全部地面测试。1965 年 11 月至 12 月，进行飞行打靶试验，三发二中，取得成功。上海提前完成了红旗一号导弹仿制任务。

七〇一工程

链接三

根据毛泽东作出的“我们也要搞人造卫星”的指示，1970 年 4 月 24 日，我国第一颗人造地球卫星“东方红一号”升入太空。在此之前，1969 年 8 月，周恩来总理代表中共中央、国务院向上海下达了研制人造卫星和运载火箭的任务。同年 12 月，上海成立“七〇一”工程（意即 1970 年第一项任务）领导小组和办公室，负

◎ 1970 年 4 月，上海工人欢呼我国第一颗人造地球卫星发射成功

◎ 将上海研制的第一颗人造卫星送上天的运载火箭——风暴一号

责指挥调度、组织协调、元器件保障等工作。长空一号技术试验卫星是我国第一颗重达 1 吨以上的卫星，运载火箭“风暴一号”是长 30 多米，直径 3 米多的庞然大物，其设计、工艺和材料等都不同于上海以往研制的导弹，许多难题从来没有碰到过，制造工艺复杂、加工难度大。上海在全市开展了以机电二局、机电一局为骨干，涉及数百个协作单位的大会战。在“严肃认真、周到细致、稳妥可靠、万无一失”方针的指导下，广大研制人员迎难而上，想方设法，不断摸索攻克各种技术难关的方法。1975 年 7 月 26 日 21 时 29 分 40.5 秒，风暴一号运载火箭第一次携带质量 1107 千克的长空一号卫星在熊熊烈火中起飞。卫星按程序分离，准确入轨，工作正常。这标志着上海完成了七〇一工程，突破了人造卫星研制零的纪录，带动了相关基础工业的发展，为继续研制大型火箭和新型号卫星积累了经验、奠定了基础，也使中国的航天技术迈出了新的一步。

（黄　坚）

20 百花齐放“百花奖”

1962 年 5 月 22 日，第一届“大众电影百花奖”的颁奖典礼在北京举行，郭沫若为第一届百花奖最佳女演员祝希娟赠送题匾。上海是中国电影的滥觞之地，经历了从无声到有声，黑白到彩色，模拟到数字，传统到现代的技术变革进程。

1956 年，“百花齐放，百家争鸣”文艺方针发表后，上海电影业步入新中国成立后快速发展的辉煌时期，拍摄了一批在中国电影史上具有持久影响力的优秀作品。1960 年，上海天马电影制片厂摄制的故事片《红色娘子军》，以富于传奇色彩的情节、细节、场面和地方色彩，再现了红色娘子军的斗争业绩，刻画了女主人公琼花勇敢倔强、深沉而善良的性格，真实地表现了她从自发反抗成长为自觉的无产阶级战士的过程。影片手法简洁精炼，节奏清新明快，塑造银幕形象鲜明动人，具有独特的艺术构思，运用大量特写、近景包括变焦距镜头刻画人物性格成长和情绪变化，具有较丰富的思想内涵和强烈的艺术感染力。

《红色娘子军》最初剧本名为《琼岛英雄花》，1958 年，编剧梁信在海南岛一间放杂物的小屋奋笔四天四夜写成初稿，但是剧本的结尾却修改到 1960 年初。完成后，5 本剧本分别被寄往天马、海燕、江南、北京与长春 5 个电影制片厂。天马电影制片厂资深老艺术家沈寂将只看了半部的剧本推荐给谢晋，谢晋通宵读了两遍，早起即奔厂长办公室请求拍摄梁信的本子。厂长陈鲤庭马上看本子并拍板同意。谢晋邀请梁信来上海修改剧本，正是这次会面，《琼岛英雄花》获得了后来响彻全中国的名字《红色娘子军》。谢晋独具慧眼，挑选了还在上海戏剧学院读书的祝希娟担任主角。1960 年，《红色娘子军》上映后迅速在全国掀起一阵“娘子军热”。

1962 年 5 月，在由电影创作者协会发起，当时发行量最大的电影刊物《大众电影》杂志编辑部主办的首届“大众电影百花奖”上，《红色娘子军》在众多影片的评选中，一举获得最佳故事片奖、最佳导演奖（谢晋）、最佳女演员奖（祝希娟）和最佳配角奖（陈强）四大奖项。1964 年，获得第三届亚非电影节“万隆奖”；1995 年，获得“中国电影世纪奖”。《红色娘子军》还被改编成京剧、芭蕾舞剧等，这些剧目经过多次修改复排，久演不衰，成为我国艺术宝库中的经典。

链接一 《渡江侦察记》

20 世纪 50 年代初，上海电影剧作在题材上开拓广阔的社会生活领域，主要反映工厂、农村、部队和科技文化等当代生活和革命斗争生活，人物塑造以工农兵和知识分子为主。1954 年，上海电影制片厂摄制《渡江侦察记》。汤晓丹导演一开始决定孙道临来扮演李春林连长时还遇到争议，因为孙道临演的角色一般是英俊儒雅、内敛深沉的知识分子。汤晓丹给领导写了保证书，认为“孙道临一定能演好”。其实，汤晓丹知道孙道临对人民解放军充满了感情。上海解放时，孙道临就作为年轻演员迎接解放军进城。不久，到山东老区听到战士们英勇杀敌的动人故事，彻夜难眠。朝鲜战争爆发后，孙道临奔赴战火连天的前线。出发途中路过北京，他到姐姐家辞别，并告诫不要告诉妈妈，以表壮士一去不复返的决心。在战争一线，与战士们同吃同住同战斗，夜行军百里不叫累，下战壕为战士演出。他在日记中写下：“当一名为国而战的战士该有多光荣！”1954 年

◎ 孙道临在电影《渡江侦察记》中饰演李连长

1 月，从朝鲜战场回来的孙道临被组织决定出演《渡江侦察记》中的李连长。孙道临后来回忆说，他“既兴奋又惶恐，兴奋的是我喜欢演戏，且此番演的是解放战争中的英雄；惶恐的是如何塑造工农兵形象，心里没有底”。但是朝鲜战场的实践，让他充满了信心。整个拍摄过程，也成为孙道临最难忘的经历。外景地在苏北山上，雨季中，每天山上山下来回，无人例外，拍摄李连长和刘四姐告别一幕，汤晓丹亲自跳进水中推船。全组上下，齐心协力，最终成功摄制完成这部惊险的军事片。影片情节曲折多变，细节生动，悬念迭起，表现了人民解放军指战员和民兵的英雄气概和崇高精神，成功地塑造了李连长、吴老贵、刘四姐等人物形象。《渡江侦察记》成为孙道临的转型之作，从此成为“儒将专业户”，陆续出演《南岛风云》《永不消逝的电波》《红色的种子》《革命家庭》《51 号兵站》等。1957 年，该片获文化部 1949—1955 年度优秀故事片一等奖。

链接二 《李双双》

1962年，《李双双》由海燕电影制片厂摄制，导演鲁韧，编剧李准，主演张瑞芳、仲星火。《李双双》以浓郁的生活气息，活泼的轻喜剧风格，特别对人物思想感情准确而细腻的描写，对人物性格及关系的深入发掘，赢得了广大观众喜爱。张瑞芳主演的李双双，表现出爽朗、火辣的性格和女性的忍让、温存，准确把握角色的纯朴、自然、本色的基调，具有很强的艺术魅力。《李双双》是编剧李准根据自己创作的小说《李双双小传》改编。小说及剧本初稿原以办食堂作为贯串事件，不过在摄制组到河南选看外景时，农村人民公社大办食堂的政策发生变化。编剧和导演进行修改，把办集体食堂改为挖水渠和选记工员，使情节虽变但人物和人物之间的关系、公与私的矛盾冲突不变，并从塑造人物出发，让李双双和孙喜旺仍然按照各自的性格逻辑去行动和发展。影片虽以“大跃进”和人民公社为背景，但因不是在图解农村某项具体政策，而是着力反映李双双摆脱农村封建传统习俗的束缚，从对丈夫的依附和小农经济的狭隘境界中解放出来，成为具有独

◎ 电影《李双双》的主演张瑞芳、仲星火

立人格的新人，因而具有较高的典型性。全片节奏鲜明，对话朴素、生动，富有生活情趣和北方农村特色。有评论认为："影片创造了一种新的农村片的风格，这就是以轻喜剧的形式，在轻松活泼的气氛中，表现农村大量存在的人民内部矛盾。让观众在欣赏中得到深刻的教益"。1963 年 5 月 22 日，第二届"大众电影百花奖"上，电影《李双双》载誉而归，获最佳故事片奖、最佳编剧奖（李准）、最佳女演员奖（张瑞芳）、最佳男配角奖（仲星火）等奖项。

（段春义）

上海
江南造船厂
1961年

21 中国第一台万吨水压机的诞生

1962年6月，我国首台12000吨自由锻造水压机试车成功。

万吨水压机，是锻压大型机器零件的重要设备，也是一个国家重型机器制造业发展水平的重要标志。

为推进国家工业化建设，改变我国大型锻件依赖进口的被动局面，1958年起，江南造船厂、上海重型机器厂与上海许多单位的科研人员从零起步，通过实地考察全国各中小型锻造水压机车间，分析对比能够到手的图纸、样本、杂志、书籍、照片等国内外技术资料，用纸片、木板、铁皮、胶泥、沙土等材料做各种模型，反复试验，在切实掌握一手资料后，完成了设计。接着，他们发扬自力更生精神，以精益求精的态度，用“以小拼大”“蚂蚁顶泰山”“以粗干精”的方法，完成了万吨水压机主机6000多个零部件的制造。没有大型加工设备，电焊工人就用心揣摩最新焊接技术——电渣焊，并用电渣焊技术将八九段毛坯焊接成长18米、直径1米的一根立柱，将100块左右的厚钢板焊接成重约100吨至300吨的一根横梁。没有大型起重设备，起重工人就用几百根枕木和几十个“油压千斤顶”，将笨重的横梁从地上一点一点顶到6米高，放上翻身架，使它稳稳地作360度的翻身。

在送走了4个春秋，闯过了金、木、水、火、电5个大关后，我国终于拥有了自己的万吨水压机。在近30年的时间里，它为我国电力、冶金、化学、船舶和航空工业提供了大量优质大锻件。1992年6月，经过8个月的大修改造，这台为中国国民经济建设发展立下汗马功劳的万吨水压机一次试投产成功，重新焕发了青春。

链接一

破解世界级难题的世界首台双水内冷发电机

20世纪上半叶，双水内冷被公认为最有效的冷却方式，是发电机获得最大发电量的最有效途径，然而如何使静止的水进入高速旋转的转子而不泄漏却是一道尚未被破解的世界难题。随着我国社会主义建设的全面展开，电力需求越来越大，为解决电力供不应求、捉襟见肘的难题，1958年，上海电机厂决定闯“禁区”，采用水内冷技术试制定子和转子双水内冷汽轮发电机。同年7月，由副厂长、总工程师孟庆元挂帅的双水内冷设计小组成立，并于当月底攻下了设计难题。

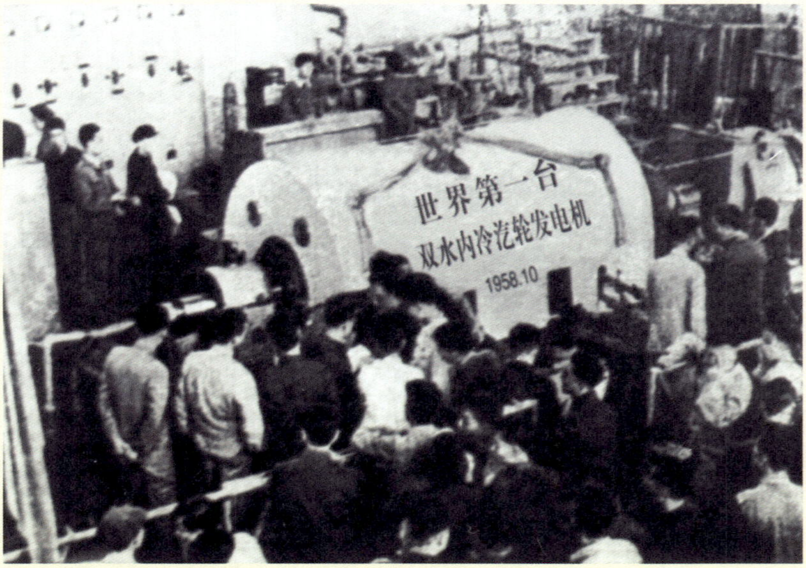

◎ 1958年10月，上海电机厂制成的世界上第一台双水内冷发电机组

接着，为攻克试制中进水、通水、动平衡等关键技术，设计人员先后深入水泵厂、机床厂、汽车软管厂和航空部门等单位学习、求教、取经，然后根据自己的条件和要求进行改造。在党中央、市委和市政府的大力支持和关心，以及本市和外地高校、科研机关和材料制造厂等30多个单位的协作下，上海电机厂领导、技术人员和生产工人群策群力，边试边改，在尝试了17种结构、进行了90多次的试验后，最终解决了这一系列技术难题。1958年10月27日，世界上第一台12000千瓦3000转/分的双水内冷汽轮发电机诞生了，并很快被安装在南市电厂开始运转发电。双水内冷汽轮发电机的研制成功，为满足我国电力需求、推动我国电机制造工业和电力工业的发展发挥了重要的作用。

链接二

技术革新『革』出来的万吨远洋货轮

“东风”号万吨级远洋货轮，是我国自己设计、建造、全部采用国产钢材和设备建成的第一艘万吨轮。1959年初，开始正式投料开工。为了掌握建造万吨轮的新技术、新工艺，短短几天内，江南造船厂就成立了500多个科学研究小组；在建造过程中，先后完成300多项重大技术革新，改进180余项设计和工艺。技术革新的开展，新工艺、新技术的应用，使全船主要结构焊缝合格率达到98%以上，节约钢材43吨，船壳建造成本降

◎ 国产万吨货轮“东风”号下水

低5.5%，船台周期缩短至49天。与此同时，全国18个部、16个省市的291家兄弟工厂为“东风”号提供了2600多项器材设备，其中有40多种是新试制的船用产品。为了建造万吨轮，江南造船厂的工人们个个争先，忘我劳动，新婚夫妻不肯请假，患了小毛小病不肯休息，插不上手的工人也想为万吨轮干点活。1960年4月15日，仅用了一年多时间，“东风”号万吨轮就下水了。1965年12月，这艘总长161.4米、宽20.2米、深12.4米，载重量1万吨，排水量16975吨，续航力12000海里的“东风”号万吨轮圆满完成了50多个项目的海上试验。“东风”轮从上海起航，经太平洋、印度洋和大西洋，中途可不加燃料和饮用水直达英国伦敦。“东风”万吨轮的研制，开创了我国自行设计建造万吨级船舶的先河，为中国大批量建造万吨以上大型船舶奠定了基础。

链接三 跻身世界先进行列的万吨油压机

2005年，为摆脱中国300吨以上大型铸锻件受制于人的局面，推动中国重型装备制造业做强做大，上海电气集团在上海市政府的支持下，以形成国际一流大型铸锻件自主制造能力为目标，组织上海重型机器厂有限公司开展热加工扩能技术改造，并以设计制造1.65万吨自由锻造油压机为主要标志。历经了4年多艰苦的努力，2009年8月15日，身着湖绿色、高25米、重3600吨，当时世界上最大的1.65万吨油压机终于展现在世人面前，并在上海重型机器厂有限公司开锤投运。如同首台万吨水压机的制造需要闯过“电、木、火、金、水”关那样，万吨油压机的建造过程同样充满了各种艰辛的挑战，需要破解一道道技术难题：为节省起吊一根净重362吨的上梁需要数十万元的花费，研制人员加工上下10多个大型零部件的质量优秀率达到100%，决不返工；为确保把上梁这顶沉重的“帽子”戴上4根立柱，研制人员做到精准定位，并保证安装平面的高精度。与此同时，上海电气人还研制成功了250吨/630吨·米锻造操作机及450

◎ 上海研制成功的1.65万吨油压机

吨电渣重熔炉，这三项装备使我国大锻件制造设备“配套成龙”，形成了完整的主业发展产业链，标志着我国大型锻件制造能力跻身世界一流水平，对我国发展核电、大型船舶、大型石化、国防军工等战略性产业具有重要的战略意义。

（黄　坚）

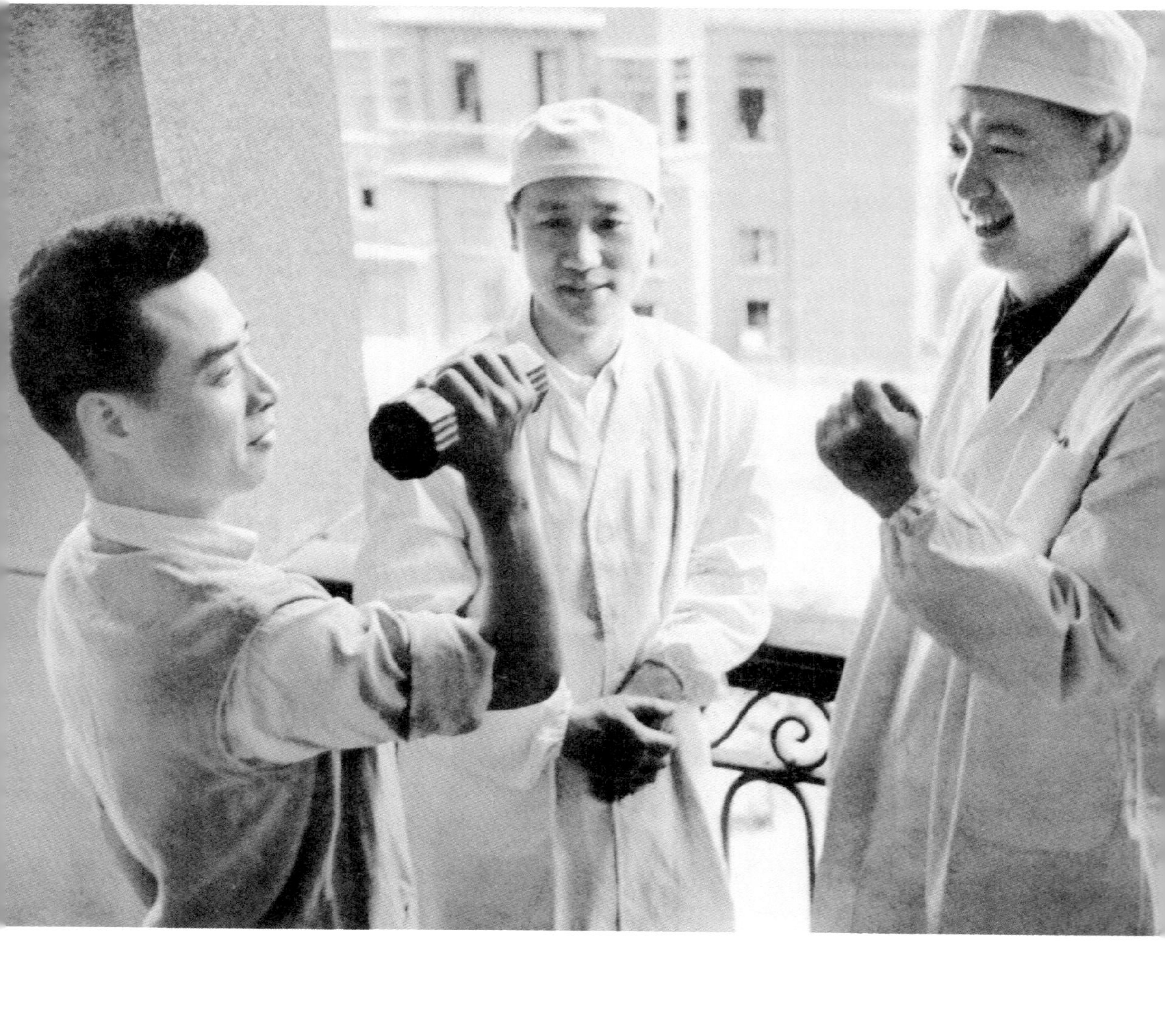

22 断手获新生

1963 年 1 月 2 日，我国首次成功实施断手再植手术，术后病人王存柏在陈中伟、钱允庆医生指导下进行康复治疗。在过去，接活完全切断的手被认为是件完全不可能办到的事情，然而上海的外科医生却使不可能变为了可能。

对于上海机床钢模厂的青年工人王存柏来说，1963 年 1 月 2 日是个足够铭记一辈子的日子。在一次意外中，他的右手被冲床完全切断。工友们着急地把王存柏和他的那只断手一起送到了上海市第六人民医院。按惯例，遇到这样的情况，医生们会直接把断手处理掉，同时清理缝合创口，再为伤者装上假肢。但假肢终究比不上真手，会严重影响伤者今后的生活。所以，当医生们面对着这只还在工作手套里的断手时，毅然地决定打破惯例，进行一次创造历史的外科手术：将这只完全断掉的手再次接上，并保持它原有的功能。当时，这样的手术别说国内，就是国际上也没有成功的先例。但病情不等人，手术越早进行，断手就越可能接活，如果超过 6 个小时还没接上血管的话，断手就会坏死。所以，医生们没有时间多研究，只能一边手术一边摸索。手术中遇到的最大困难就是如何将只有火柴杆那么细的血管接上。陈中伟、钱允庆等医生使用了当时最新的套接血管技术和临时创造的套管，才将 4 根主要的手部血管接通。经过 7 个小时的努力，医生们终于把断开的手重新接上。手术后，全体医护人员又一同努力，克服术后肿胀等难关。经过治疗和康复训练，被接活的断手既能做写字、使用分厘卡这样的细活，还能拎起8公斤的重物，也能打乒乓球。这让康复后的王存柏得以重新回到工作岗位。

这次手术，不仅是中国历史上的第一次断肢再植手术，更是世界上第一次成功接活断手，被誉为世界医学史上的创举。周恩来总理也曾对此大加赞赏，认为这是一项具有重大意义的创造性工作。此后，上海的外科医生先后完成断指接活、足趾游离移植再造拇指等高难度手术。1978年，市第六人民医院的于仲嘉、王琰等骨科医师用患者的脚趾再造手成功。这只再造的全手被国际医学界誉为"中国手"。这些手术的成功使得上海的四肢显微外科始终处于世界先进水平。

链接一

抢救『钢铁战士』邱财康

1958年5月26日，广慈医院（现瑞金医院）收治3位在一次事故中被钢水烧伤的钢铁工人，其中最严重的是司炉长邱财康。他全身除头皮、脚底以及系腰带的一圈外全部烧伤，烧伤面积接近90%，且大部分是深度烧伤，有些已经深入肌肉和肌腱。根据当时国际上医学文献的记载并综合我国的医疗水平，烧伤面积超过75%以上的病例，是绝少能存活的，像邱财康这样的深度烧伤病人则死亡率更高，往往在72小时内就会死去。但医生们并没有因为希望渺茫而放弃治疗，傅培彬、董方中、史济湘、杨之骏等医师尽最大的努力去抢救病人。治疗期间，医生们共为邱财康移植皮肤1200多平方厘米，而普通正常人的皮肤总面积也不到2000平方厘米。为做好植皮手术，医生们纷纷表示愿意从自己的身上取皮，但院领导考虑这样会影响抢救任务才拒绝了他们的请求。在医生尽力抢救的同时，邱财康本人也表现出极大的勇气和毅力，面对着常人无法想象的痛苦，始终密切配合医生们的治疗。经过医生和邱财康的共同努力，这位勇敢的"钢铁战士"终于渡过休

◎ 1958年11月，被钢水大面积烫伤的“钢铁战士”邱财康经过术后休养伤愈出院

克、感染、植皮等重重难关，脱离生命危险，并于11月伤愈出院，创造了当时世界医学史上的一个奇迹。这次抢救在成功挽救一条生命的同时，还创造出抗休克、抗感染等治疗方法，为治疗烧伤提供经验。1966年，广慈医院又治愈一例烧伤总面积98%、三度烧伤面积90%的病人。1977年，已更名为瑞金医院的广慈医院，更是抢救成功烧伤面积100%、三度烧伤94%的人，创医疗史上又一奇迹！

链接二 向肝胆外科进军

新中国成立后，肝脏外科一直很薄弱，我国又是肝脏疾病高发地区，每年有10余万人死于肝癌。1956年，某国的一位肝脏外科专家在上海访问时，说中国要进行肝脏手术，“起码要二三十年”。这深深刺激了上海的医生们，也因此拉开了上海向肝胆外科进军的序幕。很快，第二军医大学校党委批准了由吴孟超等3人组成的肝脏外科攻关小组，被称为“三人攻关小组”，由吴孟超任

◎ 1963 年，以吴孟超为组长的三人攻关小组正在进行肝胆外科实验

组长。他们把一间临时搭建的草棚作为实验室，又买来一些溶液和器皿，开始研究肝脏血管的分布。反复失败，反复试验！ 3 个执着的年轻人，一口气摸索试验了两个多月，终于做成了第一个能够满足需要的肝脏腐蚀标本。1960 年初，第七届全国外科学术会议上，吴孟超代表“三人小组”报告了研究成果“五叶四段”肝脏解剖理论。这是肝脏解剖新见解，有重要的临床实用价值，是我国肝脏解剖理论一个极为重要的发明。当时，世界上通行的肝脏手术止血法是“低温麻醉法”，这种方法病人出血量大，冰水浸泡十分痛苦。1963 年，为了减轻病人痛苦，吴孟超发明了“间歇性肝门阻断切肝法”。在吴孟超带领下，三人攻关小组经过半个月反复试验发现，15 分钟内将切除手术进行完毕，并将所有创面完全结扎，再松开止血带，效果最理想。吴孟超将这种止血方法用在人肝切除手术中，手术大获成功！病人出血量不到以往手术的三分之一，还免去了复杂的冰水浸泡，减轻了病人痛苦。从此，吴孟超带领团队向一个个肝脏“禁区”进攻，创造了一项项世界肝脏外科界的奇迹：发明常温下无血切肝法、完成世界上

第一例中肝叶切除手术、切除迄今为止世界上最大的肝海绵状血管瘤、完成世界上第一例在腹腔镜下直接摘除肝脏肿瘤的手术！这些奇迹不仅让外国人认识到中国人的智慧、胆魄、意志和能力，更让中国肝胆外科一举成为国际肝胆外科的领跑者。

（段春义）

23 世界上第一次人工合成结晶胰岛素

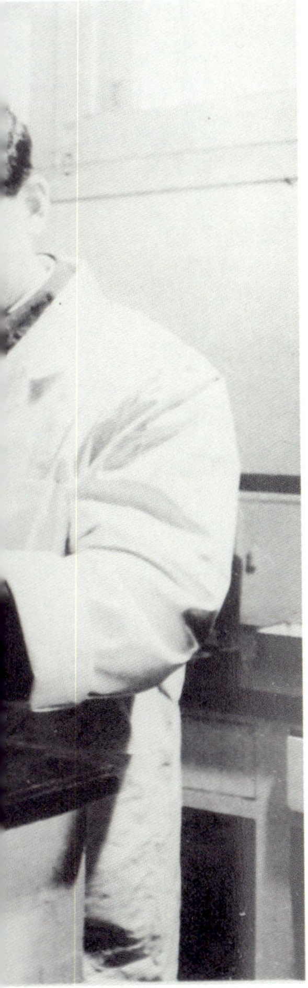

1965 年 9 月 17 日，世界上第一次人工合成结晶牛胰岛素，研究人员将人工合成的胰岛素注入小白鼠进行生物测试，获得成功。1966 年 12 月 24 日，《人民日报》头版文章《我国在世界上第一次人工合成结晶胰岛素》引起了世界轰动。瑞典皇家科学院诺贝尔奖评审委员会化学组主席蒂斯利尤斯来到中科院上海生化所访问，赞扬“中国正迅速走上成为科学大国的道路”。

胰岛素是人和动物胰脏中一种具有调节新陈代谢作用的蛋白质。在 20 世纪 50 年代，蛋白质是生命科学领域的一个研究热点，美国和联邦德国都已开始人工合成胰岛素的研究。1958 年，中科院上海生化所首先提出了开展人工合成胰岛素研究的设想，并联合中科院上海有机所、北京大学、复旦大学等单位组建起一支研究队伍，其中有曾留学海外的著名专家，有我国自己培养的科研人员，也有尚未走出校门的大学生。这项研究也得到了中央的肯定和支持，1961 年，时任国务院副总理、国家科委主任的聂荣臻来到生化所，鼓励大家“你们做，再大的责任我们承担，不打你们的屁股”，“人工合成胰岛素 100 年我们也要搞下去”。经过 7 年的摸索，胰岛素的人工合成终于取得了突破性的进展。

1965 年 9 月 17 日清晨，研究人员聚集到生化所的实验室中，等待14天前进行的全合成实验的结果。当试管从冰箱中小心翼翼地取出，人们看到了其中立方体形、晶莹透明的全合成胰岛素结晶。研究人员立即取出这些小结晶进行测试，他们把天然胰岛素和合成的胰岛素分别注射入两组小白鼠体内，结果两组小白鼠都跳了起来。“跳了！跳了！”大家都情不自禁欢呼起来。

结晶胰岛素的人工合成，是上海在生命科学研究领域写下的最辉煌的一页。它为我国培养了一批杰出的科研人才，从中走出了王应睐、汪猷、曹天钦、钮经义、龚岳亭等一批两院院士。

链接一

没有『外祖父』的癞蛤蟆

新中国成立后，我国科学工作者经过多年的辛勤劳动，用蟾蜍成功进行人工单性生殖实验，揭开了世界生物学领域对人工单性生殖的动物能否繁殖后代这一研究课题的谜，丰富了细胞学和胚胎学方面的实际理论。1950年开始，上海实验生物研究所的生物学家朱洗等研究人员，承担卵母细胞的成熟、受精和人工单性生殖课题。到1959年，经过8年多几十次的实验，朱洗和助手终于发现了通过单性繁殖培育出活泼的没有“父亲”的小蝌蚪的方法。1960年，朱洗和他的助手在5个月内，共针刺了4万余个卵球，得到167只出膜的蝌蚪，其中25只长成为没有“父亲”的小蟾蜍，两只长到成体。后因事故死了一只，仅存的一只没有“父亲”的雌蟾蜍经过冬眠，在1961年3月出蛰，经注射脑垂腺激素催产，与正常雄体抱对，顺利产出3000多颗卵球，共得到没有“外祖父”的蟾蜍800多只。用单性生殖获得“无父”和“无外祖父”的蟾蜍，这是世界首例。这次实验成功，证明了脊椎动物人工单性生殖的子代照常能够繁育后代，说明在传宗接代方面卵子比精子更为重要。朱洗教授这一实验，得到了生物学界的高度评价。1961年，上海科学教育电影制片厂在我国首次运用显微定格摄影拍摄了癞蛤蟆细胞分裂发育的全过程，把朱洗团队的科

◎ 朱洗带领团队繁殖出第一批没有“外祖父”的癞蛤蟆

研成果摄制为科教片《没有“外祖父”的癞蛤蟆》。1962 年 5 月，该片获得第一届“大众电影百花奖”最佳科教片奖。

链接二

酵母丙氨酸转移核糖核酸人工合成

新中国成立后，上海的科研工作者在探索生命奥秘的征途中，不断攻坚克难，取得了一系列令人瞩目的成就。1966 年春，中科院上海生化所参与人工合成胰岛素研究的一些科研人员提出了人工合成核酸的设想。当时，唯一搞清一级结构的核酸是酵母丙氨酸转移核糖核

◎ 1981 年首次人工合成完整的酵母丙氨酸转移核糖核酸，研究人员正在对人工合成的酵母丙氨酸转移核糖核酸进行生物活力测定

酸，于是科研人员就把它选定为研究对象。1968 年，研究工作正式启动。但由于“文化大革命”，正常的科研工作秩序被破坏，研究开展 8 年却进展缓慢。“文革”结束后，研究工作重启，由王应睐和汪猷这两位曾领导胰岛素合成工作的著名科学家担任协作组正、副组长，生物化学家王德宝担任指挥组组长，同时将协作单位调整为生化所、实验生物所、有机所、生物物理所、北京大学生物系、上海试剂二厂 6 家。此后，工作进展明显加快。1981 年 11 月 20 日，经过 13 年的

努力，我国成功完成了酵母丙氨酸转移核糖核酸的人工合成，它不仅加深了人们对遗传等生命现象的了解，而且带动了抗肿瘤药物、抗病毒药物等核酸类药物的研制和应用，是我国继在世界上首次人工合成结晶胰岛素之后，在生命科学研究领域树起的又一座里程碑。

（段春义）

24 引进与创新相结合的上海石油化工总厂

1974 年 1 月 1 日，上海石油化工总厂（简称“上海石化总厂”）热电厂第一根桩破土奠基，拉开了一期工程的土建序幕。

该工程位于上海市金山县金山卫，计划投资 21.88 亿元，是 1972 年毛泽东、周恩来为解决人民穿衣问题、适应工业生产和出口援外需要亲自批准，引进国外先进技术、采用成套进口设备建设的大型重点工程，是新中国成立后当时我国纺织系统及上海市最大的基本建设项目。

该工程的建设得到了中央领导的高度重视和全国各地的支援。周恩来总理曾直接指导上海石化厂址的选定，邓小平副总理也曾两次专程视察建设情况，听取汇报。建设现场，最多时集中了 5 万职工进行设计、施工、建设大会战，全国 20 多个省市自治区从不同方面支援了工程建设。

与此同时，上海将引进成套进口设备同自力更生建设结合起来，不仅完成了所有 18 套生产装置（其中 9 套进口设备）的土建设计、施工和安装任务，而且设计和制造了另外 9 套生产装置。在各生产装置进行单机试车、联动试车和模拟运转等工作基础上，1976 年 7 月 15 日，乙烯装置开始投料试车。1977 年 7 月，打通了 3 条生产线全流程，拿到了全部合格品。

1979 年元旦，上海石化总厂一期工程正式交付生产。其后，它每年向全国提供人均1米的化纤织物原料，为缓解“穿衣难”作出了贡献。同时，每年创利税约5亿元，4年收回全部投资。1980年7月到2002年4月间，经过第二、三、四期工程的建设，上海石化总厂这座以石油为原料，生产化学纤维、塑料及化工产品的大型石油化纤联合企业，发展成为中国最大的炼油化工一体化综合性石油化工企业之一。

链接一

我国首座自力更生建造的大型氮肥厂——吴泾化工厂

1963年9月26日，耸立在黄浦江畔的上海吴泾化工厂一期工程通过国家验收，正式投产，它是我国第一个自己设计、自己制造设备、自己施工和安装、自己开工的大型氮肥厂。全厂成套的大型氮肥设备，从造气、合成到氨加工，包括310多个品种，550多台设备，总重量达4000吨。由于设备要能耐600度高温、320个大气压力的高压和化学腐蚀，因此，对设备零部件制造的精度和质量要求都很高，这对从来没有承接过制造成套大型化肥设备的上海市钢铁、机械、电机、仪表系统的100余家工厂都是严峻的挑战。从1960年下半年起，在两年多的时间里，广大工人和技术人员自力更生，刻苦钻研，大力开展技术革新、技术攻关，自制或改装设备，掌握了合金钢焊接、不锈钢焊接、多层焊接等新工艺，解决了部件的加工问题，提高了加工件的精度，最终试制成功耐高温、耐腐蚀，能承受320个大气压的高压容器，高压压缩机，合成塔，水洗塔、氨蒸发器里的盘香管等一件件合格产品……吴泾化工厂每年可为国家产出2.5万吨合成氨和10万吨硫酸铵，大大支援了我国农业生产。之后，经过第二期工程建设和技术改造，吴泾化工厂又新增了尿素和甲醇的生产能力，改变了上海地区无尿素和甲醇依靠进口的情况。1990年1月，改为

◎ 上海吴泾化工厂

上海吴泾化工总厂。1992 年 7 月，改名为上海太平洋化工（集团）公司吴泾化工总厂。

链接二

打造世界一流石化基地——上海化工区

1996 年 8 月，上海市正式决定在金山和奉贤交界的漕泾地区兴建以石油化工产品为主的上海化学工业区，规划面积 29.4 平方公里。2001 年 1 月 6 日，上海化工区正式开工建设。为了把它建成世界一流的化工区，建成中国的安特卫普，上海坚持高起点规划，提出了 3 个层次、6 条线和 6 个产品系列的布局思路，一次规划，分步实施。同时，引入“一体

◎ 第一个获得国家批准的石油和精细化工开发区——上海化工区

化”的先进理念，通过整合区内的产品项目、公用辅助、物流传输、环境保护和管理服务，实现投资多元化、规模大型化、装置集约化、管理系统化、控制数字化和运作市场化，为入驻企业提供最佳的投资环境。通过提升和完善规划，构建环境安全体系，推进循环经济体系建设，上海化工区不仅吸引了英国石油化工、德国巴斯夫、德国拜耳、美国亨斯迈、日本三井等一批世界著名的跨国公司落户建设，而且升级为国家级经济技术开发区，定名为“上海化学工业经济技术开发区”，成为首批国家新型工业化产业示范基地、国家生态工业示范园区、全国循环经济先进单位。目前，它已成为全球最大的异氰酸酯、国内最大的聚碳酸酯生产基地，形成了以乙烯为龙头的循环经济产业链，以化工新材料为主导的特色产业集群。截至 2017 年底，全年完成工业总产值 1270.71 亿元，实现销售收入 1319.79 亿元，首次双突破千亿元大关。

（黄　坚）

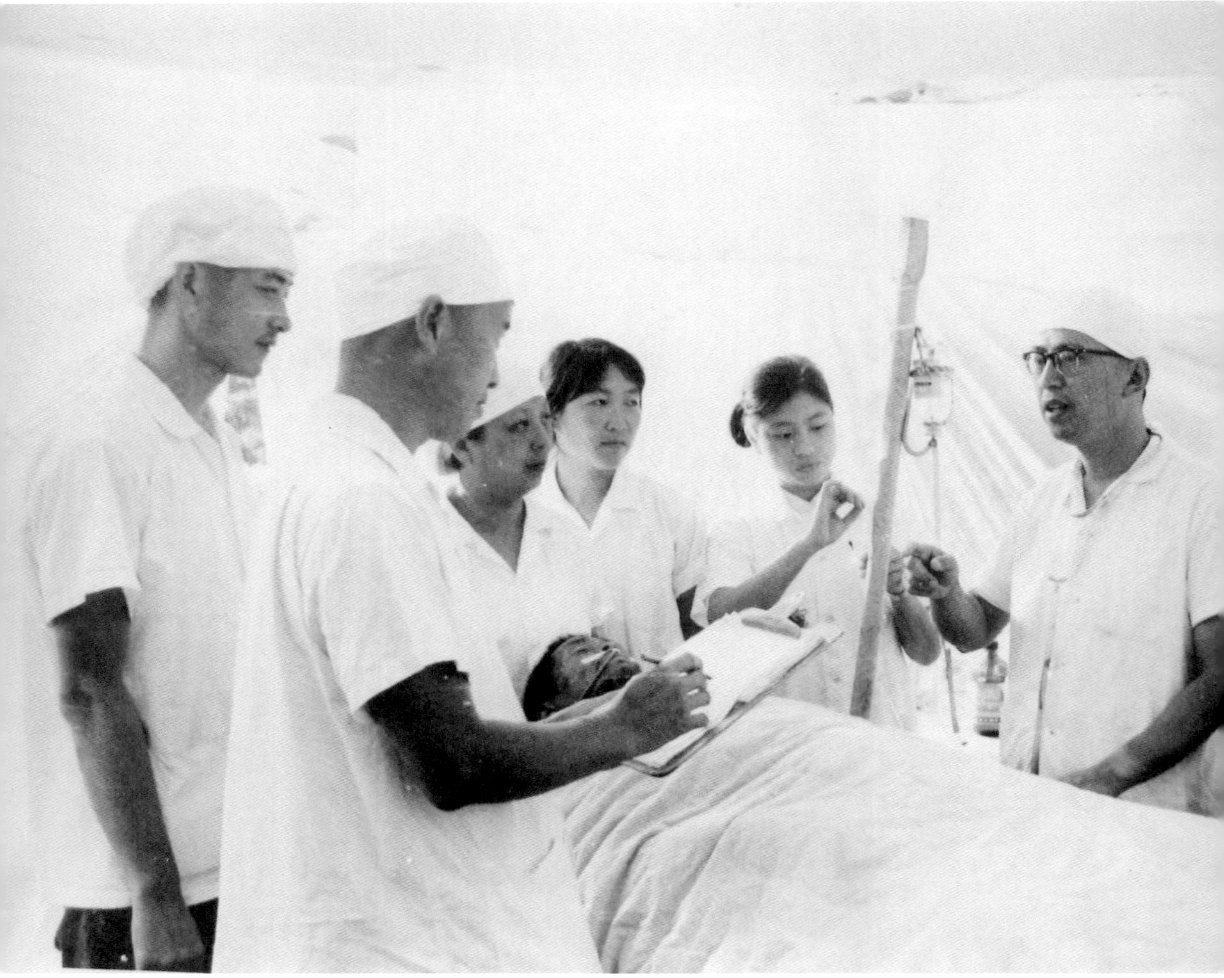

25 奔赴唐山抗震救灾

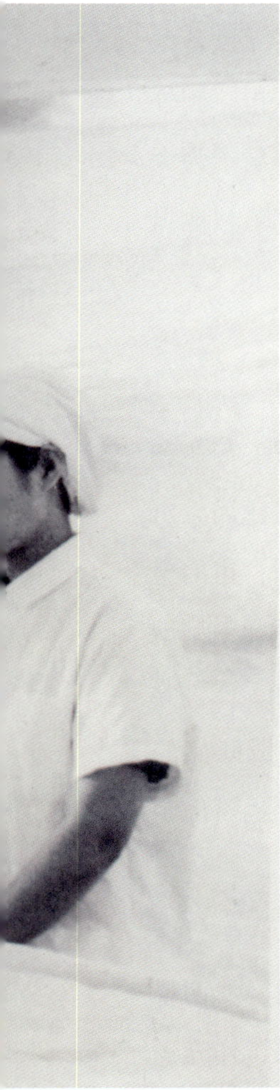

1976年7月28日，唐山大地震发生的当天，上海首批抗震救灾医疗队紧急组建完成，带着上海1000万人民的嘱托，纵贯千里奔赴唐山。

作为医疗条件最为先进的城市之一，向唐山灾区派出医务人员开展医疗救护，上海义不容辞。医疗队员们发扬“一不怕苦，二不怕死”和连续作战的工作精神，刚到灾区便积极投入到救治伤病员的工作当中，从死神手里夺回一个又一个鲜活的生命。8月13日深夜，手扶拖拉机送来一位病人，现场诊断为腹部外伤、肠外露、急性弥漫性腹膜炎。这位病人是个58岁的老农民，已经中毒性休克。要对这样一个重危病人当场进行手术抢救十分困难。但医疗队员们豪迈地说：“时间就是生命”“抢救就是命令”。有些已经入睡的医疗队员一个个从被窝里跳起来，从帐篷里奔出来。有的烧开水消毒医疗器械，有的煮生理盐水，有的打扫手术帐篷，有的洗手准备上台做手术。在医疗器材设施很不匹配的情况下，人的主观能动性发挥到了极致。没有手术台就在小桌子上铺门板，没有手术衣就用塑料饭单消一下毒，没有盐水架就用木棍，没有盐水袋就用纱布条，没有无影灯就用电灯、手电筒代替。最终，3位经验丰富的外科医生同心协力，密切配合，只用了2小时15分钟的时间，就完成了原来需要四五个小时才能做完的手术。这位老农民安然脱险了。清晨5点多钟，他们公社领导带领着50多位农民赶了30多里地，特意来向上海医疗队致谢。

大震后的第九天，医疗队员们还在一个芦席棚里安全地接生了一个婴儿。这个婴儿的父亲在地震中遇难了，母亲被压伤了。一个受过挤压伤的产妇在这样艰难的环境里生育，不是一件容易的事。当时，医疗队一无产科医生，二无设备条件，只有一位妇产科的青年护士。在同志们的鼓励和协助下，她勇挑重担。棚外骄阳似火，棚内热气逼人，苍蝇乱飞。有的队员忙着赶苍蝇，有的拿着扇子为大家扇风，有的队员为产妇擦汗。经过20多分钟紧张的战斗，婴儿终于顺利地出世了。后来，大家给这个婴儿取了一个名字，叫“重建”。

链接一 上海援建唐山的功与痛

唐山大地震后，除了派出医疗队抢救伤员外，上海有关行业和部门还积极参加了帮助唐山恢复生产和重建的工作。市城建局派出唐山城市规划工作组，历时3个多月，编出唐山总体规划；市冶金工业局承担了恢复唐山钢铁公司第一炼钢厂、第二炼钢厂和中型钢厂的任务；市建工局负责唐山开滦煤矿机修厂、电厂复建工程，等等。在灾后援建的过程中，上海支唐职工们始终保持一股旺盛的工作干劲，为唐山的恢复重建做出了积极贡献，但同时，也付出了牺牲。

当时，上海建工局机施公司组织起支唐队伍援建开滦煤矿机械制修厂，主要任务有两条：第一是厂房排险，第二是修建、加固和重建。所谓排险，就是把地震中遭到破坏的厂房而未完全倒塌的部分进行拆除，这项工作充满了不可预见性和极大风险。开滦煤矿机械制修厂破损的厂房在1977年春节前就已基本拆除完成，只剩下金工车间的厂房。当年5月16日，在拆除这最后的一间厂房时，不幸的事情发生了。从外观上看，这个全部混凝土结构的车间损坏得并不严重。但在拆一块屋面板时，楼板突然坠落，导致站在上面的3个人摔了下

© 唐山地震后，工人援建现场

去，其中两位队员受重伤，经抢救均脱离危险，而另外一位队员却不幸牺牲了，令大家深感悲伤和惋惜。

链接二

上海和汶川『风雨同舟，生死与共』

同救援唐山类似，32 年后的汶川地震救援中，上海根据党中央统一部署，第一时间启动应急响应，组织抢险队、医疗队千里驰援灾区。

映秀镇是汶川灾情最严重、环境最恶劣的地区。通向映秀镇的道路已被地震摧毁。上海消防总队应急抢险队 280 名官兵背负 50 公斤重的救援器材，沿着山沟蜿蜒前进。“我们没有退路，我们的选择只能是前进，因为前面有等待我们的

◎ 2008年5月16日傍晚，上海市公安消防总队应急救援队成功救出被埋101小时的映秀小学三年级学生尚婷

人民！”经过17个小时70公里的艰难跋涉，消防官兵终于到达映秀镇。时间就是生命，官兵们没有片刻休息就投入到紧张的救援工作中。

5月17日凌晨6时，救援队用生命探测仪搜寻到发电厂废墟中有生命体征，但非常微弱，可知幸存者被埋得很深，废墟构件大，预计需要较长营救时间。为了避免碎石砸落，官兵们制定了科学施救方案。先用牵引起重器材移开大块残垣，再用手动冲击钻、榔头、扩张器等破拆工具一小块一小块拨开混凝土。有的地方干脆用手刨，不少官兵手指磨破了，指甲蹭掉了，但仍坚持向纵深推进。渐渐地，幸存者露出了身体，他就是被困124小时的年仅20岁的蒋雨航。此时，蒋雨航的母亲正在废墟外呼唤着儿子的名字。当母亲看到自己活生生的儿子被救援队员从废墟中抬出的时刻，这位已经哭哑了嗓子的妇女再一次泪如雨下。上海消防官兵在映秀镇抢险救援的日日夜夜给汶川人民留下了难以磨灭的印象，群众亲切地称他们为“拯危救难的铁甲雄兵”。

（张　鼎）

26 上海人民欢庆粉碎“四人帮”

1976年10月24日晚，南京路上华灯齐放，红旗招展，喜气洋洋的群众成群结队涌上街头，他们擎彩旗、举横幅，一路敲锣打鼓、载歌载舞，欢天喜地地庆祝党中央一举粉碎“四人帮”。在一片欢腾的氛围中，工人们跃上了高大的彩车，有力地挥动双臂，尽情地敲起了大锣，擂响了大鼓……

当年1月至9月，在短短九个月时间内，周恩来、朱德、毛泽东，党和国家三位杰出的领导人相继逝世，亿万人民沉浸在巨大的悲痛之中。然而，在“文化大革命”特殊历史条件下形成的“四人帮”却加紧了夺取党和国家最高领导权的活动。10月6日，中共中央第一副主席、主持中央日常工作的华国锋在与叶剑英、李先念、汪东兴等中央领导共同研究和反复商量，并征得中央政治局多数同志的支持后，果断采取措施，对王洪文、张春桥、江青、姚文元及其在北京的帮派骨干实行审查，并控制住上海局势，使“四人帮”在上海的亲信骨干发动武装叛乱的阴谋流产，从而结束了“文化大革命”这场内乱，从危难中挽救了党，挽救了国家，挽救了中国的社会主义事业。

粉碎“四人帮”，体现了党和人民的意志。10月14日，粉碎“四人帮”的消息一经公布，上海人民欣喜若狂，奔走相告，纷纷集会游行，人数从几十万上升到上百万。各商店的喜庆用品也被购买一空。10月24日，上海百万军民在人民广场隆重举行庆祝大会。会后，在雄壮的乐曲声中，举行了盛大的庆祝游行。那晚，整个上海沉浸在欢乐的海洋中……

链接一

彻底平反曹荻秋冤案

“文化大革命”开始后，时任市委书记处书记、市长的曹荻秋实际主持上海工作，并对运动中出现的违反党的政策和政府法令的粗暴行动、“打倒一切”的错误进行抵制和斗争。“四人帮”及其在上海的帮派骨干蓄意对曹荻秋进行政

◎ 上海市有关领导，曹荻秋的夫人及子女护送曹荻秋的骨灰至北京

治迫害，召开打倒上海市委大会，非法宣布撤销曹荻秋一切党政职务，并审查中央早已有明确结论的历史问题，给他扣上了“叛徒”的帽子，在全市干部会议上宣布他是“一个埋藏在党内的可耻叛徒”“可耻逃兵”的“结论”。在扣压了曹荻秋两次向毛泽东主席、周恩来总理和党中央发出的申诉信后，又污蔑他“翻案”，继续对其进行迫害。1976 年 3 月 29 日，长期蒙受不白之冤的曹荻秋在上海去世，终年 67 岁。1978 年 3 月 18 日，市委作出《关于曹荻秋同志历史问题的复查报告》，推倒对曹荻秋的一切诬陷不实之词。同年 4 月 28 日，中共中央批准中共上海市委的复查报告和处理意见。同年 6 月 23 日，有 1700 多人参加的曹荻秋骨灰安放仪式在上海隆重举行，为曹荻秋彻底平反昭雪，恢复名誉。当天，曹荻秋的骨灰在家属的护送下，由专机送往北京，被安放在八宝山革命公墓。这是粉碎“四人帮”后全市最早也是规模和影响最大的一次平反昭雪活动。

链接二

解决所谓『一月革命』问题

1967 年 1 月，张春桥、姚文元等在上海策划掀起夺权高潮，各级党组织被迫停止活动。由上海刮起的一月夺权风暴迅速吹向全国。党的十一届三中全会后，上海的拨乱反正全面展开。1978 年 12 月 21 日，中共中央批示同意中共上海市委《关于解决所谓“一月革命”问题的请示报告》。12 月 29 日，市委召开了有 30 万人参加的全市党员、干部和群众大会。会议在上海体育馆设一个中心会场，全市各主要单位设分会场，收听拉线实况。会上宣布：“一月革命”是林彪、陈伯达、“四人帮”精心策划的篡党夺权的反革命阴谋；对在“一月革命”中被公

◎ 1978 年 12 月，上海召开全市党员、干部和群众大会，宣布所谓"一月风暴"是一场反革命风暴。图为大会现场

开点名批判的中共中央华东局、上海市委主要领导陈丕显、魏文伯、杨西光等所有受迫害的干部、群众和群众组织，以及一切冤假错案，予以彻底平反；对参与策划"一月革命"并在以后继续进行篡党夺权阴谋活动的主要骨干分子逮捕法办。1979 年 1 月 4 日，中共中央批转了市委的上述请示报告。对上海和全国有着极大影响的所谓"一月革命"问题的解决，扫除了上海大规模平反冤假错案的思想政治上的障碍，加快了上海复查平反工作的步伐。此后，大量冤案、假案得

到平反，错案得到纠正，被迫害致死的同志得到昭雪，长期受诬陷、迫害的同志重新走上工作岗位，被迫害致死同志的亲属按照党的政策得到安排和照顾，这一切大大调动了广大干部群众建设社会主义的积极性。

（黄　坚）

毛主席语录
向雷锋
同志学

27 恢复高考改变命运

1977年12月11日，恢复高考后，上海考生步入考场。1977年10月，上海按照中央的部署要求，成立了招生委员会，开始了高等学校的招生工作。之前，因为“文革”，按文化考试成绩择优录取的高考被取消，取而代之的是用“群众推荐”的办法上大学，因此诞生了许多“工农兵学员”。新的招生制度取消了“文革”中的做法，明确规定高等学校招生实施文化统一考试，学校按文化考试成绩择优录用。

由于是一次比较紧急的政策安排，因此当时命题工作都是各省市独自进行，考试时间与科目的安排全国各地也不尽相同。上海高考的考试时间共两天，11日上午考数学，下午考理化或史地，12日上午考政治，下午考语文。由于这是中断了11年后，高等学校第一次通过文化考试进行招生，这次高考的考生年龄放宽到30周岁。因此，参加高考的人数近11万人，全市分设150多个考场。上海考生中年龄最小的才15岁，许多单位和家庭出现了师徒、师生、兄弟姐妹一起参加考试的情景。考试所用纸张动用了国家储备。1978年度高考在7月举行，全市共有11.1万名考生在210个考场参加了考试。这两届上海高考共录取新生25000多人。

高考制度的恢复是一项重大的拨乱反正，纠正了“知识无用”观念，引发了社会学习文化知识的热潮，对教育秩序的恢复起到了重要的推动作用。许多人通过高考进入大学，改变了个人的命运，成为国家各行业建设的急需人才。

链接一 《数理化自学丛书》重新出版

为了适应青年自学数理化基础知识和学生课外阅读的需要，上海科学技术出版社曾于1962年起陆续出版《数理化自学丛书》。全套丛书17册，至“文革”开始前共出版了16册，具有通俗易懂、循序渐进、由浅入深的优点，书中每章有提要，每节有练习题，最后还有总复习题和每道习题的答案。该丛书在“文革”中受到批判，被诬蔑为引导青年“走

◎ 1979年3月，上海卢湾科技书店门口顾客等候开门，重新出版的《数理化自学丛书》成为抢手货

白专道路”的“毒草”，是“为培养修正主义苗子服务”，还对其“斩草除根”，将出版社所保存的丛书纸型付之一炬。1977年8月，曾参与该丛书编写的出版社编辑徐福生打听到当年要恢复高考，为了帮助广大青年能够迅速补习文化知识，提出并主持了该丛书的重新出版工作。经过紧张排版，由南洋模范中学老校长赵宪初执笔撰写的《代数》(一)终于在高考恢复前出版。全套丛书也在1978年全部出齐。《数理化自学丛书》一套要10多元，那可是当时许多人半个月的工资，但是在尚处于“书荒社会”的“知识饥渴”年代，却立即引发全社会抢购，影响遍及全国。当时这套丛书通过新华书店发行，一时洛阳纸贵。那时每天新华书店离开门还有好几个小时，门外就已是人头攒动了。人实在是太多了，有的人拿着小板凳半夜里就赶来排队。尽管出版社加紧印刷，仍是一书难求，甚至一度成为“黑市”上的抢手货。为便于全国读者，出版社破例拷贝了13副纸型，提供全国各地印刷。据统计，这套丛书在短短的几年内共印刷了435万套，发行达6000多万册。许多人正是靠着这套丛书，通过高考走进了大学。因此，这套丛书也被称为“改变一代人命运的数理化自学丛书”。

链接二 读书热的兴起

20世纪70年代末到80年代初，在经过了知识荒漠的“失去十年”，社会释放了空前的读书热，上海也进入一个全民阅读时代。大家买书、借书、读书，如饥似渴，乐此不疲。每天清晨，新华书店门口排起了等待买书的长队，经常排着不见尾，那是上海街头常见的一大景观。为了不让拥挤的人群挤碎掉玻璃柜台，有时书店会直接到马路上卖书，甚至要民警帮忙维持秩序。图书馆门前每天也站满了等候开门的读者，只要一开门，他们就一拥而入，尽快挑选需要借阅的书籍，生怕动作慢了借不到书。因“读书热”而催生的“借书难”问题时有发生。

◎ 1981 年 3 月 20 日清晨，上海图书馆门口，等候开馆的长队不见尽头

有人对上海图书馆社会科学阅览室借书的情况随机抽取某天做了个小统计，从下午 3:20 到 3:30 的 10 分钟时间里，有 6 位读者递给工作人员 12 条书目，结果只借到 3 本书，拒借率高达 75%。因为当时住房条件有限，许多人选择到公园里去阅读，捧着书本的读书人在那里随处可见。当时许多男女相亲，彼此心中都藏着一把衡量对方的尺子，那就是要不要读书，爱不爱学习。书有时也成为了青年人谈恋爱的媒介，一本书借给恋爱的对象，一借一还就理所当然地要见两次面了。

各种读书兴趣小组、演讲比赛、知识竞赛也风起云涌，把人们的读书热情推向了高潮。大家都有一个共同心愿，就是要把失去的时间补回来，年轻人满怀热情参加业余学校和夜校的文化知识补习，力图改变个人命运。

（刘明兴）

28 于无声处听惊雷

1978 年 9 月 23 日，上海工人文化宫业余话剧学习班排演的四幕话剧《于无声处》首演，并迅速在全国产生极大的反响，成为新时期文学艺术思想解放的先声。

《于无声处》是由宗福先创作的四幕话剧，内容讲青年欧阳平与江青反革命集团英勇斗争的故事，突出了“人民永远不会沉默”的主题，表达了全国人民的心声。宗福先是上海热处理厂的青年工人，他怀着对敬爱的周总理深沉的怀念，含泪挥笔写就。导演苏乐慈看到剧本后，感动得热泪盈眶，读了一遍又一遍，下决心一定要把这个戏排演好。首演结束时，紫红色的幕布早已落下，然而观众们都静静地坐在那儿，谁也没走，直到舞台由暗转明，演员出来谢幕时，观众们才如梦初醒般的发出：“哦，已演完了！”随后，雷鸣般的掌声响起，只见掌声中泪珠闪亮。著名戏剧家黄佐临看完戏后激动地推荐上海话剧团的同志前往观摩。老导演朱端钧热情地邀请剧组去上海戏剧学院演出，要让广大师生都看看。随后该剧连演 45 场，出现了一票难求的盛况。11 月，文化部、全国总工会邀请该剧去北京演出，又获得巨大成功。宗福先在看望自己的偶像、著名戏剧家曹禺时，曹禺风趣地对他说：“你的一声惊雷，使我不及掩耳。”曹禺认为，这个戏最大的特点、最成功之处就是“敢说话，说真话，说了别人想说而不敢说的话”。12 月，文化部、全国总工会在北京工人俱乐部隆重举行向上海《于无声处》剧组授奖大会，称话剧《于无声处》是“戏剧舞台上的一声惊雷”。随后，全国有 300 多个剧团先后移植演出。上海电影制片厂还将该剧拍摄为电影《于无声处》，于 1979 年 3 月在全国上映。

话剧《于无声处》犹如一声惊雷，冲破禁锢，解放思想，不仅对于繁荣职工文艺创作、丰富群众文化生活起到了有效的引领作用，更在艺术领域、思想领域和社会领域都产生了广泛而深远的影响。

链接一

『上海之春』重新公演

1978 年 5 月 23 日，在毛主席《在延安文艺座谈会上的讲话》发表 36 周年纪念日当天，与观众阔别 10 多年之久的“上海之春”音乐舞蹈节以崭新的面貌和上海观众见面。音乐舞蹈工作者干劲十足，从 3 月份开始筹备，仅仅两个月，就准备了 13 场专场演出。演出历时 3 周，连续演出了 13 台、62 场、288 个节目，展现了一派百花齐放、万紫千红的兴旺景象，让人耳目

◎ 1978 年的《上海之春》开幕，它象征着文艺的春天已经回到浦江之滨

一新。参加演出的有40个单位，2000多名文艺工作者，年龄最大的77岁，最小的才5岁。“上海之春”音乐舞蹈节从此恢复举行，并改为每两年一届。演出的节目题材更加丰富、形式更加创新，交响乐、大合唱、歌剧、舞剧、民乐合奏以及各种独唱、重唱、独奏、重奏、协奏，有的还演出戏曲与曲艺的清唱等。音乐盛会力求推出新人新作，有力地推动了音乐舞蹈事业的发展。从2001年起，“上海之春”音乐舞蹈节和始于20世纪80年代的上海国际广播音乐节，合并更名为“上海之春国际音乐节”，每年举办一次。从“上海之春”音乐舞蹈节到“上海之春国际音乐节”，是上海人民精神文化生活更上一层楼的象征，成为展示上海文明的一大亮点。

链接二 巴金《随想录》

大规模的平反冤假错案，解决历史遗留问题，有效地调动了社会各个阶层的积极性，科教文化领域迎来了又一个春天。武康路113号是巴金寓所，这幢寓所里交织着巴老半生的悲欢，在这里有他的希望、幸福，也有他的忧愁、痛苦、愤怒和他的呐喊。他在这里完成5卷的散文集《随想录》，被誉为“讲真话的书”，是最真实、可靠的记录和见证。1978年底，巴金在香港《大公报》开辟《随想录》专栏，从当年12月1日写下第一篇《谈〈望乡〉》到1986年8月20日写完最后一篇即第150篇《怀念胡风》，陆续以每30篇编为一集，共出5集，依次为《随想录》《探索集》《真话集》《病中集》和《无题集》，前后历时8年。8年、42万字，对于年届八旬的巴金来说，不仅意味着工作的艰辛，更是一次老人面对内心巨大冲突而逐渐深入的痛定思痛的自我忏悔。在这部作品中，不仅有作者对“文革”中的错误所进行的反思，更有对人性中存在的弱点所进行的剖析和拷问，有对个人、民族以及未来深深的思考，具有极高的现实意义。

◎ 1978 年春，巴金和一批文坛老作家在武康路的寓所中欢聚，共同畅谈“文化春天”的到来

链接三 小说《伤痕》的发表

《伤痕》是卢新华 1978 年 4 月创作的短篇小说。小说以大胆的笔触揭示了“文革”对人们心灵的伤害。小说《伤痕》情节并不复杂，讲述了女主角王晓华在母亲被“四人帮”打成“叛徒”后信以为真，选择与家庭决裂，去边远农村生活。在与家人断绝联系的 9 年时间里，一直在革命、狂热和继之而来的消沉、孤独、彷徨中煎熬。“文革”结束后，她才知道母亲蒙冤。在经历一番内心的忏悔和挣扎后，匆忙赶回家中时，却因母亲突发疾病离世，没有见到最后一面。书中的人物不多，语言浅显朴实，这部作品的主题虽然讲

◎ 1978 年 8 月 11 日，《文汇报》破例以整版篇幅发表了复旦大学一年级学生卢新华的短篇小说《伤痕》，引起社会强烈反响

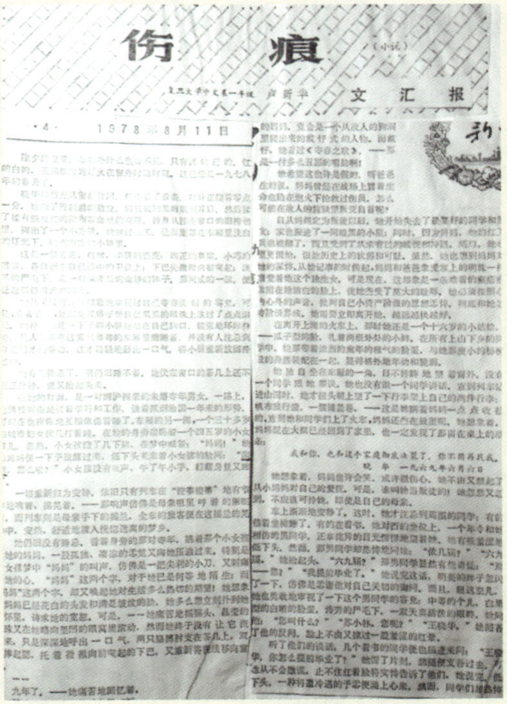

述母女之间的亲情问题，却也映射出了“文革”对人们的身心造成难以弥补的伤害。小说最初是作为学生习作以墙报的形式张贴在复旦大学，轰动校园。《文汇报》得悉后，拟发表这篇小说。为慎重起见，将小说打印后分送文艺界的一些人士听取意见，得到肯定。8 月 11 日，小说经过 16 处修改在《文汇报》发表，引起社会强烈反响，被称为让“全国人民感动的眼泪流成一条河”。这一天，《文汇报》加印到 150 万份仍被抢购一空。由《伤痕》发端，引发了文学界大批对“文革”反思的作品，形成了改革开放初期的“伤痕文学”浪潮，小说《伤痕》也获得 1978 年全国优秀短篇小说奖。

（段春义）

中日两国人民

29 中国第一家现代化钢铁联合企业

1978 年 12 月 23 日，在党的十一届三中全会公报发表的当天，新中国成立以来规模最大、投资最多的项目（总投资 230 亿元以上）——上海宝山钢铁总厂（1993 年 7 月更名为宝山钢铁〈集团〉公司），在上海长江口畔打下了第一根桩，正式动工兴建，揭开了把宝钢建设成为我国第一个新型现代化钢铁联合企业的序幕。

建设宝钢，是党中央、国务院为改变中国钢铁工业落后面貌，加快中国现代化进程而作出的重大战略决策。改革开放，国门洞开，中国钢铁工业与世界钢铁工业的差距，极大地刺痛了中国钢铁人。建一座现代化的钢铁企业，缩短与世界先进水平的差距，成为中国钢铁人的最大愿望。中央领导十分关心宝钢建设。1977 年 5 月，主持冶金部工作的副部长唐克向邓小平汇报打算在沿海搞一个现代化的大钢厂，邓小平说：要搞就搞个大的。花点钱，买些现代化的设备回来。1978 年 10 月，邓小平访问日本参观新日本钢铁公司（简称新日铁）君津制铁所时，对新日铁会长和社长说："就照这个样子，给中国建设一个钢厂。"他还要求日本朋友一定要把先进的生产管理经验介绍给正在这里或即将来这里实习的中国工人（这些工人后来大多参加了宝钢建设）。

宝钢开工建设后不久，即遭遇全国大规模压缩投资建设项目，面临是否停建甚至下马等种种议论。中央对此十分关心，委托陈云于1979年5、6月间专程到上海实地调查研究。经过“交换、比较、反复”，三次反复调查和认真研究，6月，在中央财经委员会会议专题讨论上海宝钢问题时，陈云提出了八点意见，明确指出：宝钢建设只能搞好，不能搞坏。1984年2月，在宝钢建设进入关键阶段，邓小平到宝钢建设工地了解情况，并为宝钢题词：“掌握新技术，要善于学习，更要善于创新”。

1985年9月，宝钢一期工程建成投产。1992年4月、2002年12月宝钢又先后完成第二、三期工程建设。宝钢的建设和发展，使我国钢铁工业与世界先进水平的差距一下子缩短了20年，成为我国钢铁业自主创新的缩影。2015年，宝钢以年产粗钢3493.8万吨位列全球十大钢企第5名，营业收入1637.9亿元，成为中国最大最具竞争力的钢铁企业之一。与此同时，宝钢重视发展循环经济、追求可持续发展，是中国冶金行业第一家通过ISO14001环境贯标认证的企业，也是中国冶金行业和上海市首家获得“国家环境友好企业”称号的企业，开创了中国钢铁工业发展的新模式。

链接一

宝钢与上钢的『三次握手』

宝钢成立后，在中央和上海市支持下，积极与上钢系统联合重组，以推动上海地区钢铁工业优势互补，促进上海产业结构调整。这样的事情发生过3次，被人们称之为“三次握手”。

第一次“握手”发生在1991年到1992年。1991年，宝钢二期工程基本建成，上海市市长黄菊依据全国钢铁工业发展形势需要，提出了上钢与宝钢的联合问题。1992年，国务院原则同意支持宝钢和上海地区钢铁工业走联合发展之路。后来，由于全国钢铁工业形势发生变化，联合慢慢冷却下来。

第二次“握手”发生在1996年。9月3日，上海市委专门召开宝钢和上钢联合座谈会，宝钢与上钢方面认为，联合的条件比1992年更趋成熟。11日，宝钢召开董事长扩大会，提出了“逐步联合”的设想，但因在具体实施过程中遇到许多问题而搁置下来。

©宝山钢铁集团公司

第三次“握手”开始于党的十五大会议期间。国务院副总理吴邦国应上海和宝钢要求，召集参加十五大的冶金部、上海和宝钢的同志以及国家经贸委的同志，就上海地区钢铁企业联合问题进行座谈。参加座谈会的同志一致认为，上海地区钢铁企业联合有利于资源的优化配置，要在联合中发挥宝钢的主导作用。经过反复研究酝酿，并经国务院批准，1998 年 11 月，上海地区钢铁企业实行联合：以原宝山钢铁（集团）公司为主，吸收原上海冶金控股（集团）公司、原上海梅山（集团）有限公司参加，组建上海宝钢集团公司。合并后的上海宝钢集团公司年产粗钢 2000 万吨左右，成为当时中国生产规模最大、综合配套能力最强的企业集团。

链接二

多次进入世界500强的宝钢

改革开放以来，宝钢走出一条中国国有企业做强做大的改革发展之路。

宝钢投产后，置身于国际竞争的大环境，坚持实施“走出去”战略，大力开拓国外市场。从 1993 年起，宝钢在全世界 11 个国家、地区设立了 14 家控股、全资子公司，包括与巴西铁矿石巨头 CVRD 公司合资成立了宝华瑞矿业股份有

◎ 宝钢生产的精品钢材

限公司等；同时，构建起宝钢出口产品遍布五大洲的海外分销系统和跨国销售网络，提高了宝钢资源全球化配置的能力。在实施“走出去”战略的同时，宝钢还进行市场化的跨区域并购，兼并重组了广钢、韶钢、八一钢铁等国内钢铁企业，进一步做大做强。

“要好钢，找宝钢”。作为改革开放的产物，上海宝钢从成立之日起，就着力推进改革创新，着力建设成为我国现代化程度最高、工艺技术最先进、规模最大的钢铁精品基地，产品集聚在汽车用钢、石油管线钢、钻杆、冷轧硅钢、不锈钢和高合金品种钢等，成为国内市场的紧俏商品，并得到国际市场的认可。其中汽车钢板占据了国内市场半壁江山；高强度石油钻杆、油井管被国内各大油田普遍采用，并出口到中东、欧美等市场。此外，宝钢还为“神舟”四号、五号、六号航天飞船关键部位提供了耐高温用材，为中国航天事业发展作出了积极贡献。

经过多年艰苦创业，宝钢创出了世界一流业绩。自 2003 年起，多次进入《财富》杂志世界 500 强，并引领中国钢铁工业走上了现代化发展之路。宝钢的发展历程充分印证了邓小平当年高瞻远瞩的断语：“历史将证明，建设宝钢是正确的。”

链接三

规模全球第二的『钢铁航母』——宝武集团

2016年，根据中央安排，宝钢集团和武钢集团联合重组，成立中国宝武钢铁集团有限公司（简称宝武集团），并于12月1日在上海揭牌。至此，一艘拥有22万名员工、资产规模7000多亿元，产能规模6000万吨、规模位列全球第二的“钢铁航母”诞生了。

宝武集团成立后，以“成为全球钢铁业引领者”为愿景，着力打造以绿色精品智慧的钢铁制造业为基础，新材料产业、贸易物流业、工业服务业、城市服务业、产业金融业等相关产业协同发展的“一基五元”格局，努力发挥促进中国钢铁行业整体转型升级的示范引

© 2016年12月，中国宝武钢铁集团有限公司成立

领作用。作为宝武集团重要钢铁基地的湛江钢铁，2017年全部完成在建工程，生产经营实现了达产、达标、达效、达耗的“四达”目标，创造了全国最高水平的循环经济、技术工艺、质量和效益。2017年，宝武集团继续保持行业领先地位，实现营业总收入4004.8亿元，利润总额142.7亿元，位列《财富》世界500强第162位，开创了中国钢铁企业现代化建设的新局面。

（孙宝席）

珍惜青春 迎头赶上
心得
讀優秀書
做優秀

30 上海工人阶级首创的“振兴中华读书活动”

1982 年 4 月 30 日，由上海市总工会、解放日报社、团市委、市出版局共同酝酿发起的读书活动正式定名为“振兴中华读书活动”，当年就吸引 80 万职工踊跃参加，开辟了一条群众性自我学习、自我教育的新途径。如今这项由上海工人阶级首创的“振兴中华读书活动”，已经走过了 37 年的光荣历程，其影响波及全国，蜚声海内外。

“振兴中华读书活动”是伴随着思想解放、改革开放的时代大潮发生发展的。党的十一届三中全会以后，我国开始全面改革开放，广大群众迫切希望追回被十年“文革”所浪费的宝贵时光，上海掀起前所未有的读书热潮。为了引导社会特别是年轻人自发的读书热情，1982 年 3 月，上海市总工会等酝酿发起读书活动，并在《解放日报》上征集题名，三千封来信提议命名为“振兴中华”。1982 年 5 月，上海市振兴中华读书指导委员会正式成立，着力为市民营造一所明理、求知、成才、奉献的社会大课堂。

“振兴中华读书活动”得到党中央的重视和支持。1983 年 6 月，中共中央批示指出：职工读书活动是群众自觉地进行自我教育，掌握政治理论和科学文化知识的好方法，是加强和改进职工思想政治工作的好形式。在党中央和上海市委、市政府的关怀和领导下，“振兴中华读书活动”迅速在全市生气勃勃开展起来，并在全国产生广泛影响。从 1984 年开始，读书活动从以阅读中国近代史、社会发展史、中国革命史为主要内容，逐步发展为学政治、学经济、学管理、学科学、学技术、学文化的具有广泛群众性和多种社会效益的自我教育活动。与此同时，读书活动开始由工厂、企业和单位向街道、机关、学校和新经济组织延伸拓展，形成读书活动进班组、进社区、进家庭、进双休日的“四进”格局。

37 年来，“振兴中华读书活动”作为上海精神文明建设的一个著名品牌，和着改革开放的步伐，不断被赋予崭新的内涵，为上海城市建设和发展增添了不竭的精神动力，已成为上海建设学习型城市的重要平台。

链接一

树立九十年代上海人新形象

1991 年 12 月初，《解放日报》编辑部收到一封署名“魏澜”的读者来信。信中对改革开放新形势下，如何塑造上海人的新形象，提出了一些颇具新意的观点和见解，并建议开展“九十年代上海人形象”大讨论。此信刊登于同年 12 月 11 日的《解放日报》后，立即引起社会各界的强烈共鸣和反响，不少读者纷纷投书报界广泛参与讨论，掀开了“九十年代上海人形象”讨论的序幕。

1992 年 3 月，市委、市政府召开上海市精神文明建设工作动员大会，肯定了这场大讨论，提出要通过大讨论，提高全体市民素质，树立与上海这个现代化国际大都市相适应的良好形象。此后，大讨论在全市各行各业普遍开展。报刊电台、电视台等大众传播媒介，动员全市各条战线的职工群众广泛开展大讨论。各区县委办、工青妇紧密结合本系统、本地区实际，举行“九十年代上海人新形象”演讲辩论大赛。

通过开展“九十年代上海人形象”大讨论，激励上海人告别“弄堂”性格，追求从精明而不高明到胸怀宽广、顾全大局的精神提升和现代人格塑造，并就上海人“形象问题”形成共识，归纳为 4 个方面 16 个字，即“文明礼貌、勤奋高

1992 年，上海职工开展“九十年代上海人新形象”《钢运杯》演讲比赛

效、胸怀大志、开拓创新”。大讨论促进了广大干部群众思想观念的进一步解放，增强了上海人的责任感、自豪感和凝聚力。

链接二

为了您的将来，抓紧学习

1993 年 1 月，市委领导倡导在全市开展“学知识、学科学、学技术”的宣传教育活动（简称“三学活动”），并提出了“为了您的将来，抓紧学习”的口号。3 月，上海市精神文明建设工作会议正式把“三学”活动列入精神文明建设“两提高”（提高人的素质，提高城市文明程度）工程的一个项目，并提出“自愿、自费、基本业余学习”以及“岗位成长”的重要原则。

在各级领导的大力推动下和广大市民积极参与下，从 1993 年 4 月起，“三学”活动在全市轰轰烈烈地开展起来。如上海粮食储运公司为了让几千名下岗职工获得第二次就业的机会，公司党委精

© 1995 年 1 月，上海市民参加计算机等级考试

心组织了“投入‘三学’、参加改革、振兴粮储”教育活动，为职工开设了汽车驾驶、宾馆服务等新技术培训班，90% 的职工参加了学习，重新树立了面对竞争的勇气。上海铁路局为解决技术断层问题，在 5000 多公里的华东铁路线上，发起了“十万青工学技练功”活动。

到 2000 年底，上海有 200 多万职工参加了各级各类业务培训和学习。蓬勃开展的“三学”活动，不仅极大地提高了上海市民素质，而且在促进经济发展，保持社会稳定方面发挥了积极作用。

链接三

读书，让书香温润心灵

书籍是人类进步的阶梯，热爱阅读才能拥有更好的未来。上海要在新时代加快建设卓越的全球城市和社会主义现代化国际大都市，需要每位市民行动起来，不断从书本中汲取知识的力量。

而举办上海读书节是引导市民好读书、读好书，让读书激活创新源泉、涵养城市气质、提升生活品质的重要平台。首届上海读书节举办于 1995 年，共有 30 万市民、1000 多个基层单位参加各项活动。此后举办的历届读书节，参与的人数愈来愈多，充分发挥了

© 1995 年，首届上海读书节举办

书香温润心灵、知识推动发展的作用，成为上海城市文化的闪亮名片。

党的十八大以来，上海通过进一步举办好上海读书节、思南读书会系列活动、世界读书日等大型公共文化活动，打造"悦"读之城，丰富市民文化需求。至 2017 年，上海读书节已举办了 19 届，被中共中央宣传部、中央文明委授予全国"全民阅读活动优秀项目"。以第 19 届上海读书节为例，读书节以"悦读修身，书香上海"为主题，历时近 9 个月，共开展"喜迎十九大、再创新辉煌"市民知识竞赛、中华经典诗文诵读等各类群众性读书活动项目近 130 项，覆盖机关、学校、工厂、企业等。通过举办上海读书节，营造了积极向上、催人奋进的书香氛围，充分发挥了以阅读提升市民素养，以书香温润读者心灵的重要作用，着力把上海打造成为有温度的城市。

（孙宝席）

31 谱写中国轿车合资项目新篇章的上海大众

1985 年 3 月 21 日，作为中国汽车工业对外开放的先驱之一，上海大众汽车有限公司在上海成立，宣告改革开放后我国第一个轿车合资项目就此诞生。从此，上海汽车业驶上了加速发展的快车道，2018 年上汽集团排名世界 500 强第 36 位，同时也是第 14 次入选世界 500 强，展现了上海企业的全球竞争力。

汽车工业是现代工业的代表之一，是一个巨大的现代工业王国，而高坐在王座之上的则是轿车。但在改革开放初期，中国轿车制造、开发能力和世界先进水平的差距很大。为此，1978 年，主持过一汽、二汽建设的第一机械工业部（简称一机部）领导向国家计划委员会、经济委员会和对外经济贸易部三部委建议：引进一条轿车装配线，放在上海，改造上海轿车厂。三部委采纳了这个建议并报告国务院，得到批准。在洽谈中，报请邓小平同意，上海轿车项目从引进生产线技改项目改为合资经营项目。

之后，一机部和上海市领导就带领上汽人员按照合资要求寻找合作对象，最后确定德国大众汽车公司为合作伙伴。1984 年 10 月，中德双方在北京人民大会堂举行合营合同签字仪式，合作生产桑塔纳轿车。1985 年 9 月 1 日，上海大众汽车有限公司正式开业。

开业之初，从总装线上下来的桑塔纳轿车，零配件国产化率是2.7%。当时，国家给上海大众的任务是“首先搞好国产化”。为此，1987年，上海市市长江泽民宣布：轿车工业是上海的“第一支柱产业”，“要打中华牌”。1988年7月，“上海桑塔纳轿车国产化共同体”宣告成立，有力推进了轿车国产化工作。1991年，桑塔纳轿车的车身、发动机、变速箱等都已实现国产化，国产化率达70%。1996年，国产化率达到90%以上。当时的桑塔纳轿车，如同一股旋风席卷中国大江南北，成为名副其实的“国民车”。鉴于上海大众的巨大成功，2002年，中德双方提前续签合营合同，将合作期限延长至2030年。上海大众，谱写了中国轿车合资项目的新篇章。

上海生产第一辆国产轿车

链接一

1958年9月28日，上海汽车装配厂试制成功了第一辆国产轿车，并取名为“凤凰”，意与第一汽车制造厂试制的以龙为标志的东风牌轿车“北龙南凰”相呼应。

这辆轿车是在博采众长的基础上建成的。在整车总体布置和车身方面参照美制顺风牌轿车；在发动机和底盘部件的选型方面，以波兰产华沙牌轿车为参考样车。在试制车身的过程中，钣金师傅凭

◎ 1958年9月，上海试制成功第一辆凤凰牌轿车

借多年修理进口车的丰富经验，自制了许多拷胎模。经过全体职工共同努力，在兄弟协作厂密切配合下，只用 4 个月时间就完成了全部试制工作。

1959 年 2 月 15 日，一辆银绿色凤凰牌轿车驶进了中南海。上午 9 时多，周恩来总理检阅了轿车，并坐上轿车在中南海里兜了一圈。周恩来总理下车后语重心长地微笑着指出："还是水平问题啊！"此后，经过不断的改进和提高，1964 年 2 月正式改名"上海"牌并批量生产。20 世纪 90 年代初，为了集中力量推进桑塔纳国产化，上海牌轿车在无数留恋的目光中停产了。

链接二

上汽通用——中国汽车行业的领军者

1997 年，新华社发布了一篇通稿：3 月 25 日，上海通用汽车有限公司《合资经营合同》和《公司章程》在北京人民大会堂签署。李鹏总理和美国戈尔副总统出席了签字仪式。这条简短的消息宣布了上海通用的诞生。

建立上海通用（现更名为上汽通用）是提高上海汽车工业在 21 世纪竞争力的重要举措。作为当时最大的中美合资企业，总投资为 15.2 亿美元的上海通用汽车有限公司的建设得到了上海市和美国通用汽车公司的高度重视。1998 年，上海市政府把上海通用列为上海市一号重点工程，上海通用同时也被美国通用汽车公司列为全球一号战略项目。中美双方的共同努力，推动上海通用汽车建设实现了飞速发展。从 1997 年 1 月打下第一根桩，到 1998 年 12 月第一辆中国别克新世纪下线，实现了 23 个月完成建厂和投产的世界级速度。同时，上海通用汽车又是我国汽车工业产业政策颁布后，首家在开始批产时即达到 40% 以上国产化率的轿车制造企业。

经过 20 多年的开拓创新，上汽通用已拥有别克、雪佛兰、凯迪拉克 3 大品牌，产品覆盖从轿车、MPV、SUV 到新能源车等最广泛的细分市场；市场销售

©上海通用汽车有限公司的生产流水线

也从最早年销不到2万辆，发展到2016年全年销售超过188万辆。上汽通用，已真正发展成为中国汽车行业的领军者。

链接三 自主创新研制荣威系列品牌汽车

鉴于上海汽车产量大、品牌小的现状，打造自主品牌是上汽人多年的梦想。2002年7月，上汽集团提出2007年“生产自主品牌汽车5万辆”的目标，并确立了自主开发、联合开发、超前开发并举的开发思想。2006年10月，第一款自主品牌汽车荣威750正式亮相。荣威750是国内第一款广泛使用欧洲高档车技术的中高级轿车，各项技术在国内自主品牌车型中首屈一指。而这些，不少都源于上汽在车身结构、空调系统、动力系统进行的二次创新，国产化率达到90%以上，技术含量优于罗孚75原车型。随着荣威750的下线、热销，上海汽车自主品牌迈出了成功的第一步。

此后，凭借强大的技术研发实力，上汽集团成功推出电动汽车、互联网汽车等二十余款自主创新产品。2018年，上汽生产的

◎上汽集团研发的荣威 MARVEL X

荣威 MARVEL X 面世。该型汽车率先集成应用了 AR（增强现实）仪表盘、无线智能充电、“最后一公里”自主泊车等前沿技术，实现了多个业内第一，成为全球第一款量产智能汽车。

（孙宝席）

解放日报
JIEFANG RIBAO
第14234号 今日八版（代号：8—1）
1988年6月
11
星期六
使外商高兴而来、满意而归的高效、权威机构
上海外国投资工作委员会正式办公
朱镕基、黄菊兼任正副主任负责拍板
昨宣布对在沪的外商投资企业免征两项收费
工业性项目增加 合作地区更广泛
上海已批准外资项目323项
累计合同金额19.1亿美元

32 为外商提供“一个图章”服务的市外资委

1988 年 6 月 10 日，上海举行新闻发布会，宣布市外国投资工作委员会（简称市外资委）正式成立，市长朱镕基兼任市外资委主任，副市长黄菊兼任副主任，实行“一个机构、一个窗口、一个图章”，为外商投资者提供“一站式”各种行政服务。

20 世纪 80 年代中后期，上海确立了加快发展外向型经济的战略，利用外资工作取得一定进展，但与改革开放先行的省市相比，还有较大差距。一方面是外商急于来沪投资，另一方面却是审批手续繁琐缓慢。一个外资项目的审批往往要经 5 个委办、20 个局，盖 40 多个图章，最多时则要盖 126 个图章。100 多个图章一个个敲下来，外商逐门奔走，不胜其烦，投资热情早已凉了一大半！1988 年 4 月，朱镕基当选为上海市市长后发表讲话指出，吸引外国直接投资，必须成立一个新的机构，真正实现“一个图章”对外，使所有的外商认为上海项目审批的手续是完全符合国际惯例的，是效率最高的。6 月，市外资委正式成立并开展工作。

市外资委从成立的第一天起，就在市委、市政府领导下，坚持“服务、高效、热情、周到”的行为准则，将项目审批、基础设施建设、企业日常经营等一并纳入“一条龙”服务体系之中，使外商投资项目只要通过该委员会的一个图章就完成了全部审批手续。1988 年 6 月，市领导在接受香港英文虎报记者采访时提到市外资委说："如有个项目，中科院上海技术物理研究所与中日合资的上海尼赛拉传感器有限公司谈判了一年没解决，市外资委接过来，开一个会就解决了。"市外资委热情周到的服务，让境外投资者对上海信心大增，使上海引进外资工作迎来了蒸蒸日上的新局面。"一个窗口、一个图章"后来在全国各地逐步推广开来。

链接一

闵行开发区：发挥对外开放的『窗口』示范效应

建立闵行、虹桥、漕河泾等国家级经济技术开发区，是上海贯彻国家改革开放总体部署，加快发展外向型经济的一个重要部署。1986 年 8 月，经国务院批准，闵行经济技术开发区等国家级开发区建立，发挥对外开放的示范、辐射和带动作用。

闵行经济技术开发区以工业项目为主，以外商投资企业为主，努力建设成为上海出口创汇、技术密集型的

◎ 1986 年 8 月，经国务院批准，上海闵行经济技术开发区建立

现代化工业基地。从 1987 年开始，包括施贵宝制药公司、美国强生等国际知名企业纷纷到开发区投资落户，开发区项目呈现“三高”特征，即层次高、投资额高、技术含量高。如施乐复印机项目是当时美国公司在上海投资额最大的工业性项目，同时也是技术密集型和资本密集型项目。该项目建成投产后，不仅促进了国内电照行业赶上世界先进水平，同时也带动了国内一百多个配套项目的升级换代与经济效益的提升。1992 年，邓小平到开发区视察，鼓励开发区改革开放胆子要大一些。很快，开发区第二期开发正式启动，吸引可口可乐、百灵、联合利华等国际知名企业前来投资，真正发挥了改革开放“窗口”的示范带动效应。

链接二

以外贸为主要特征的虹桥开发区

1986 年 8 月，全国面积最小的国家级开发区（规划面积只有 0.65 平方公里）——上海虹桥经济技术开发区作为首批国家级开发区诞生了。根据面积小、位于市区的特点，虹桥开发区定位为涉外商贸中心，是全国最早以发展服务业为主的国家级开发区。

虹桥开发区成立后，致力于营造良好的外商投资环境。在硬件建设方面，实施“造林引鸟”战略。至 20 世纪 90 年代初，建成了包括国际贸易中心大厦、国际展览中心等在内的多幢高级办公楼，其中国际贸易中心大厦高 39 层，来自美国、日本、德国等国的知名大公司纷纷在大厦内设立贸易机构。在软环境建设方面，上海市外国投资促进中心、对外投资促进中心等都设在开发区内，海关、商检、银行、进出口代理等单位均在开发区设有办事机构，着力为外商投资提供良好的服务。

日益完善的区内环境，使虹桥开发区成为外商青睐的投资“热点”。截至 2017 年底，开发区内经政府批准的项目合同投资总额达 52.95 亿美元。此外，开

◎虹桥开发区新貌夜景

发区还最先设有领事馆区，日本、新加坡、韩国、澳大利亚等多国领馆落户其中，成为名副其实的涉外商贸中心。

链接三

『94 专项』：开启大规模间接利用外资的先河

“94 专项”是国务院为解决上海经济发展和城市建设所面临的资金问题而给予的一项特殊政策，是上海间接利用外资，加快城市建设的一种新的探索。

改革开放初期，有着中国工业基地之称的大上海，频频发生交通难、打电话难、住旅馆难等问题，陈旧、不堪重负的基础设施，严重制约着上海的发展和人民生活的改善。于是，上海大胆提出了举债建设的融资思路，制定《关于上海市扩大利用外资的请示》，并上报国务院，得到中央支持。

◎ 1986 年，上海召开贯彻“94 专项”项目财税政策工作会议

1986 年 8 月，国务院 94 号文件批准了这一请示，同意上海采取自借自还方式扩大利用外资，用于加强城市基础设施建设、工业技术改造和发展第三产业。

上海根据国务院文件精神，很快就制订了具体的实施办法和优惠政策，称之为“94 专项”。“94 专项”先后到国际金融市场筹资 32 亿美元，其中 14 亿美元用于南浦大桥、地铁一号线等五大市政基础设施建设，13 亿美元用于 260 多个工业技术改造项目，5 亿美元用于 30 多个第三产业项目。到 1992 年，“94 专项”共为新锦江、建国、华亭等一批涉外高档酒店的建设，永新彩管、朗讯、华虹“909 ”等重大工业投资项目的引进，以及外高桥开发区等项目的开发提供了资金，为上海的振兴繁荣做出了积极贡献。

（孙宝席）

海市虹桥第26号地块
有偿出让签约仪式

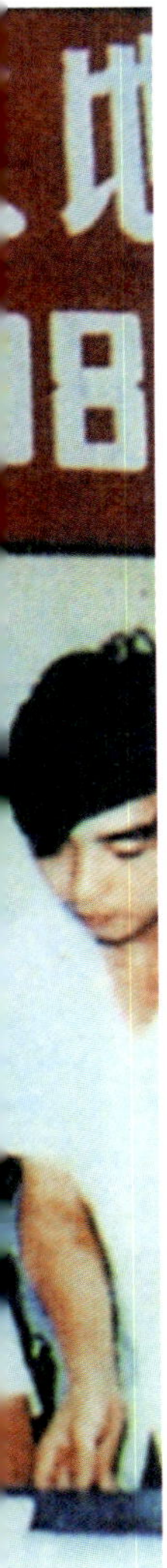

33 首次以国际招标方式进行的土地批租

1988年8月8日，经过严格的公证程序，上海市人民政府宣布日本孙氏企业有限公司以2805万美元获得上海虹桥开发区26号地块1.29公顷土地50年的使用权，上海由此成为改革开放后中国大陆第一个按照国际标准开展土地批租的城市。26号地块的成功批租，不仅使上海初尝利用土地吸引外资以解决城市建设资金短缺难的甜头，更是释放出上海推进改革开放的坚强意志和决心。

20世纪80年代初，包括上海在内的我国许多城市，都面临着基础设施建设资金短缺的巨大难题。很多关注中国发展的外国朋友就建议，城市的土地非常值钱，中国搞建设不利用土地而是借债，就好比是“捧着金饭碗讨饭”。党中央、国务院决心通过利用城市土地来解决基础设施建设资金短缺难题，并要求上海进行试点。

为使土地批租制度化，1987年，上海颁布了我国第一个地方性土地使用权有偿出让和转让的法规——《土地使用权有偿转让办法》。同时，为使首次土地批租更规范，上海还专门请香港的有关公司，完全按照国际惯例，制作了中英文国际招标书。1988年3月，上海以国际招标的形式推出虹桥经济技术开发区26号地块，用地性质为旅馆、办公楼、公寓。在7月的开标会上，日本孙氏企业有限公司获得了该地块使用权，用当时美元兑人民币的汇率，已经近 1 亿元，是此次投标书所标明的最高出价。上海市土地批租的帷幕从此拉开。

1992 年邓小平南方谈话的发表，为上海的土地批租送来阵阵春风。26 号地块上拔地而起的名为太阳广场的两座大楼，以平均每平方米 3000 美元的价格出租（售）一空，产生了极大的社会反响。上海的土地批租如火如荼地开展起来。

链接一

从『斜三基地』到『海华花园』——上海利用级差地租改造旧城第一例

由于特殊历史原因，素有“建筑万国博览”之称的上海，到 20 世纪 90 年代初，仍有一大批棚户简屋和人口密集的旧里房屋。以“斜三基地”为例，该基地位于原卢湾区打浦桥斜徐路第一、第二、第三 3 个居委会所在地块，曾是一片棚户区，狭弄窄道曲折支离，居民没有厨卫设施，还有 20 多家工厂与居民区犬牙交错共存。

造成当时上海旧区改造未有根本性改变的主要原因，就是资金短缺。为了解决人民群众的居住和生活问题，市委、市政府想群众之所想，急群众之所急，采取了一系列措施，全力推动上海加快旧区改造。特别是从 1992 年起，上海积极探索通过土地批租加快旧区改造的新路，成为当时全国首创的大胆举措，被专家学者称为旧区改造的“点金术”。

1992 年 1 月，由香港中国海外发展有限公司和上海华海科技实业公司等合资组建的上海海华房产有限公司，出资 2300 万美元，受让了“斜三基地”中 19790 平方米土地，在其上建造外销商品房（海华花园），共建成 31 层高级外汇商品住宅楼 4 幢，开启了改革开放以来吸引外资进行旧区改造的先河。区政府利用出让金等帮助原地块上的居民告别棚户、迁入新居，同时将斜土路上的棚户“孤岛”改造为街心花园，还拓宽了徐家汇路，极大地改善了城市交通和环境。斜三基地批租成功，使

◎上海首个利用级差地租改造的海华花园正在进行售楼推介

上海摆脱了多年来由于缺少建设资金而迈不开旧区改造步子的困扰，上海由此拉开了大规模旧区改造的序幕。

链接二

上海城投公司——上海城市投资建设的『顶梁柱』

20 世纪 90 年代初，随着城市基础设施建设成为重点，城市建设快速发展和资金短缺之间的矛盾更加尖锐。为此，1992 年 7 月，市政府批准成立上海市城市建设投资开发总公司（简称市城投总公司），探索实施融资建设的新路子，着力扩大城市建设资金规模。

市城投总公司成立后，积极利用国内外资本市场，拓展筹资渠道，包括向世界银行、亚洲开发银行等国际金融机构和德国、法国等外国政府融资借贷，推进上海城市建设。如 1994 年建成通车的地铁 1 号线使用了德国、美国、法国贷款共 2.97 亿美元，内环高架工程利用世界银行贷款合计达 14.62 亿元。市城投总公

◎ 1992 年 7 月，上海市城市建设投资开发总公司成立

司还运用金融工具，在资本市场直接融资——发行企业债券，使城市建设获得长期稳定的资金来源。

至 2002 年，市城投总公司通过举债建设等多种渠道筹借资金达 1200 多亿元，为轨道交通、“申”字形高架道路、南浦大桥、杨浦大桥、“三横三纵”主干道建设等 42 项重大工程解决了资金问题，真正担当起上海城市投资建设“顶梁柱”“当家人”的角色。

链接三

探索 TOT、BOT 等多元融资方式

在多渠道融资加快城市建设的同时，上海还积极探索运用 TOT、BOT 等多种特许经营方式，不断开拓新的城建资金筹措渠道。

首先，积极采用 TOT 运作模式开拓新的筹资渠道。所谓 TOT，是英文 Transfer-Operate-Transfer 的缩写，即移交—经营—移交。1994 年，上海市城投总公司与香港中信泰富有限公司所属仰荣投资公司正式签订有限期（20 年）出让“两桥

一隧”（南浦大桥、杨浦大桥、打浦路隧道）专营权合作合同，并组建浦江隧桥发展有限公司进行运作。转让资金达 24.75 亿元人民币，为徐浦大桥建设筹足了资金。通过 TOT 环环相扣的大动作，既盘活了城市基础设施的存量，又实现了资金的有效滚动使用。到 1998 年底，共筹措资金 139 亿元，有力地支持了上海的市政建设。

◎用 TOT 方式于 1997 年 6 月建成通车的徐浦大桥

其次，通过 BOT 运作方式筹措城建资金。BOT 是英文 Build-Operate-Transfer 的缩写，即建设—经营—转让。1994 年，上海率先采用 BOT 方式建设延安东路隧道复线工程。2002 年，上海竹园第一污水处理厂进行 BOT 公开招商，由上海友联企业发展有限公司、上海建工（集团）总公司等三方组成的联合体被选定为项目投资人，并出资 2.1 亿元设立上海友联竹园第一污水处理投资发展有限公司，并由该公司与上海市水务局签署特许权协议，获得 20 年特许经营权。经过探索实践，特许权经营在上海城市基础设施投资领域的应用日趋成熟。

（孙宝席）

34 “菜篮子”里看形势

1988 年 8 月 11 日，上海市委、市政府联合召开副食品工作会议，宣布《关于建设郊区副食品生产基地，改革产销管理体制的决定》，上海以建立蔬菜和副食品生产基地为主要内容的第一轮“菜篮子”工程正式启动了，这是市委、市政府为解决本市一年 365 天里有 120 天蔬菜供应紧张，而且猪、肉、奶、蛋等大多凭票限量供应的重要举措。

如今在上海菜市场，青翠欲滴的蔬菜、红润鲜嫩的猪肉随处可见，“吃”早已不是问题。但在改革开放初期，“吃”却是上海社会生活中的头等大事。不解决群众“菜篮子”问题，不仅影响到上海的城市现代化建设，也关系到党在群众中执政基础的巩固。上海老百姓有一句话，叫“‘菜篮子’里看形势”。就是说，上海的形势好不好，只要看看“菜篮子”就知道了。

但困难只是暂时的，加强“菜篮子”建设不仅是广大市民的迫切愿望，也一直装在市领导的心里。早在 1985 年，上海市市长江泽民就说过：我来上海，最使我睡不着觉的是菜篮子。为此，他要求全市干部始终把“菜篮子”问题放在非常重要的位置上。

建设“菜篮子”工程需要有稳定可靠的保障基地。在“菜篮子”工程开始的头三年，市、县两级政府筹措资金近 10 亿元，在上海县（今属闵行区）、川沙县（今属浦东新区）等郊县建起27个较大经营规模的生产基地，并加大“夏冬青”“枫泾猪”等知名产品的生产力度，有效缓解了市民的“吃菜难”“吃肉难”等问题。

从1994年开始，上海实施第二轮“菜篮子工程”，把生产基地从近郊向奉贤、青浦、嘉定等水净、土净、气净的中远郊转移，同时注重良种培育和现代农艺技术建设。进入21世纪，上海着力加强农产品质量安全监管，实现食用农产品“从田头到餐桌”全过程安全。连续几轮“菜篮子”工程建设，使上海蔬菜、副食品供应日益充足，市民凭票购买的场景一去不复返了。

链接一

实事工程——让市民出行更方便

20世纪80年代初，公共交通“乘车难”一直是上海城市建设中面临的突出问题。由于公交车辆少，而乘车的人多，所以公交车上座椅外每平方米站9个人的情况时有发生，市民对开辟公交路线、增加运能的呼声很高。

为解决市民出行难等问题，1986年，上海市市长江泽民提出，要用每年限时完成十几件看得见、摸得着实事的办法，最大限度地解除市民的后顾之忧。“实事工程”从此在上海轰轰烈烈地展开了。1986年开展的实事项目中，对解决“出行难”采取了有力举措：不仅明确新辟和延伸路线20条，增设高峰时间联运路线3条等；还专门列出要增加公交车辆557辆，力度之大前所未有。

自1986年开展实事工程以来，市委、市政府连续15年把提高运力、解决公交供求矛盾列为实事工程项目，着力让市民出行不再难。到2005年，全市已有公交线路948条，公交车辆18000余辆，日均客运量达到780万人次以上，承担着全市60%以上的公共客运量。为从根本上解决公共交通难问题，上海积极实施公交优先战略，大力发展轨道交通。截至2017年，上海轨道交通

◎ 1986 年 11 月 7 日，上海为解决乘车难实施的实事项目——开通第一条公交长高峰线 401 路

运营总里程达 666 千米，平均每个工作日约 1100 万人次流动于地铁轻轨，市民的出行更加安全方便快捷。

链接二

居民告别『鸽子笼』

20 世纪 80 年代，上海有数十万户家庭人均居住面积低于 4 平方米，还有 3 万多户人均居住面积不到 2.5 平方米。住房问题被称为上海“天字第一号”难题。

为解决市民居住难，1986 年，市政府开展了抓好住宅建设和新居住区的公建设施配套等实事项目。1987 年 4 月，市政府首先提出解决人均居住面积 2 平方米以下特困户的解困目标，并于 1987 年和 1988 年连续将此事列为实事项目，使 15221 户特困户走出“鸽子笼”。1995 年，上海开始解决人均居住面积 4 平方米以下

◎上海保障性住房顾村基地——宝山菊泉新城

的困难户。

为从根本上解决市民居住难题，上海积极推进住房制度改革，特别是推进住房公积金制度，扩大住房建设和住房市场需求。1992 年 5 月 8 日，上海华光仪表仪器厂的女会计杨希鸿，在一份借款合同上签下了自己的名字，向住房公积金中心贷了 8 万元分期偿还的贷款。这 8 万元，帮助杨希鸿圆了多年的住房梦。在这份油印的、略显粗糙的合同的首页，印着 001 的编号，表明她成为全上海乃至全国首个通过公积金贷款买房的人。此外，上海还进一步加大住宅建设力度，为实现居者有其屋提供根本保障。到 2002 年末，市区居民人均居住面积上升至 13.1 平方米，住房成套率由 1989 年末的 31% 上升到 2002 年的 87.4% 。市民居住条件得到明显改善。

链接三

市民用『气』不再难

20 世纪 80 年代初，随着改革开放和经济发展，上海人民生活水平不断提高，改善厨房设施和生活条件的愿望十分强烈。但上海煤气供求矛盾日益突出，远远跟不上住房建设和群众需求。群众来信要求安装煤气的呼声不断。

◎为解决用气难实施的实事项目之一——发展管道煤气

为加快煤气发展，从1986年到1995年的10年间，上海每年把煤气建设列为市政府实事工程，市委、市政府领导多次到现场调研解决问题。1986年6月，江泽民市长在市委副书记黄菊陪同下，冒着大雨来到浦东煤气厂现场办公，解决煤气工程建设中的具体问题。1990年，朱镕基市长召集金山石化、高桥石化等单位，共同商讨解决煤气发展问题，这些国家部属单位很支持，表示市里要多少液化气就配货多少。1992年，市委书记吴邦国到煤气公司调研，要求加快煤气建设，一定要解决上海的煤球炉问题。

在市委、市政府关心支持下，上海加快建设浦东煤气厂一、二期工程，改扩建吴淞煤气厂等，推进燃气建设得到较快发展。到1995年，上海城市气化率达到86%，超过原定70%的发展目标。之后，上海又把发展居民使用天然气工程列为市政府实事工程。上海燃气事业的发展，不仅有效地解决了市民用气难问题，而且有力地推动了上海经济社会发展。

（孙宝席）

35 开启高速公路建设新时代的“沪嘉高速”

1988年10月31日，中国大陆第一条高速公路——总投资人民币2.28亿元、全长18.35公里、设计时速120公里的沪嘉高速公路建成通车。沪嘉高速建成后，人们在感受风驰电掣的同时，也享受到了高速公路带来的便利。便捷的交通吸引了更多国内外企业到嘉定投资，上海希望经济城、蓝天经济城的创业成功离不开沪嘉高速公路，而荷兰飞利浦、德国大众等世界500强企业的安营扎寨，则让嘉定成为外商投资的热土。

在公路建设中，高速公路建设被认为是体现一个国家、一个地区交通现代化的标志之一。改革开放后，上海交通运输日趋繁忙。然而，公路等级低、通行能力差的现状却制约着上海经济社会发展。为此，从20世纪80年代开始，上海思考研究建设高速公路问题。在考察外省市一级公路的基础上，上海市市政局组织拟定尝试建设高速公路的初步方案。方案包括沪嘉、沪青平、沪杭三条高速公路。最后，市领导从规模小、投资相对较少、容易上马等方面考虑，决定先建沪嘉高速公路。沪嘉高速公路建成以前，市区通往嘉定科学卫星城主要靠沪宜公路。因其路面窄、路形差、各种车辆混合行驶，交通严重阻塞、事故频繁出现。早在20世纪70年代末，沪宜公路交通流量就已呈饱和状态，从市区到嘉定不过20多公里，人们在往返两地的上下班路上却要花费两个多小时。

1984 年 12 月，沪嘉高速公路动工建设；1988 年 10 月建成，突破了中国大陆高速公路建设“零”的历史。沪嘉高速公路不仅开启了上海公路建设新时代，也开启了我国公路建设新时代。截至 2017 年，中国大陆地区高速公路总里程数已发展到 13.6 万公里，位列世界第一。

链接一

上海首条通往外省市的高速公路

继沪嘉高速公路后，莘松（莘庄—松江）高速公路于 1990 年底建成通车。这两条高速公路的建成，有效改善了上海市域的交通拥塞状况，但它们都只是上海市内的高速公路。

上海真正通往外省市的第一条高速公路是沪宁（上海—南京）高速公路。随着改革开放的深入推进，建设沪宁高速公路尤为迫切。因为上海到南京原来主要是通过 312 国道（曹安公路）解决沿线交通需求，到 1989 年，312 国道混合交通总量已达到 1104 辆 / 日，不能满足日益增长的通车需求。而随着经济社会发展的需要，上海又必须与苏州、无锡、南京等苏南五城市保持密切的联系。因此，必须加快建设从上海到南京的快速通道。

沪宁高速公路（上海段）

1993 年 1 月，沪宁高速公路（上海段）开工建设。1996 年 9 月竣工通车。沪宁高速公路（上海段）为全封闭、全立交、高等级、多功能的现代化高速公路，全线采用交通部部颁标准建设，全长 26.28 公里，设计时速 120 公里，通过能力每天达 6 万辆次。沪宁高速公路（上海段）的建成，大大促进了上海、苏州、无锡、镇江、南京等大城市之间的联系，促进了我国沿海发达地区的经济进一步繁荣，并进一步加快了旅游业的发展。

链接二

追求人与环境和谐的沪杭高速公路

1996 年 1 月，沪杭高速公路（上海段）动工建设，投资约 21.4 亿元，是上海第一条利用世界银行贷款建设的公路。工程建设全线采用全封闭、全立交、全监控的管理模式，是上海公路建设和国际接轨的一次成功实践。

在沪杭高速公路（上海段）设计和建设中，上海坚持以人为本理念，追求人与环境和谐。为了协调高速公路与当地路网之间的关系，工程设计者与业主一起，一个村一个村地走，反复踏勘现场。通过调研，结合高速公路沿线水网，在

◎ 追求人与环境和谐的沪杭高速公路（上海段）

设计中充分利用高速公路每一座跨河桥的边孔，设计行人通道、拖拉机通道等横向通道，便于沟通高速公路两侧交通。在建设过程中，共利用桥梁孔设置了10多条横向通道，方便了两侧居民的交通出行。此外，工程建设还充分考虑了对周边居民和环境的影响：对动迁的居民，给予他们一定标准的动迁房；对于车辆行驶中产生的噪音，也采取措施加以改进。

沪杭高速公路（上海段）于1998年12月与浙江段同时竣工通车，整条公路路面平整度始终控制在1毫米以下。它的建成对发挥沪杭甬高速公路整体功能，形成以上海为中心、辐射长江三角洲地区的交通网络，促进上海与浙江等地的经济联系，具有重要的意义。

链接三

铺筑『153060』高速公路网

进入21世纪，上海围绕增强城市综合竞争力的主线，用“153060”数字化形式描绘高速公路网建设图，并开始大规模建设高速公路，铺筑高速公路网。

“153060”就是上海重要工业区、重要集镇、交通枢纽、旅客（货物）主要集散地的车辆在15分钟内就可以进入高速

◎ 沪青平公路与外（嘉定）青（青浦）松（松江）公路的交汇点

公路网；上海中心城与包括宝山、嘉定、闵行等在内的11个市域新城，中心城与上海9个工业园区，中心城至省界在30分钟内可以互通；上海高速公路网上任意两点之间在60分钟内就可以到达。仅用5年时间，上海就建成13条高速公路，加上先期建成的沪嘉、莘松、沪宁、沪杭四条高速公路，使得高速公路总里程达到650公里，基本形成“两环、七射、一纵一横一联”的交通网络格局。

此后，上海继续加快高速公路建设，截至2017年，上海高速公路通车里程达到829公里，上海市内和对外的高速公路网络已具规模。上海的高速公路与苏浙两省的高速公路共同构筑起长三角“一小时”都市圈高速公路体系，有力促进了长三角地区一体化发展进程。

（孙宝席）

THE INTERNATIONAL BUSINESSMEN'S ADVISORY COUNCIL
FOR THE MAYOR OF SHANGHAI '90

36 观察学习世界的市长咨询会

1989年10月9日，在上海西郊宾馆举行了上海市市长国际企业家咨询会预备会议（后改称第一次会议），由此拉开上海市市长国际企业家咨询会（简称市长咨询会）的序幕。来自世界各国的知名企业家受邀飞到上海，与上海市领导共议上海发展大计。海纳百川的市长咨询会，给上海带来了全球最新的先进理念，成为上海观察学习世界的一个精彩窗口。

一年一度的上海市市长国际企业家咨询会，至今已举办了三十次。而这一具有首创性的制度安排，是由上海市市长朱镕基采纳中国国际信托投资公司执行董事、中国国际经济咨询公司董事长经叔平“邀请一批国际著名企业家担任市长咨询顾问”的建议举办的。

1990年召开的首次咨询会（后改称第二次咨询会），邀请了美国、英国、日本、法国、加拿大、德国、意大利等10个国家的18位世界知名企业家，并特别邀请美国国际集团公司董事长莫里斯·格林伯格担任会议主席。与会成员提出要加快浦东的开发和加速产业结构调整，需要金融业的有力支持，建议上海进一步有计划地开放金融业。1993年在纽约召开的第五次咨询会，是唯一一次在国外举行的市长咨询会。市长黄菊在会上表示：“实现上海的长远目标，需要上海人民长期不懈的努力，也离不开世界各地的资金、技术、人才、信息的互补和交流。”

随着会议影响力不断扩大，会议规模已由最初 8 个国家的 12 位成员，增加到 2018 年 15 个国家的 37 位成员和 7 位名誉成员。成员大多为世界 500 强公司的全球董事长或首席执行官，长期为上海提供多角度深层次的咨询建议。上海市市长国际企业家咨询会是历届上海市政府的“宝贵财富”，他们的真知灼见已融入上海城市的发展进程。正如中共中央政治局委员、上海市委书记李强在上海市市长国际企业家咨询会 30 周年纪念活动上所讲：30 年间，咨询会议不仅给上海带来了全球最新的先进理念，也打开了上海观察学习世界的窗口。

链接一

2001 年 APEC——让世界了解中国、让中国了解世界

当时间迈进 21 世纪，世界和中国都站在了一个全新的发展阶段：全球经济增速减缓，反全球化的倾向对多边贸易体制提出质疑。为了携手区域内各方达成重建市场信心的目标，中国政府决定在上海举办 2001 年 APEC 会议，以通过上海向世界展示中国改革开放的巨大成就和国际大都市的风采，让世界了解中国，让中国了解世界。

国家把举办 APEC 会议这个我国在 21 世纪伊始的一次重大外交活动交给上海，是上海建设现代化国际大都市的一个极好机遇。经过近两年筹备，2001 年金秋的上海前所未有地美丽：马路宽敞平整，外滩安上了象征“蓝色浦江、黄金海岸”的变幻灯光，一条条繁华商街宛如一根根水晶链，在秋夜里熠熠生辉。以“新世纪、新挑战：参与、合作，促进共同繁荣”为主题的 2001 年 APEC 会议在上海召开。

10 月 21 日会议当天，中国国家主席江泽民与各经济体领导人穿着具有浓郁中国风情的中式对襟立领休闲服，即唐装，参加领导人非正式会议并合影留念，传递出东道主坚持亚太大家庭精神和命运共同体意识，愿为人类福祉作出更大贡

© 2001 年，APEC 会议举行期间在外滩浦江两岸举行的大型烟花灯光秀

献的决心和信心。会议通过《亚太经合组织经济领导人宣言》《上海共识》等文件，成功讲述了一个令世界振奋的“全球化故事”。

世界重新认识了中国，也重新认识了上海。上海因此声名远扬，正如美国有线电视公司（CNN）当时的报道所说，在改革开放的浪潮中，上海重现其“东方巴黎”的迷人风姿。到上海去，到中国去，成为大家不约而同的选择。

© APEC 会议领导人签名

链接二

全球最强大脑，助推上海科创中心建设

2018 年 10 月 29 日至 31 日，包括 26 位诺贝尔奖得主在内的 37 位世界顶尖科学家和 17 位中国“两院”院士、18 位中外杰出青年科学家齐聚上海，共同参与在上海临港滴水湖畔举办的首届世界顶尖科学家论坛。他们在各自重点研究领域深化交流合作，助推上海科技创新中心建设。

举办世界顶尖科学家论坛得到 2006 年诺贝尔化学奖得主、美国斯坦福大学结构生物学教授罗杰 · 科恩伯格（Roger Kornberg）的大力支持。2018 年，科恩伯格教授两次给市委书记李强来信，就中国科学发展、顶尖科学家与上海深化合作、上海举办世界顶尖科学家论坛等提出建议。在当天的开幕式上，罗杰 · 科恩伯格作为世界顶尖科学家协会主席，还代表科学家致辞。

这群世界上“最聪明的脑袋”齐聚滴水湖旁，会碰撞出怎样的火花？实际上，他们正在讨论“神奇的”问题。2004 年诺贝尔物理学奖获得者、美国理论物理学家戴维 · 格罗斯（David Gross）提

2018 年 10 月，世界顶尖科学家论坛在上海滴水湖举行

出，对于宇宙起源、黑洞、量子引力和暗物质的研究，将是未来物理学界几大最前沿的研究方向。未来，人类或许要超越爱因斯坦的时空理论，开始在量子等级的微观层面对时空进行考量。

举办世界顶尖科学家论坛为上海加快科技创新建设提供了有益的借鉴。今后，上海将继续举办世界顶尖科学家论坛，张开双臂热忱欢迎世界各地的科学家来上海讲学交流、开展科研活动，共同攻克事关人类前途命运、事关人民生活福祉的科技难题，并通过全球范围的合作交流实现基础研究的更多突破。

（孙宝席）

上海市浦东开发规划研究设计院
上海市人民政府浦东开发办公室

37 吹响中国新一轮改革开放的号角

1990年4月18日，李鹏总理代表中共中央、国务院在上海正式宣布：中央决定同意上海加快浦东地区的开发，在浦东实行经济技术开发区和某些经济特区的政策。“一石激起千层浪”，外媒敏锐地感觉到中国的改革开放将有重大进展，《纽约时报》以半个版的篇幅发表新闻通讯——《向世界展示中国仍在大搞经济》，《洛杉矶时报》也以《为低迷的上海倾注活力》为题，大幅报道浦东开发的现实和意义，开发开放浦东，吹响了我国新一轮改革开放的号角，在国际上树立了中国更加改革开放的旗帜。

开发开放浦东，离不开中国改革开放的总设计师——邓小平的关注和推动。1990年初，邓小平带着对过去、现实和未来的思考，前往上海过春节，提出请上海的同志思考一下，能采取什么大的动作，在国际上树立我们更加改革开放的旗帜。上海提出浦东开发事宜，邓小平表示同意。回到北京后，邓小平对中央领导说：我已经退下来了，但还有几件事我还要说一下，那就是上海的浦东开发，你们要多关心。4月，中央召开政治局会议，听取国务院提交的关于浦东开发方案的意见，决定开发开放浦东。5月3日，上海市人民政府浦东开发办公室和上海市浦东开发规划研究设计院同时挂牌。

1992年10月，江泽民总书记在党的十四大报告中提出

"以上海浦东开发开放为龙头，进一步开放长江沿岸城市，尽快把上海建成国际经济、金融、贸易中心之一，带动长江三角洲和整个长江流域地区经济的新飞跃"。开发开放浦东，使上海从全国改革开放的"后卫"走到了"前沿"，标志着中国改革开放进入一个新的阶段。

链接一

『三个先行』定格局

在开发开放浦东的进程中，上海坚持规划先行、法制先行、产业先行的原则。在坚持规划先行方面，1990 年 12 月，市领导在主持浦东新区总体规划审议会时计划，从黄浦江边的陆家嘴金融贸易区开始，打造一个集中国与世界、现在与未来相融合的上海新标志地区。此后，上海市政府决定用国际智慧做好陆家嘴地块的规划。1992 年 11 月，上海国际贸易中心三楼，世界顶级规划设计大家云集。英国罗杰斯、法国贝罗、意大利福克萨斯、日本伊东丰雄和中国上海联合设计小组 5 个境内外设计团队精心制作的反映不同现代

© 1992 年 11 月，上海市陆家嘴中心地区规划及城市设计国际咨询会议在上海国际贸易中心举行

城市设计流派和民族文化风貌的概念方案和规划模型摆放在中央，接受上海市陆家嘴中心地区规划及城市设计国际咨询委员会的评估。

罗杰斯方案是典型的“广场式”，上海方案是以东方明珠为核心的“众星拱月式”。最后，经过综合考虑，国际咨询委员会决定“以上海方案为主，英国罗杰斯方案为主要结合吸取的方案，同时吸取其他方案的优点”作为总原则进行设计深化工作。1993 年 12 月，博采众长的陆家嘴中心区的最终规划方案面世。这是中国城市规划史上的一次创新，也是上海浦东开发坚持规划先行的典范。

在浦东开发开放的过程中，上海还十分重视法制先行。1990 年 9 月，在国家宣布同意开发浦东不到 5 个月的时间里，上海就制定发布《关于上海浦东新区外商投资企业审批办法》等一系列法规。此后，上海又根据发展的需要，先后制定出台许多法规条例，保障了浦东开发开放的稳定性、规范性。

此外，浦东开发开放还十分重视产业先行，充分发挥金融产业、高科技产业的引领作用。1995 年，中国人民银行上海市分行迁入浦东。随后，日本富士银行、美国花旗银行、法国东方汇里银行、英国汇丰银行，以及中国工商银行、中国建设银行、中国农业银行等一批中外资金融机构纷纷落户浦东。坚持产业先行，让浦东始终占据经济社会发展的制高点，成功实现“后来居上”。

链接二

浦东速度、浦东高度

速度决定成败，改革不能像“小脚女人”，看准了的，就大胆地试，大胆地闯。浦东开发开放，就是邓小平洞悉时代潮流，敏锐抓住历史时机，在 60 天的时间里推动中央作出的重大战略决策，从此将中国最大的经济中心城市放到改革开放的第一线。

浦东开发不断提速。1990 年 5 月 2 日，中英文对照的浦东开发办公室指路牌树立在延安东路隧道出口处。从全市各个委办局抽调精兵强将组成的浦东开发办工作班子在 3 天的时间内结集到岗。5 月 3 日，浦东大道 141 号，在一幢曾是黄浦区浦东文化馆的两层

◎ 浦东陆家嘴地区高楼林立，成为世界著名的城市天际线之一

旧式楼房前，上海市人民政府浦东开发办公室和上海市浦东开发规划研究设计院举行挂牌仪式。就是在这里，市领导号召大家创造浦东速度，树立浦东风格，培育浦东精神，把开发浦东的工作做好。

这时的浦东还是阡陌纵横，最靠近浦西的陆家嘴地区仅有消防瞭望塔、邮电大楼等少量高层建筑。开拓者在浦东开发开放号角的指引下，以创造奇迹般的速度，让广袤的土地蝶变成为现代化的新城区。中国的很多个第一在这里诞生：全国第一家证券交易所上海证券交易所在浦东成立，中国第一家外资保险公司美国友邦上海公司在浦东注册开业，第一家外资银行富士银行上海分行在浦东开张营业，全国第一个保税区在浦东建设……

1991 年 11 月，上海市区第一座跨越黄浦江的大桥——南浦大桥建成通车，拉开浦东大规模基础设施建设的大幕。1997 年起，以浦东国际机场、世纪大道

为代表的第二轮十大基础工程陆续开工。金茂大厦、上海环球金融中心、上海中心大厦，则不断刷新浦东的高度。世界首条商业运营高速磁悬浮线在浦东运营。浦东快速地“一年一个样、三年大变样”。如今的陆家嘴地区高楼林立，成为世界著名的城市天际线之一。

“浦东速度”“浦东高度”，成为浦东开发开放29年历史长河中闪耀的字眼。

（孙宝席）

◎ 奔驰的磁悬浮

38 中国唯一以金融贸易命名的国家级开发区

1990 年 6 月，国务院批准设立陆家嘴金融贸易区，中国唯一以“金融贸易”命名的国家级开发区就此在上海诞生了。

陆家嘴金融贸易区位于上海浦东，与浦西外滩一江之隔，面积 31.78 平方公里，率先启动建设的是中心区（小陆家嘴），面积 1.7 平方公里。虽然面积小，但它如同纽约华尔街、伦敦金融城一样，有着重要的发展潜力，是一块“黄金宝地”。为此，上海市决定用国际智慧做好陆家嘴地块的规划。1991 年 4 月，上海市市长朱镕基访问法国，向那里的设计师们介绍了浦东开发开放的设想。双方随后签订协议，法方向上海提供 200 万法郎的政府贷款，用于陆家嘴中心城区的规划设计。经过一年的筹备，英、法、日、意、中五国的设计师都拿出了各自的设计模型。五个方案各有千秋，折射着不同民族文化的火花，让人难以取舍。上海不得不成立深化规划领导小组及相应的专家小组、工作小组，对五个方案进行整合完善，最终形成集各家所长的陆家嘴中心区域规划。

在规划指导下，陆家嘴金融贸易区的建设很快就开展起来。随着陆家嘴功能区内一批办公楼宇的竣工，吸引一批中外资金融机构入驻成为激活园区的关键。1995 年 6 月 28 日，是一个浦东开发史上应该铭记的日子。位于浦东陆家嘴路 18 号（现改为陆家嘴东路 181 号）的中国人民银行大楼完工，中国人民银行上海市分行正式迁至浦东，召开新办公楼落成启用庆典大会。浦东新区管委会向中国人民银行上海市分行赠送了一份“鲜活礼物”，一只穿着袜子、脖子上挂着一块写着“金融领头羊”牌子的小白羊。在央行上海分行这只领头羊的带动下，美国花旗银行、日本三和银行、英国汇丰银行、工商银行、农业银行等一批中外金融机构纷纷集聚陆家嘴，使陆家嘴金融贸易区发展成为国内金融机构最密集、金融要素市场最完备的地区之一。金茂大厦聚集荷兰银行上海分行、德累斯登银行上海分行、道琼斯办事处等140多家中外机构，被誉为“站着的金融街”。

链接一

全国规模最大、启动最早的保税区

1990年9月，在上海锦江小礼堂举行的市政府新闻发布会上，由国家海关总署直接颁布的《中华人民共和国海关对进出上海外高桥保税区货物、运输工具和个人携带物品的管理办法》，标志着我国第一个保税区——上海外高桥保税区正式设立。

外高桥——这片位于浦东东北部，长江口南缘，方圆10平方公里的“芦苇荡”，迎来了大发展的好机遇。1991年8月，保税区首期开发的4平方公里全面开工，并于1992年通过验收正式启用。我国第一家外商独资贸易企业——日本上海伊藤忠商事有限公司，经外经贸部批准在外高桥保税区注册；我国保税区第一家中外合资物流企业——上海外红国际物流有限公司，在这里成立。

经过十几年的开发建设，外高桥保税区形成了汽车市场、钟表中心、医药分销中心等多个专业性交易市场，成为我国占地面积最大、各项经济指标占全国15个保税区“半壁江山”的保税区。2003年，国务院办公厅复函同意上海外高桥实施“区港联动”试点。按照国际标准实行一门式管理的保税区物流园区建立起来，所有货物采取网上报关，只需由园区一角安装的、连接物流园区与外高桥港区的无人自动卡口，采集识别系统信号后自动放行。企业告别了将零部件产品

© 1991 年，上海市外高桥保税区首期工程开工典礼举行

运至香港获得退税后，再运回境内提供给组装企业，出境、入境须两次报关、繁复耗时、“香港一日游”的尴尬经历。外高桥保税区正成为拓展上海口岸国际中转功能，加快上海航运中心建设的重要载体。

链接二

金桥出口加工区着力发展先进制造业的

金桥出口加工区，是 1990 年 9 月经国务院批准设立的国家级经济技术开发区。建立之初的目的就是在积极参与亚太地区第二次产业梯度转移中，争取最大限度地获取“后发性”利益，为上海经济起飞创造条件。因此金桥的产业定位为电子信息、汽车等中高档产品的进口替代、中档产品的出口导向。与之相适应，加工区在招商引资中非常注重引进高新技术、高附加值项目。

经过多年开发建设，到 2004 年底，金桥出口加工区形成三大版块：西部为生活区——碧云国际社区；东部为工业区，包括金桥汽车城、金桥现代科技园和上海浦东软件园金桥分园；南部为工业

◎ 金桥 OFFICE PARK 俯瞰图

区和海关监管区，重点发展面向出口的零部件加工业、利用国内元器件组装出口及来料加工的整机工业，主要产品有汽车、汽车零部件、超大规模集成电路等。如今的金桥开发区，已经发展成为上海乃至中国先进制造业的基地之一。

链接三

北有中关村，南有张江园

张江高科技园区创建于1992年7月，是国家级高新技术园区。经过十多年建设，张江高科技园区从阡陌纵横的乡间土地，发展成为国内著名的高科技园区，从而在全国高新区的版图上，形成“北有中关村，南有张江园”的新格局。

规划张江高科技园区主要是考虑到上海的改造和振兴不仅要靠传统工业，还要有高科技产业。1992年至1998年，是张江高科技园区打基础的阶段。1994年，瑞士罗氏制药公司确定在张江建设在中国的制药企业，标志着张江开始被世界500强企业所瞩目。1996年，国家

◎ 实施“聚焦张江”后的张江高科技园区

科技部、卫生部等和上海市政府签署共建“国家上海生物医药科技产业基地”合作协议，并将该基地设在张江内，一举奠定了张江“药谷”的地位。1999年，上海市委、市政府做出“聚焦张江”的战略决策，张江开发步入快速发展的新阶段。截至2008年底，进驻园区的企业达1540家，集聚了通用电气、罗氏、GE等一批跨国公司的全球或地区研发中心，建成了包括微电子、软件、生物医药等产业在内的12个国家级产业基地。如今的张江高科技园区，已发展成为国内高科技园区的著名品牌。

（孙宝席）

上海證券交

39 新中国第一家证券交易所在上海开业

1990年12月19日，上海外滩北侧黄浦路15号面貌一新的浦江饭店孔雀厅，迎来了上海市委、市政府的主要领导和来自各界乃至世界各地的来宾。随着市委书记兼市长朱镕基宣布"上海证券交易所开幕"和开市第一声锣响，新中国成立后的第一家证券交易所——上海证券交易所正式开业，中国资本市场发展的大幕从此被拉开了。

建立上海证券交易所是进一步树立我国改革开放良好形象，更好地为国家和企业筹集融通建设资金服务的重要举措。为此，1989年12月召开的市委常委扩大会决定建立上海证券交易所。市领导曾当面向邓小平同志汇报此事，并得到他的支持，"你们办吧，办了再看，办了不好，我们再改嘛"。于是，上海把设立证券交易所一并写进浦东开发的方案，结果中央没有否定上海的方案。1990年6月，市领导出访香港、新加坡等地，在抵达最后一站香港时，在一个记者招待会上，不动声色地向世人宣布：上海证券交易所将在年内成立。

选址，是筹建上海证券交易所的关键。由于没有任何历史经验借鉴，筹建者只好以一张香港联交所交易大厅的照片为参照，四处寻找交易场所。最终选择了浦江饭店，一幢已有150年历史的欧式建筑，虽然已很破旧，但气势还在。至此，筹建工作取得第一步胜利。有了场地，该怎么交易的问题接踵而来。当时发达国家的交易所主要是口头竞价交易。但有着超前意识、敢于尝试的筹建者很有远见地选择了计算机交易模式。与此同时，交易大厅的装修布置、交易规则的制定、会员和席位的明确、上市公司的准备等等，也在同步进行。

1990 年 11 月 26 日，上海证券交易所成立，成为我国改革开放在资本市场领域的标志性事件。12 月 19 日，上海证券交易所正式开业，标志着已经开展了 4 年的股票柜台交易进入到一个全新的交易所时代。

链接一

我国改革开放第一股

1986 年 11 月 14 日，邓小平同志在会见美国纽约证券交易所董事长约翰 · 凡尔霖时，将一张上海飞乐音响股票作为礼物回赠。国际社会因而发出“中国与股市握手”的惊叹。飞乐股票因此有了中国改革开放第一股之称。日本的《朝日新闻》更是发表整版评论，声称中国企业将全面推行股份制，中国经济终将走向市场化。

作为改革开放后我国首批公开发行的股票之一，飞乐音响不仅突破了一般认为股票是资本主义产物的思想观念禁区，而且成为我国企业试行股份制改革的先行军。1984 年，以生产喇叭为主的

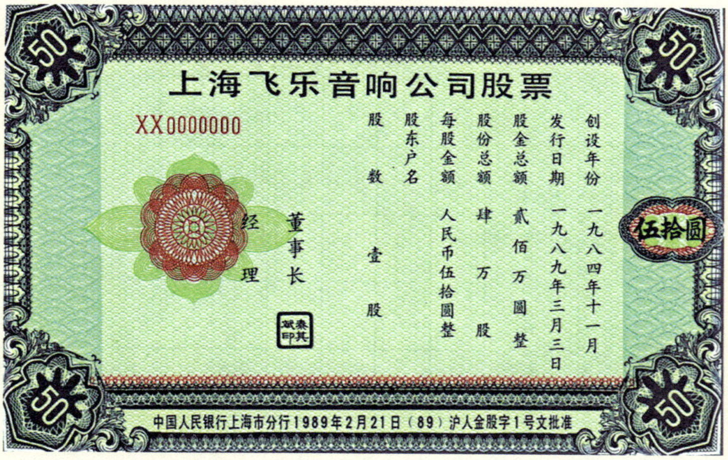

◎ 上海飞乐音响公司股票样票

上海电声总厂，面对人们对音响设备需求的增加，急需资金以进行扩大生产，但计划经济体制下的电声总厂却很难从上级主管部门筹集到更多的资金，筹集资金必须自己想办法。受到“爱建”股份做法的启迪，电声总厂提出了搞股份制，通过发行股票向其他单位和内部职工集资的设想，并得到市委、市政府的支持。11月14日，经中国人民银行上海分行批准，由上海飞乐电声总厂、飞乐电声总厂三分厂、工商银行上海市分行信托公司静安分部等发起设立上海飞乐音响股份有限公司（简称“小飞乐”），并向社会公众及职工发行股票。消息一经确定，《新民晚报》在第一时间刊发了相关通讯文章，在社会上引起极大反响。

正式对外销售飞乐公司股票时，因静安分部场地小，发行工作被安排在飞乐公司，发行人员背着钱箱、股票箱，当场收钱、开票。许多人早早前去排队购买。飞乐音响股票成功发行，共发行股票1万股，其中35%由法人认购，65%向社会公众公开发行。而且飞乐音响公司这次发行的股票，没有期限限制，不能退股，可以流通转让，可以说是我国改革开放新时期第一张真正意义上的股票。

链接二

世界上『最小证券交易所』

有股票，就有交易。因早期缺乏规范的股票流通市场，“有股无市”的窘境困扰着飞乐音响等股票的正常交易，加以信息不对称，使得交易成本过高，投机行为时有发生，影响了已发行股票的生命力和信誉。为破解这一问题，1986年9月26日，有着当时世界上“最小证券交易所”之称的中国第一个证券交易柜台——静安证券营业部，在南京西路1806号正式开张。当时的静安证券营业部只有70多个平方，除去4个办公室外，用做交易的厅仅有10多平方米，显示交易行情的就是一块黑板。专程去那儿进行股票过户的凡尔霖曾幽默地说，“很好，我们美国人最早买卖股票时都在梧桐树下，连10平方米房子都没有。”尽管空间不大，但在当天，许

◎ 1986年，纽约股票交易所董事长约翰·凡尔霖将邓小平同志赠送给他的“上海飞乐音响”股票到静安证券部办理过户手续

多投资者还是蜂拥而至，选择在那里进行股票交易。飞乐音响作为我国改革开放最早发行的股票，再次率先实现柜台交易流通，创造了我国股市的又一项第一。

链接三

上海文化广场的『股票大卖场』

1992年5月，上海证券交易所全面取消交易价格限制，股市交易价格开始尝试由市场引导。股票价格立刻“牛气冲天”，3天时间创下1420.79点的历史新高。股民数量迅速增加，但严重不足的交易网点，使许多投资者为拿到委托单，常常通宵达旦地在为数不多的几家证券营业部门口排队。

为解决这个问题，上海证券交易所根据一封投资者来信建议，在上海文化广场搞了一个超大型的证券营业部。1992年6月，文化广场证券营业市场开业交易，数十家证券公司陆续进场，最多时有100余家，成为当时上海非常有名的证券网点。各公司一字排开，摆摊设点，每家有两部电话直通交易所。当时文化广场上经常出现这样的奇观：股价上涨，广场上一片掌声；股价下跌，广场上一阵叹息。大众情绪在这个广场上被加倍放

◎ 1992 年 12 月，设在上海文化广场的“股票大卖场”

大，而在宽敞而开放的场所进行自由交流。

尽管文化广场网点开张半年就关门了，但这一特殊历史条件下的“大卖场”不仅大大缓解了当时证券交易网点、设施不足的矛盾，而且使广大股民及证券从业人员接受了最直接、最通俗的股票及投资知识普及教育。

（孙宝席）

南浦大桥

40 一桥横跨浦江南北

1991 年 12 月 1 日，上海市区第一座越江大桥——南浦大桥正式通车。它是我国第一座自行设计、自行建造的双索面、迭合梁斜拉桥，圆了上海市民“一步跨过黄浦江”的百年梦。

南浦大桥位于原南市区南码头地区，北近延安东路隧道，南邻打浦路隧道。邓小平同志对大桥建设很重视，先后两次视察，并题写桥名进行鼓励。7000 余名建设者 3 年内节假日不休息，很好地阐释了上海水平、上海风格、上海效率、上海精神。大桥为双塔双索面斜拉桥，每座桥塔两侧各有 22 对钢拉索连接主梁，索面成扇形布置。主桥长 846 米，主孔跨径 423 米，在江面一跨过江。桥塔为折线“H”形钢筋混凝土结构，塔高 150 米。设 6 条机动车道，两侧各设宽 2 米的观光人行道，日通行机动车 5 万辆次。此外，东西两岸各建有 4 台高达 52 米的外露式观光电梯，游人可随电梯登上大桥，浏览浦江两岸风光。

值得一提的是，它的引桥达到了 7500 千米，规模之大，在当时全国乃至世界上都是绝无仅有。因为空间不足的原因，引桥被设计成了螺旋状，这种形状的桥在世界上都很罕见，一个无心之举竟达成了意想不到的结果，它犹如一架横卧的竖琴，造型独特，景色壮丽，成为上海最具代表性的建筑之一。

南浦大桥贯通了浦江两岸的主要干道，不仅缓解了“过江难”的问题，而且对浦东开发开放意义深远。此后，上海以平均每两年一座大桥的速度，分别于1993年、1995年、1997年，相继建造了杨浦大桥、奉浦大桥、徐浦大桥。

黄浦江第一座大桥——松浦大桥

链接一

松浦大桥的建成，改写了黄浦江无大桥的历史，也是迄今为止黄浦江上唯一一座公路、铁路两用双层桥。它位于上海市松江区东南部黄浦江上，连接车亭公路和铁路金山支线。因为它是黄浦江上第一座大桥，所以初名为黄浦江大桥，1989年改名车亭大桥，1995年以松江县名首字加“浦”字改名松浦大桥。

1972年6月，中央国务院批复同意兴建上海金山石油化工厂，为方便金山石化对外运输，松浦大桥一期工程同年开建，1975年9月11日，在松江东南部黄浦江上，松浦大桥下层铁路桥建成通车，第二年，上层公路桥也实现通车。大桥成为沟通松江、金山与市区之间的重要通道，为区域经济的发展做出了相当贡献。松浦大桥之后，松浦二桥、松浦三桥、辰塔路横潦泾大桥陆续建造，如今，松

◎ 1975年黄浦江第一座大桥的铁路桥建成并通车

江已有 4 座跨江大桥。

服役 40 多年，松浦大桥的早期桥梁通航净空和抗震体系标准已不符合现行要求，所以全长 419.6 米的主桥段将整体顶升 20 厘米。按照设计要求，下层引桥段要从铁路运输改造为慢行通道，原来的引桥需要先顶升、缩短，再进行降坡处理，满足人和自行车的通行需求。松浦大桥于 2019 年 2 月 23 日起启动一年的封闭维修。大桥上层将由双向两车道拓宽为双向六车道，下层改造为非机动车道和人行道，计划于 2019 年年底竣工。它是黄浦江上改造规模最大的越江大桥；而且它将成为黄浦江上第一座慢行桥，人和自行车都可以直接渡江！

链接二 要造就造最好的桥——杨浦大桥

在建造南浦大桥的同时，国家计划委员会（现为国家发展和改革委员会）批复："为在'八五'期间形成浦东开发的起步条件，解决浦东、浦西间的越江交通问题，同意建设宁浦大桥。"消息一出，牵动了全上海人民的心。一名小学生专门写信给市领导，鉴于"宁浦"和"南浦"的上海话发音较相近，易搞错，建议改"宁浦大桥"为"杨浦大桥"。有关部门当即采纳了他的意见。

如果说南浦大桥的建成通车，实现了黄浦江上海市区段上"零"的突破，那么杨浦大桥的建成则使我国的斜拉桥设计建造能力一举领先于国际桥梁界，奠定了我国在国际桥梁界的地位。

当时，杨浦大桥的设计有 3 种方案可供选择：一种方案是照搬南浦大桥设计，跨度 423 米，这是一个现成的方案，但一个桥墩将落在黄浦江中；第二个方案是将一个桥墩紧靠在岸边放置，这样跨度将可以达到 580 米，但岸边地基十分复杂；第三个方案是两个桥墩都在岸上，跨度 602 米，这是当时世界第一的跨度。设计者面临的选择是，要么单纯求稳，采用第一种方案；要么争创一流水平，但要承担巨大的风险。最后，决定要么不造，要造就要造最好的桥。于是，选择了风险较大，但最为合理的 602 米造桥方案。

© 杨浦大桥

历时仅 2 年 5 个月，杨浦大桥在 1993 年 9 月建成完工，并于 10 月 23 日正式通车。邓小平同志亲自为大桥题写了桥名。

链接三

『空中彩虹』卢浦大桥

诞生于新世纪初的卢浦大桥，是许多人眼中最美丽的黄浦江大桥，夜幕中，卢浦大桥是道美丽的“空中彩虹”，如长虹卧波、飞架两岸。

在一条江河上建造什么类型的桥，必须综合当地当时的江河宽度、交通流量、通航要求、地质地貌、水文气候、经济实力、环境景观、施工制造能力等一系列因素。在黄浦江上造桥，首先是不允许设置桥墩的，必须一跨过江，适合这一要求的桥型只有斜拉桥、悬索桥和拱桥 3 种。如果在黄浦江上再造一座斜拉桥应该是驾轻就熟的。但是上海作为一个国际型的大都市，桥梁除本身的通行功

◎ 夜幕中的卢浦大桥

能外，还有很重要的一点，就是塑造城市景观的作用。所以如果简单地重复造斜拉桥，黄浦江上的桥型就太单调了，给人的感觉就是怎么黄浦江的大桥全是斜拉桥？所以在建卢浦大桥的时候，市里就提出要配合“申办世博会”，把卢浦大桥建成一个新的上海标志性建筑。经过综合考虑论证，决定建拱桥。有 4 家单位参与设计投标，最后由上海市政设计院设计的提篮型拱桥方案中标。

当时，世界赫赫有名的专业桥梁公司，英国克利夫兰船务公司的总裁缪勒来到上海。缪勒走在当年由这家公司设计并负责建造的外白渡桥上，对上海将建造世界第一拱的能力表示怀疑，他对陪同的中方人员说：我敢打赌，卢浦大桥起码 5 年之后才能合龙。然而，从 2000 年 10 月 18 日打下了第一根桩，在用了一年不到的时间里就顺利地实现了卢浦大桥的主桥合龙，成为当时世界上跨径最大的拱形桥，主拱截面世界最大、吊装重量世界最大、单座拱桥用钢量最大。

（许　璇）

41 “豆腐块”里创造奇迹

1993年1月10日，地铁1号线南段（徐家汇—锦江乐园）6.6公里率先试通车，作为观光段来试运营。许多市民并不知晓，为满足大家与地铁“第一次亲密接触”的迫切希望，地铁工程建设指挥部绞尽脑汁，愣是将工期赶出来。最初通车时，其实只有1条隧道满足1列车开行。而另1条隧道还在施工。1993年5月28日，上海城市西南一隅的锦江乐园地铁站开出上海历史上第一班载客地铁列车——1号线201次车。列车经新龙华、漕宝路、上海体育馆后，停靠终点徐家汇站，标志着地铁1号线一期南段率先运营，实现了上海地铁建设“零”的突破。

上海的地质条件很复杂，松软含水的地层犹如豆腐渣，要在其中建隧道，犹如“豆腐里打洞”，几乎不可能。苏联专家在20世纪50年代的时候就说：在上海这样的地质条件下建造地铁，难度无异于在宇宙中找到一个撬动地球的支点。

面对否定的论调和困难的条件，地铁建设者没有气馁，1958年8月成立了上海市地下铁道筹建处，组成了盾构施工一条龙、盾构制造一条龙和盾构管片一条龙的试制队伍。早在20世纪60年代，上海就分别在塘桥、衡山公园、漕宝路进行过地铁试验建造。80年代，上海为建造首条地铁——地铁1号线做了包括立项、选线、筹资等在内的大量前期工作。1990年1

月，国务院批准地铁1号线正式动工。在地铁工程技术人员和施工队伍科学而严密的监控下，一一完成了多个盾构超近距离穿越建筑物的高风险施工。

1995年4月，地铁1号线一期工程全线开通试运营，揭开了城市交通立体化运行时代的新篇章。此后先后开通南延伸段、北延伸段一期、北延伸段二期。现在地铁1号线南至莘庄，北至富锦路，全长36.89公里。

链接一

第一条穿越黄浦江的地铁

上海地铁最大客流的2号线，最早的方案却是开往杨浦区的。后来因为浦东开发开放，就从浦西过江到了浦东。而最终过江的版本也经过几次修改，可谓“一波三折”。最初想从天津路过江，由于路太窄，动迁量太大再加上线路不直而放弃了。后重新选择走南京路地下，可又遇到中百公司东楼正在建造，桩基已经下去，不得已再调整方案，微调从新世界地下穿越南京路。等到了外滩即将过江前方又遇到天文

◎ 投入2号线运营的上海地铁第5000辆列车

台，方案再次修改，最终经市领导同意，天文台进行平移，最终为 2 号线地下穿越创造条件。

地铁 2 号线一期工程，全长 16.3 公里，西起中山公园，往东穿越繁华的南京路商业街和市级商业中心，过江后走浦东的开发轴线，经陆家嘴金融贸易开发区等至浦东龙阳路（后延长到张江开发区）。1995 年 12 月，地铁 2 号线浦东杨高南路站（现称上海科技馆站）率先开工，拉开了一期工程建设的序幕，经过上万名建设者 4 年多的努力，2000 年 6 月全线通车运营。至此，上海圆满地实现了建成纵横南北、横贯东西轨道交通主干线的目标。

这条穿越黄浦江的巨龙圆了浦江两岸快速交通的百年之梦，进一步改善了上海城市交通状况，极大地方便了浦江两岸的市民交通出行，更为重要的是促进了浦东浦西联动发展尤其是浦东的开发开放。

现今，地铁 2 号线已向东延伸到浦东机场，向西延伸到虹桥机场，成为上海地铁网络中真正的大动脉！

链接二

废旧铁路基础上建造的明珠线

“明珠线”“轻轨”是老上海人对轨道交通 3 号线的称呼。实际上，按单位时间运量计算，3 号线是不折不扣的地铁。轨道交通 3 号线起点为上海南站，终点为江湾镇，后延伸至江杨北路站，全长 40.3 公里，是我国第一条以高架为主的城市轨道交通线。

其实，在 1 号线、2 号线建设的同时，3 号线就已开始着手研究了。3 号线在原来淞沪铁路老线废旧的基础上，充分利用它的路基，与铁路局联手建成。轨道交通 3 号线的酝酿始于 1994 年，当年上海铁路局提出建议，将沪杭铁路内环线和淞沪铁路改建成轨道交通线。1996 年，铁道部和上海市共同研究了明珠线（轨道交通 3 号线）的建设问题并达成协议。1997 年，市区内近百年的淞沪铁路和沪杭铁路内环线被停用并拆除，40 多座铁路道口随之消除。

上海轨道交通明珠线

1998年5月及1999年6月，轨道交通3号线项目建议书和许可报告先后获得批准，2000年12月建成通车运营，并与地铁1号线、2号线构成“十字加环”的轨道交通网。

链接三

上海地铁的『智能担当』

2017年底通车的17号线，堪称上海地铁的“智能担当”。它是国内首条完整采用本土企业100%自主研发、自主知识产权和自主品牌信号系统的全自动驾驶地铁线路。

一条轨道交通线路，除了车站、轨道、车厢等看得见、摸得着的装备，对列车运行、乘坐舒适度、特别是行车安全性影响最大的，是背后的控制系统。

◎ 上海轨道交通 17 号线

上海轨道交通 17 号线全长 35 公里，设计时速 100 公里，最小行车间隔 2 分钟，东起闵行区虹桥火车站站，途径闵行区、青浦区，西至青浦区东方绿舟站。最值得一提的是，这是一条高度自动化的轨道交通线，达到全自动驾驶国际 GoA3 级标准——也就是说，驾驶室虽有人值守，但列车运行、开门关门、折返、入库等，都是在控制系统的操控下自动完成的，驾驶员不会做任何干预，它可以按最平稳的“加速-制动”曲线操控列车，让乘客感觉最舒适；到站时，它可以精准制动，让车一次停到位。除了自动驾驶，17 号线整套“大脑”还包括指挥调度、计算机连锁等许多子系统。

从安全性和技术先进性上，这套完全由上海企业研发、每行代码都是由本土人员“敲”出来的系统，完全达到了国际最高水平。

（许　璇）

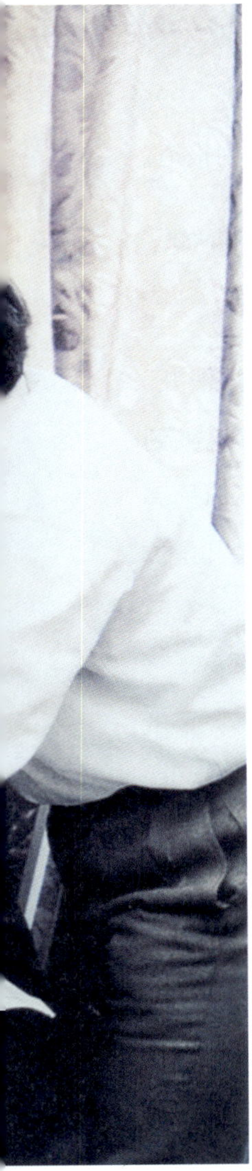

42 凝聚力工程暖民心

1994 年 4 月 17 日，《解放日报》在头版刊登了一篇长篇通讯《春风丽日暖华阳》和评论员文章《了解人，关心人，凝聚人》。此后，“凝聚力工程”这个基层党建品牌从华阳起步，从而推广到长宁、影响至全市。

20 世纪 90 年代，经济体制改革、城市大规模建设导致上海百万职工大转岗、百万居民大动迁、百万人口大流动，社会的变化让一些群众面临不少生活困难，华阳街道即是当时城市的一个缩影。在走访中，华阳街道党政领导看到有的老人长期瘫痪在床，得不到起码的照料；有一位重病的老太一辈子都没有拍过一张照片，带着遗憾离开了人世。这样的场景令大家深感自责，于是决定开展“串百家门、知百家情、解百家难、暖百家心”大规模走访活动，建立起关心群众的一系列工作机制。

到了居民家，党员干部要看看桌上有啥小菜，看看床上被子厚不厚，老人身上摸一摸，看看穿的是棉毛衫还是线衫，这叫“三看”，每一个细节都不容马虎。在华阳有个不成文的规矩，天气就是无声的命令：每逢大雪天，街道及居委会干部要放下手中工作，第一时间到居民区，挨家挨户嘘寒问暖；每逢酷暑日，干部要及时为居民送清凉，特别是为困难、特殊对象落实防暑降温措施；每逢天灾人祸、突发事件时，干部要身处第一线，如暴雨天为居民排水、停电了为居民送蜡烛安抚人心等。

一石激起千层浪。《解放日报》的报道在上海产生了强烈的反响，报社电话持续不断，信件纷至沓来，读者盛赞华阳街道经验，许多单位更是积极要求加入“凝聚力工程”试点行列。在“华阳”经验激励下，在全市涌现出不同类型的“凝聚力工程”典型事迹。上海开展“凝聚力工程”也引起了全国的关注。1995年，《人民日报》连续5天在头版位置刊发上海开展“凝聚力工程”的系列报道。中组部也专门下发通知，在全国推广上海开展“凝聚力工程”的做法。

链接一

杨浦首创一线工作法

2005年，保持共产党员先进性教育活动在全国范围内铺开。当时杨浦区正处于转型过程中，区内国有企业从1200家锐减到200家，各类社会救助对象列全市中心城区第一，二级以下旧里和棚户区占全市四分之一。区里许多工作推行难度相当大，尤其是被称为“天下第一难”的旧区改造，而当时很多机关干部都是从家门到校门再到机关门的“三门干部”，对如何开展基层工作经验不足。

于是，杨浦结合先进性教育活动正式推出了“一线工作法”——“知民情，情况在一线了解；解民忧，问题在一线解决；聚民智，工作在一线推动；听民意，干部在一线考评”。杨浦全区的机关干部、党员共计2.3万人集中走进区内300多个居委会、8842户困难家庭，定人定点定时地面对面服务群众。杨浦“一线工作法”就是从2005年开始，14年如一日地坚持到了今天，解决了许多居民和企业的困难。

2010年以来，杨浦将组团式服务纳入“一线工作法”，实行各级各类党组织和党员干部普遍走访、联系服务，形成全天候、全方位、全领域、全覆盖格局。

不少社区居民反映“一线工作法”是“民情直通车”，帮助解决了急难愁问题，拉近了干群之间的距离。“一线工作法”发挥了民情“窗口”、互动平台作用，

© 2012 年 11 月，干部下基层举行“一线工作法”居民接待日活动

是设在居民家门口的社情民意站、投诉咨询处和困难帮扶点。如今，推行十多年的“一线工作法”已得到杨浦居民、居委会、领导干部和政府部门的广泛认同。

城乡党组织结对共发展

链接二

2012 年 4 月 15 日，正当桃花盛开之际，浦东新区老港镇成日村如期迎来了城里“亲戚”——上海戏剧学院。上海戏剧学院组织学生党员 50 余人进村，为村民送上一个半小时的精彩演出。舞台上，一首首歌曲为新农村建设鼓劲加油，京剧《智取威虎山》选段、越剧《红楼梦》选段、舞蹈《爱莲说》等让村民们领略了艺术的魅力，而滑稽戏、说唱和有奖竞答，更是拉近了村民和学生演员的距离。

上海市城乡党组织结对帮扶于 2006 年底启动，取得了较好的成效，已经成为农村基层组织、群众欢迎的基层党建重要项目和民生工程。城乡结对帮扶活动按照“全覆盖、全方位、有组织、有重点”的思路，

◎ 2012 年，金山区山阳镇与相关单位签订合作协议

中心城区党委、市委各工作党委以及中央在沪单位党组织及其所属单位党组织与农村党组织结对，涵盖本市所有涉农乡镇和建制相对完整的村，把优势资源重点向远郊纯农地区和经济相对薄弱村倾斜。结对帮扶从党的建设、经济发展、社会建设、科教文化、医疗卫生、干部教育、人才培养等多领域、全方位开展合作交流。近郊区闵行区、嘉定区、宝山区、松江区组织本区机关、街道、企事业单位党组织与本区范围内的城乡党组织开展结对帮扶，同时选择奉贤区、金山区、青浦区、崇明县 4 个远郊区县的经济相对薄弱村进行结对。

市委市政府高度重视城乡党组织结对帮扶工作，习近平在上海担任市委书记的时候，就关于城乡结对帮扶专门做出批示："各级党组织结对帮扶经济薄弱村意义深远且初见成效，须进一步努力，按照'以城促乡、以工补农、以企哺村'的方针，把工作做实做细，努力抓出成效，为社会主义新农村建设做贡献"。10 多年的结对帮扶，取得了初步成效：援建了一批村级基础设施，着力破解制约农村生产生活的突出问题；兴办了一批经济发展项目，有效增强村级经济造血机能；推动了一批公共服务下乡，积极促进农村的软实力建设；扶助了一批困难家庭，帮助解决困难群众的急难愁问题；加强了一批农村基层组织，全面提升农村基层党组织的发展力和领导力。

（许　璇）

43 明珠璀璨耀东方

1994 年 10 月 1 日，举世瞩目的东方明珠广播电视塔登塔观光设施和立体照明系统投入运转。至此，地面标高 468 米、卓然秀立于陆家嘴地区现代化楼群的“东方明珠”，以一幅“大珠小珠落玉盘”的如梦画卷，与隔江的外滩万国建筑博览群交相辉映，成为具有世界一流水平的文化娱乐设施，展现了上海国际大都市的壮观景色。

建设东方明珠广播电视塔是上海建设社会主义现代化国际大都市的必然要求。当今世界，一个现代化大城市的发展，并保持长盛不衰，不仅要有经济总量，还要有文化建设（包括文化设施）作支撑。上海作为中国最大的经济中心，必然要求其文化事业有一个长足的进步和发展。但在 20 世纪 90 年代之前，上海文化设施状况还较为落后。正如夏衍在 1987 年撰文所述：“上海是中国经济和文化的半壁江山”，“但是，三十多年来，上海的文化事业发展较慢，在文化设施方面‘欠债’不少。称得上漂亮的电影院仍然是‘大光明’，说了几十年的大歌剧院至今还没有建起来。”言简意赅的论述，描述了 20 世纪 90 年代之前上海文化设施的状况。

为了把上海建设成为社会主义现代化国际城市，为了满足人民群众日益增长的文化生活需要，1991 年，上海市委提出要在“八五”期间建设或基本建成包括东方明珠广播电视塔、上海博物馆、上海图书馆新馆等在内的十大文化设施。1991 年 7 月东方明珠广播电视塔正式奠基开工，1995 年 5 月正式投入使用。由于设计者富于想象地把 11 个大小不等、高低错落的正圆形球体从蔚蓝的天空串联到绿色如茵的草地上，从而使“东方明珠”生动体现出唐代大诗人白居易的名句“大珠小珠落玉盘”的神韵，透析出极为浓郁优雅的东方文化气息和江南艺术情致。

经过不断完善，东方明珠广播电视塔集广播电视信号发射、都市观光、历史陈列、浦江游览等多种功能于一体，每年接待众多来自五洲四海的中外宾客，成为上海标志性建筑和旅游热门景点之一。

链接一

『天圆地方、天人合一』的上海博物馆

上海博物馆坐落于人民广场东南角，是一座大型的中国古代艺术博物馆，呈“天圆地方”的形状，首次实现了方与圆的组合，这在当时全世界的博物馆中还从未有过。

根据上海市对城市的定位——浦西，尤其是在市中心人民广场，要突出文化，形成政治加文化的中心，所以在人民广场建博物馆，要考虑突出文化内涵。经过多次讨论，上海博物馆的设计突出了中国传统的思想——“天圆地方”的理念，这是老子的哲学思想，天人合一。因此，1996 年 10 月全面建成开放的上海博物馆，就呈现出“天圆地方”的整体造型；博物馆还建有“东西南北拱门”，体现出放射开放的古代传统立意。此外，博物馆“天圆地方”造型还有与人民广场空间的天地交融之意。

上海博物馆总建筑面积 38000 平方米，馆藏文物近 102 万件。文物收藏包括青铜、陶瓷、书画、甲骨、符印、货币、玉器等 31 个门类，并设立中国青铜器、中国古代钱币、中国古代玉器等 10 个艺术陈列专馆，以及文物捐赠专室和特别展览厅，着力体现各艺术门类的完整发展历史。此外还有文物修复、书画装裱和文物保护技术实验室等设施，均已达到当时的世界先进水平。

上海博物馆

链接二 跻身世界十大图书馆之列的上海图书馆新馆

现代化、多功能的上海图书馆新馆位于淮海中路，由高 106.9 米和 55.6 米的两座塔型高层和五层裙房组成，拥有知识广场和智慧广场，建筑面积 8.3 万平方米。上海图书馆新馆 1993 年 9 月开始施工，1997 年 5 月全面开放。一流的建筑、一流的质量、一流的设备、一流的环境使图书馆成为世界十大图书馆之一。

上海图书馆新馆有馆藏各类文献达 4850 万册（件），设有各类阅览室 32 个，个人研究室 20 间，阅览座位 3036 个，全年开放；还配置了电子导读、电子阅览、电子索书信息传递和自走小车送书系统，为广大读者提供了一个优雅、清净的求知场所，读者最多时逾 1 万人。此外，图书馆新馆还配有 842 个座位的演讲厅、3200 个座位的学术活动室，安装了移动式多路同声翻译设备，可为国际学术交流活动提供完善周到的服务。

此外，数字上海图书馆建设取得突出成效，上海图典、上海文典、古籍善本、点曲台、科技会议录、中国报刊、西文期刊目次、

上海图书馆新馆

民国图书、科技百花园等资源库，可供世界各地的读者在网上访问阅览。

链接三

宛如水晶宫的上海大剧院

上海大剧院地处人民广场西北角，融汇了中西文化的韵味，整个建筑像是一个由音符串织而成的宫殿，是一座与澳大利亚悉尼歌剧院、美国林肯中心等一流艺术宫殿相媲美的经典建筑。入夜，上海大剧院灯火通明，宛如水晶宫。

大剧院 1998 年 8 月建成，有大中小三个观众厅，总座位 2780 个，整个舞台装置先进，可依剧情的需要，快速变幻各种布景和道具；不仅如此，大剧院的灯光、音响等设备也达到世界一流水平，能适应各种国际水平的大型艺术表演和比赛。上海大剧院开业后，成功地将世界四大歌剧流派——意大利歌剧《阿依达》、法国歌剧《浮士德》、德国歌剧《漂泊的荷兰人》、俄罗斯歌剧《叶甫盖尼奥涅金》呈现在大剧院舞台上，让中国观众零距离感受西方歌剧艺术的魅力。大

◎ 宛如水晶宫的上海大剧院

剧院还吸引了素有“歌剧之王”之称的世界著名男高音歌唱家多明戈和“高音 C 之王”帕瓦洛蒂，以及世界“三大歌王”之一的何塞·卡雷拉斯，先后举行个人独唱音乐会，献演了《蝴蝶夫人》《茶花女》《西城故事》《托斯卡》等著名歌剧音乐剧选段。

如今的上海大剧院已成功上演了歌剧、音乐剧、芭蕾、交响乐、室内乐、话剧、戏曲等各类大型演出和综艺晚会，日益成为上海重要的中外文化交流窗口和艺术沟通的桥梁。

（孙宝席）

上海纺织控股（集团）公
上海市纺织工会

44 从“纺织局”到“纺织控股”

1995 年 5 月 24 日，挂了 40 多年的上海市纺织工业局的牌子从外滩的那幢老大楼门口取下，取而代之的是上海纺织（控股）集团公司的新牌子。这一具有历史意义的举措，标志着沿袭了 40 多年的工业管理体制发生了重大变化，揭开了全市将工业局或商业局直接改制为国有资产授权经营公司，加强国资运营管理、促进国资保值增值的序幕。

上海国资改革启动之后，为了建立符合上海特点的国有资产监督管理新框架，率先推进行业主管局改制和授权经营。首先选择在“两局一公司”，也就是在仪表局、纺织局和电气联合公司进行试点。1993 年 12 月，“两局一公司”的改制和授权经营方案正式实施，明确了“两局一公司”作为授权经营的主体，成立上海市纺织国有资产经营管理委员会和上海仪电国有资产经营管理公司，并于 1994 年 6 月挂牌运行。试点单位承担了企业主管局的资产管理职能，暂时保留了主管局承担的行政管理职能。按照市委、市政府关于工业局机构改革成熟一个、改革一个的方针，纺织、仪电工业局和国资公司经过试点运行，于 1995 年 5 月分别成立纺织、仪表控股（集团）公司，同时撤销纺织、仪电工业局，原由工业局承担的规划、协调、监督、服务等政府职能划归市经委的相关处室。随着改革的深化，市机电管理局、物资局、冶金工业局、轻工业局、二轻工业局、化学工业局先后撤销建制，相应成立了机电、冶金、轻工、化工控股（集团）公司。

至1996年10月，全市已基本撤销了工业、建设、商业、农业、交运等系统的19个企业主管局，组建了国有授权经营公司，从组织形式上改变了原来政府有关部门的职能构成，同时确立了授权经营公司的国有资产营运主体地位。此后，又对授权经营公司进行梳理、清理、整顿，通过资产重组与合并，到2000年，整合成为40余家授权经营公司。

此次“局改制”与授权经营，在政府与企业之间形成了一条有效的“隔离带”，既为政企分开、政资分开创造了条件，也为界定产权、明晰责任，进一步深化国资改革奠定了基础，成为上海推进国资国企改革的一个重要突破口，对上海探索转变政府职能，构建国资管理新体制，加快建立现代企业制度发挥了重要作用。

链接一

全国第一家地方性国有资产管理委员会成立

改革开放之初，上海是我国最大、最重要的工业生产中心，也是国有企业最集中的地区，国有资产在我国社会主义建设中发挥了巨大作用。但是随着改革的深入进行，国有资产在管理和运行中的弊端也逐步暴露出来。包括国有企业“债多、人多、包袱重”，政企不分、管理体制落后等等。这些情况导致上海经济增长减缓，加快国资国企改革势在必行。

从20世纪90年代初开始，上海积极探索国有资产管理体制改革。1993年，市委、市政府决定成立全国第一家地方性国有资产管理委员会——上海市国有资产管理委员会（简称“市国资委”），以加强对全市国有资产宏观调控，确保国有资产保值增值，确保公有制经济巩固发展，市委书记吴邦国兼任市国资委主任，市长黄菊兼任常务副主任。

市国资委作为全市国有资产所有权的总代表，负责领导和协调全市国有资产

人民日报
RENMIN RIBAO
"中国经济效益纵深行"组委会举行座谈会强调
深化改革 转换机制 优化结构 提高效益
李铁映 薄一波出席并讲话
贯彻《中国教育改革与发展纲要》推进"希望工程"实施座谈会举行
全社会都来关心教育事业
李岚清等出席并讲话
上海改革国有资产管理体制
市国有资产管理委员会成立
加强宏观管理调控 确保国有资产增值
大型画册《邓颖超在天津》出版
李鹏 李瑞环题词

◎ 1993年7月18日，《人民日报》发表《上海改革国有资产管理体制》

管理体制改革工作，研究决定有关国有资产管理体制改革的重大方针和政策。市国资委下设办事机构——市国资办，作为市委、市政府专司国有资产管理的职能部门，目标是成为推进全市国有资产管理改革的组织协调者。7月18日，《人民日报》专门报道了上海成立国资委的消息，指出此举标志着上海国资管理体制改革进入到了一个实质性启动的阶段。

链接二 『纺嫂』变『空嫂』

1995年3月8日，在国际三八妇女节当天，来自上海纺织系统、年龄在28—36岁之间的18名女工，经过一轮又一轮筛选，"嫁"到上海航空公司，成为中国航空业招收的第一批"空嫂"。

20世纪90年代，为配合建立现代企业制度，上海大规模推进国资国企改革和产业结构调整，以传统劳动密集型产业为主的纺织业首当其冲，同步而来的是劳动力结构调整，大量工人下岗。"人往哪里去"就成为社会各界十分关注而又非常棘手的问题。为解决

© 1995 年 3 月，18 名纺织女工从“纺嫂”变为“空嫂”飞上蓝天

工人下岗后的再就业问题，在全市统筹下，一些单位陆续招收下岗工人。但在当时一些人的心目中存在着纺织工人文化素质不高的偏见。因此当时来招工的，不是开电梯就是扫垃圾；即使宾馆也明确只收后台服务人员，并且把年龄压得很低，一般只收 25 岁左右的人。这一偏见不打破，分流下岗人员的就业渠道就不宽。为此，市纺织局领导与上海航空公司借鉴国外航空公司重用年龄在 40 至 50 岁的中年空中乘务员的做法，达成招聘年龄更大一些、服务更成熟温馨的纺织女工做空中乘务员的协议。1994 年 12 月 13 日，《新民晚报》头版核心位置刊登了一则简短的招聘启事：《上航开始招“空嫂”，名额：14 人，年龄：28—36 岁》。

这则报道，当晚在纺织工人家庭引起轩然大波，纺织系统共有5万名女工勇敢地走到报名台前，递上了自己的一份希望。

吴尔愉等18位中年纺织女工经过多轮筛选脱颖而出，走上了“空嫂”岗位。从“纺嫂”到“空嫂”的华丽转身，彻底打破了这种偏见。此后，许多单位纷纷招收纺织女工，一时间上海出现了“巴（汽车）嫂”“商（商场）嫂”等一支支纺织工人转岗队伍，对全市再就业工作产生了巨大的示范效应。

（许　璇）

45 为“申”字型高架添上精彩的“一竖”

1995 年 12 月 10 日，纵贯上海中心城区南北方向的南北高架道路全线建成通车，有效地解决了上海中心城区南北方向路网缺少大容量、高标准的交通大动脉问题，为“申”字型高架道路网添上了精彩的“一竖”。

20 世纪 80 年代，上海城市地面道路交通矛盾十分突出，在 1400 条马路中，能通行机动车的只有 450 条，其中车行道不足 12 米宽的还占了一半，这种状况导致城市中心区有时车辆长蛇阵达 1000 米以上。道路交通问题已成为制约上海经济社会发展的主要矛盾之一。

为了解决中心城区行路难问题，上海规划并建设了包括内环线高架、南北高架和延安高架在内的“申”字型高架道路网。其中内环线高架为“申”字型高架网的重要一环，南北高架和延安高架分别为的“申”字型高架网的重要“一竖”和“一横”。

建设南北高架对缓解中心城区南北方向的交通拥挤具有特殊意义。因为上海城区的道路主要是东西向，南北向主干路太少，这是以前租界时期遗留下来的道路格局，解放后又没有大的改变。所以，市委、市政府决定建设南北高架。1993 年 10 月，总投资 58.9 亿元、纵贯中心城区的高架道路——南北高架（原称成都路高架）开工建设，1995 年 12 月全线建成通车。南北高架建设中非常注重历史风貌保护。为了避让科学会堂、新青年社旧址、复兴公园等历史性保护建筑，线路走向的中心线东移了不少。建成后的南北高架全长 8.45 千米，宽 25.5 米，双向 6 车道，每小时可通行机动车 1500 辆。南北高架的建成，既有效地解决了沿高架道路的公用事业配套问题，又极大地改善了中心城区南北方向交通不畅的局面。

链接一

『舍小家、为大家』——10万居民大动迁

南北高架途经原卢湾、静安、黄浦、原闸北等市中心区，沿线大多是 20 世纪二三十年代所建的旧式里弄，人口密集拥挤，市政基础条件差，原有道路路幅窄；为此，南北高架在设计思路上坚持“以人为本”，一改以往高架道路“二来二去”的状况，设计为“三来三去”，但这需要进行工程量浩大的动拆迁。当时市建委会同所经各区的城建部门，一段一段确定拆迁范围。沿线共拆迁了 1.8 万户，动迁人口 10 万人，动迁单位 911 家。这样大的动迁量在当时上海建设工程项目中是史无前例的。

广大动迁居民发扬“舍小家、为大家”的精神，全力支持动拆迁工作，涌现出许许多多感人的事迹。1994 年 2 月 21 日，杨国胜最后一次站在他那家 30 多平方米的鞋铺前，思绪万千。这里是成都路凤阳路口，上海市政建设的攻坚战役——南北高架工程这里经过。49 岁的杨国胜原是一家厂的副厂长，由于厂里不景气，老杨决心下海自己干一番。他看中了成都路上的这家铺面，不惜用女儿的一套二室一厅和自己在高安路的一幢花园洋房底层与之调换。然而，鞋铺刚刚开张，动迁的消息传来了，几天之内，杨国胜把仓库中的时装鞋全部大削价，洒泪离开了成都路。他说：“市政建设老百姓总得支持。”这样的例子还有很多。这些普普通通的上海人，他们的命运真正与国家，与上海城市的命运紧紧联系在了一起。

◎ 动迁居民在旧居前合影

链接二

“申”字型高架的重要“一环”

内环线高架路是上海第一条高架道路，也是“申”字型高架的重要一环。但在高架道路建设决策之时，不少人有想法，认为影响景观。有的人还说，美国做过海湾高架道路，后来拆除了，我们却要建。市领导非常关心这个问题，在有关会议上反复强调了建设高架快速路的重要性和必要性。为啥要建高架道路？就是因为我们的交通情况跟人家不一样啊！上海人口稠密，道路条件差，只有充分利用空间资源，用高架道路的办法才能解决交通拥堵问题。

1990 年 10 月，上海市内环线工程建设指挥部成立。两个多月后，指挥部拿出了 7 个方案，最终市里决定：内环线在浦西采用高架道路，浦东为地面道路。工程分两期实施，1992 年 9 月，一期工程开工。经过 2 年 3 个月的艰苦奋战，1994 年 12 月，贯穿全市 9 个区、全长 47.66 千米的内环线高架全线建成通车。

内环线高架的建成，开了上海建设城市高架道路系统先河，并通过南浦大桥和杨浦大桥，把浦东、浦西的交通连成一体，有效减轻了市中心区域的交通压力。

◎ 上海内环线高架道路

链接三

『申』字型高架的完美『一横』

延安高架路是“申”字型高架建设的最后一笔，它是一条横贯上海市中心东西向的高架快速路。与内环线、南北高架相比，它的最大难度就是不但要解决上海的城市交通，还不能损害城市的景观，因为沿线有上海展览中心、国际贵都大饭店、华东医院、圆明讲堂等一大批著名建筑和单位。因此，工程设计人员从规划方案到设计进行多次修改变更。

延安高架于1995年开工，分三段建设。其中延安高架西段作为“上海第一门户”，于1995年11月28日开建，此后开建东段工程，最后建成的是中段工程。在延安高架中段工程建设中，建成了一座和南北高架互通的立交桥，它不但是上海所有高架路中最高的，而且标准也是最高的。就是说，两个高架在这一点上完全互通，哪个方向都可以走，而且互通线路标准高，都是定向匝道。不是像苜蓿叶式道，要兜一圈再过去，而是直接转弯过去。所以，如果从空中看，这个高架立交就像一朵花。

◎ 延安高架道路

1999年9月，延安高架路建设完成，为“申”字型高架道路网添上了完美的“一横”。延安高架路的建成，标志着总投资182亿多元、总长64千米的上海“申”字型全封闭、全立交、无障碍高架道路网络全部建成并投入运行，上海中心城区交通难从此翻过了历史性的一页。

（孙宝席）

46 上海敲响全国压锭第一锤

1998年1月23日，上钢三厂举行了上海市首批压锭仪式。随后，12万“祖父辈”纺锭被砸成碎块，投入熔炉，如“凤凰涅槃”般壮烈，它敲响了全国纺织业压锭1000万的第一锤。这一锤是有着百余年历史的上海母亲工业——纺织业在20世纪末进行改革、调整、扭亏的切入点，也是解决初级加工总量过剩的矛盾和实现产业升级的关键。

20世纪90年代初，我国经济体制转型和各产棉区乡镇企业的异军突起，民营企业和外资企业的双重夹击，使设备相对陈旧、历史包袱沉重的上海纺织工业渐渐地失去了竞争优势。面对困境，具有无私奉献精神的上海纺织人清醒地认识到：新兴产业替代传统产业是历史的必然，落后的、传统的劳动密集型产业必须要压缩初级加工能力，向技术资金密集型方向转变才能获得新生。带着这样的认识，1992年起，上海纺织业踏上了第二次创业之路——一条有进有退战略调整的艰辛之路。

12年“伤筋动骨”的产业结构调整、改革，使上海纺织改变了以棉纺织初级加工为主的产业格局，棉纺锭压缩了69%，纺织生产企业压缩了66%，40多万职工实现了安全大转移。同时，一批优势企业借助优良资产源源不断地流入，而重现生机，发展壮大。其中尤以上海针织九厂改制而来的上海三枪集团有限公司最为突出。1997年，三枪集团的资产运行规模扩大了 10 倍，销售收入增长了 12 倍，经济效益提高了 100 倍，成为全国针织行业规模最大、品种最多、效益最好的企业之一。“三枪”也成为社会公认的上海纺织著名品牌，中国纺织行业的一面旗帜。

进入 21 世纪后的上海纺织业根据世界经济和文化的发展潮流，结合上海城市发展目标和自身行业特点，进一步明确要向“科技与时尚”为特征的现代纺织业和现代服务业转型。由此，上海纺织不断加强科技创新。一批高科技含量、高附加值、引领社会潮流、提升产业能级的新产品不断被研制开发出来，实现了产业化，并与纺织、印染、成衣等后道产品建成一条龙生产系统。

链接一

跨越百年的外滩金融街

根据市委、市政府对产业结构实行战略性调整的要求，上海在市中心区实施“退二进三”方针，即调整第二产业，发展第三产业。在此过程中，建设外滩金融街是其中的一个重要内容。外滩作为上海金融业的发源地，早在 20 世纪 30 年代就被称为“远东华尔街”。上海解放后，积极推进工业基地建设，上海无线电十二厂、十七厂，上海第二电表厂，丰

◎ 上海外滩金融街

华圆珠笔厂等企业在外滩大楼进行生产经营。

进入20世纪90年代，为进一步增强上海经济中心功能，上海决定恢复建设外滩金融街。市政府以身作则、率先迁出外滩12号大楼——被誉为“从苏伊士运河到白令海峡最美的建筑”。1996年上海浦东发展银行入驻12号大楼，成为当时“重振金融街雄风”的标志性事件。1998年，美国友邦保险重新入驻17号，成为第一家重回昔日“远东华尔街”的外资金融机构。到1999年，外滩原有的34幢银行大楼，相继迎来新户主：美国花旗银行回到了19号楼，泰国盘谷银行、中国农业银行、光大银行、中国外汇交易中心等都在外滩相聚。如今的外滩，经典建筑鳞次栉比，金融机构摩肩接踵，文化景观和金融品牌交相辉映。

链接二

上海市首家市级工业区——松江工业区

1992年，在位于上海西南部的松江区，上海市首家市级工业区——松江工业区正式启动建设。经过20多年发展，松江工业区（含国家级松江出口加工区）经国务院批准，正式升级为国家级经济技术开发区，由最初的2.55平方公里扩展到现在的43.69平方公里，并成功吸引了福特、松下、依视路、台积电等40余家全球500强企业，以及NTN、凸版、ICI、普茨迈斯特等一大批地区总部、研发中心入驻。截至2016年底，松江经济技术开发区核心区域共批准外资企业499家，总投资122.81亿美元，成为上海先进制造业和出口创汇的重要基地、外资企业的重要集聚地。

进入21世纪，上海几乎每个郊区都有像松江工业区这样实力雄厚的工业区，也就是人们俗称的“1＋3＋9”工业区，充分体现了上海郊区的实力和水平。“1”指的是浦东新区工业区。主要涉及外高桥、金桥、张江等工业区。“3”是指闵行经济技术开发区、漕河泾新兴技术开发区、上海化学工业区。“9”是指基本

◎ 上海松江工业区

处于市郊的 9 个工业区，包括松江、康桥、嘉定、金山嘴、崇明、莘庄、青浦、宝山工业区，以及上海市工业综合开发区。

链接三

我国第一个综合性现代农业开发区——孙桥现代农业开发区

给蔬菜“吊盐水”，给植物“克隆”后代；宽敞明亮的玻璃温室里，生菜、芹菜、黄瓜等完全种植在水上，只靠 1—2 根滴头输液管提供营养；奇妙的立体式栽种，高低错落，游人穿行其间仿佛走进了蔬菜林……这是成立于 1994 年的我国第一个综合性现代农业开发区——孙桥现代农业开发区，当时呈现的景象。

孙桥现代农业开发区，是浦东新区继陆家嘴金融贸易区、外高桥保税区、金桥出口加工区、张江高科技园区后，成立的第五个功能开发区。开发区按照建设成为国外先进农业与中国农业接轨、传统农业向现代农业转变的“两座桥梁”的

◎ 孙桥现代农业开发区内，由电脑控制的现代化温室

功能定位，从国外引进温室大棚和生产技术。农业不再脸朝黄土背朝天——靠天吃饭，而是像工业生产一样工厂化、现代化。以无公害蔬菜为主体的农产品享誉上海市场，并稳定地出口日本、澳大利亚、美国等海外市场。

现在，孙桥现代农业开发区已从最初的主打现代温室参观、采摘观光旅游，发展到投资建立大型农业展览馆、工厂化育苗基地、养鲟基地等，建设成以工厂化农业为代表，以科技创新、先进农业技术组装集成和科技成果转化为重点的现代农业展示区，走出了一条“产加销一体，农科游结合”的农业产业化道路，成为上海现代都市农业的一个缩影。

（许　璇）

47 还市民一个碧水蓝天

1998 年 5 月 14 日，苏州河环境综合整治一期工程启动。工程总投资 86.5 亿元。历时 5 年的一期工程以截污治污为重点，水域以“治臭、治黑”为主，陆域以“治脏、治乱、建绿”为主，2000 年苏州河干流就已基本消除黑臭。

作为中国最早被污染的河流之一，苏州河见证了上海工业的发展进程，也付出了沉痛的代价，成为系在这座繁华都市腰间的一条“黑丝带”。20 世纪八九十年代，在外白渡桥河口处，黑色的苏州河水与土黄色的黄浦江水相汇，形成了一条泾渭分明的水色分界线。当时，沿岸居民根本不敢开窗。苏州河附近的上海大厦顶层露台，原是外事活动俯瞰外滩风景的景点，上海外事接待的保留节目——让外宾在上海大厦鸟瞰市区全貌因此不得不取消。上海大厦还以 350 万美元的代价给大厦换成进口的密封性窗户，御臭于窗门之外。

为了彻底治理好苏州河，1996 年上海全面启动苏州河环境综合整治，并成立苏州河环境综合整治领导小组，由市长担任组长，下设专职办公室。由市长担任组长的河流污染治理机制，当时在全国也是首创，显示了上海治理苏州河的决心。另外还编制了《苏州河环境综合整治规划方案》，提出“以治水为中心，全面规划，远近结合，突出重点，分步实施”的工作方针。

苏州河环境综合整治一期工程完成后，经过2003年到2005年、2007年到2009年，苏州河环境综合整治二、三期工程，实现了苏州河下游水质与黄浦江水质的同步改善、苏州河支流水质与干流水质的同步改善。2018年，苏州河环境综合整治四期工程全面启动，计划到2021年，苏州河全面消除劣V类水体，成为上海的“安全之河、生态之河、景观之河、人文之河”。

链接一

『黑色』地块变身现代化城区

上海市南大地区地处上海西北角，被外环线、沪嘉高速、上大路和南陈路圈围，因为污染状况严重，一度在国家环保网格色块中呈现“黑色”，连续三轮被列入上海市环保三年行动计划中，成为重点整治的地区之一。

20世纪80年代后期，南大地区成为承接上海中心城区化工、皮革产业转移的基地。这里企业布局犬牙交错，包括10家央企、20家市属企业、34家转制企业，以及层层转租后数量惊人的3000

◎ 整治后南大地区的开放式公园

余家租赁企业。这些企业以化工、皮革、仓储等污染产业为主，大量违法搭建厂房占满了6平方公里土地。

2010年10月，南大地区综合整治拉开序幕。2012年，南大地区综合整治整体规划获批，这项工作开启"加速度"。经过综合治理，南大地区面貌焕然一新，这个老工业园区变"清"了，成了一个环境优美的现代化城区，集满眼绿意的开放式公园、高品质的动迁安置房，以及即将崛起的休闲商务区于一身。

在南大地区转型过程中，环境变化明显，由环境改善带来的"连锁效应"也不断显现。沪太路石材市场所在地，距离中环仅几公里，如今已变身开放式公园。该市场被整治后，沪太路锦秋路环境监测站数据显示，区域降尘量从4.6吨/平方公里·月下降到了4.4吨/平方公里·月。毗邻石材市场的上海国际研发总部基地最先受益，仅2017年一季度，就引进入驻高新技术企业40多家。

链接二 『河湖一个都不漏』：河长制全覆盖

2017年8月，上海基本实现河长制全覆盖，提前16个月完成了中央的部署要求。2019年3月，中小河道全面消除黑臭，劣V类水体比例降至18%。

近年来，上海以河长制推动"河长治"，建立市—区—街镇—村居四级河（湖）长体系。全市4.3万条河道、41个湖泊、6个水库、5037个其他类型河湖落实了河（湖）长。2018年，上海正式实行双总河长制，市委书记李强担任总河长，党政齐抓共管格局不断深化。河长办工作体系全面建立，16个区、204个街镇成立河长办，分管副市长担任市河长办主任。

市政府与16个区分别签订了河长制工作重点目标责任书，联合市委督查室、市政府督查室开展全市河长制工作大督查，制定消黑除劣考核办法、约谈办法、水质通报规则，建立"周报月评"、

◎ 实施一河一策的嫩江河整治前后

媒体曝光等机制，出台区、街镇河长办能力建设指导意见，启动首批河长制标准化街镇建设。

打赢『蓝天保卫战』

链接三

2018 年 7 月 11 日，上海市发布《上海市清洁空气行动计划（2018—2022 年）》。根据计划，到 2020 年，上海 PM2.5 年均浓度力争达到 37 微克 / 立方米以下，空气质量优良率力争达到 80% 左右，基本消除重污染天气。

上海在治理大气污染方面投入巨大，2008 年起设立节能减排专项资金，先后制定和修订实施相关细则 64 项，重点用于支持工业、建筑、交通等各领域的节能低碳发展，以及大气污染防治、水污染减排等工作。2013 年，上海市发布《上海市清洁空气行动计划（2013—2017 年）》。

为了进一步减少冬季空气污染的天数，提升空气质量，上海聚焦产业、交通、能源等重点领域，制订了大气污染防治强化方案。2018 年 10 月 1 日，上海提前供应了国六标准的车用汽柴油，并率先实施了船舶进入排放控制区的清洁能源替代方案。

◎ 上海的“水晶天”

经过多年的不懈努力，2018 年，上海市环境空气 AQI 优良天数为 296 天，AQI 优良率为 81.1%，自 2013 年以来首次达到 80% 以上。其中，优 93 天，良 203 天，轻度污染 55 天，中度污染 11 天，重度污染 3 天。与 2013 年相比，优级天数增加 41 天，为历年最多；空气重污染天数显著下降，从 2013 年的 23 天，减少到 2018 年的 3 天。此外，PM2.5 年均浓度为 36 微克 / 立方米，提前实现了《上海市清洁空气行动计划（2018—2022 年）》的目标。

这座城市蓝天白云的好日子在增多，但空气质量水平距离市民期待仍有距离。要打赢“蓝天保卫战”，我们必须一直在路上。

（许　璇）

48 上海温情传雪域高山

1998 年 9 月 15 日，日喀则上海广场工程竣工。这是沪藏两地共同投资建设、体现民族团结友谊的标志性建筑，是上海首批对口援藏干部联络组推进落实的“头号工程”，是上海第一、二批对口援藏干部们同心协力完成的重大实事。在高原上施工，大型现代化机械设备无法调运，工人们在高寒缺氧的恶劣环境下，只能以“小米加步枪”、人力代机械的方式作业。264 名工人、20 名管理人员，把它作为政治任务，喊出了“为上海争光”的口号，在超强度施工中，每天有人病倒累垮，3 个月里，输液近千人次。但没有一个病号休息，输完液立即重返战场，仅仅用了一年多时间便完成了工程建设。

1995 年 5 月 20 日，上海第一批援藏干部 49 人抵达西藏，开始了为期三年的援藏生涯。按照中央第三次西藏工作座谈会“分片负责、对口支援、定期轮换”的方针，上海承担起对口支援西藏日喀则地区的江孜、亚东、拉孜、定日四个县的任务。进藏后，通过艰苦细致的调查研究，形成了以兴办社会公益事业为先导，加速日喀则地区经济发展，培养当地各民族人才的援藏工作思路。以此为指导，上海除完成好日喀则市上下水工程和自治区传染病医院这两大国家交付的援建项目外，还无偿援建了“日喀则上海广场”；立足支援地实际，以规划为指导推动对口支援县县貌发生巨大改变。1998 年至 2001 年，上海启动第二轮对口支援日喀则工作。希望工程、健康工程、造血工程、实事工程、形象工程、培训工程六大工程协同推进。

2001 年中央召开第四次西藏工作座谈会，决定对口支援西藏工作在现有的基础上再延续 10 年后，上海应日喀则地区的要求，新增萨迦县为对口支援单位。

“好中选优”“选优挑强”选出的一批又一批援藏干部，坚持把经济援助和社会支持相结合、硬件建设和软件配套相结合、近期帮扶和长期支援相结合，持续为对口支援的西藏日喀则地区的经济社会发展注入活力，让没有一条像样的柏油马路、没有一盏路灯、没有一栋像样建筑的日喀则市，华丽变身为街道宽敞、高楼林立、商铺鳞次栉比的现代化城市，上海路、上海广场、宝钢文化中心、上海实验学校闪烁着上海与西藏两地团结的光辉。

链接一

美丽的西双版纳留得住援滇儿女

上海与云南的渊源从几十年前就开始了，上海有 4 万多名知青在这片土地上响应国家号召，为建设西南边陲挥洒青春和汗水。

1996 年，按照党中央、国务院扶贫开发的统一部署，上海市对口支援云南省。上海重点帮助云南思茅、红河、文山三个地州发展经济，减少贫困。2004 年，经与上海商议，云南请上海增补迪庆的香格里拉、德钦、维西 3 个贫困县为对口帮扶重点地区。上海在对口支援云南的过程中探索出一条“温饱试点村”—“安居温饱试点村”—“脱贫奔小康试点村”—“白玉兰扶贫开发重点村”不断递进发展的扶贫开发新路子。曾经刀耕火种，水电路不通，茅草房透风漏雨的山村，自来水和电灯通入家家户户，家家有沼气池，有专门的牲畜厩栏。

2005 年 12 月，中央作出组织沿海发达地区对口帮扶人口较少民族加快发展的决定，上海与云南签署了对口帮扶德昂族发展的合作协议。云南德昂族是从原始社会末期直接过渡到社会主义的“直过”民族。上海按照“分批扶持，整村推进，重点突破”的思路，紧紧围绕解决德昂族群众的基本生

© 云南独龙江孔当村村民入住新修建的安居房

活、基本生产、基本教育、基本医疗来进行帮扶。2006年至2010年，上海市共投入帮扶资金3688.764万元。经过两省市的共同努力，1.97万德昂族群众实现整体脱贫，德昂族聚居地区的基础设施建设和生产生活条件得到较大改善，群众自我发展意识明显增强，各种劳动技能得到普遍提高，群众精神面貌也有了较大的改观。德昂族群众为表达对上海人民的感激，亲切地称上海人为“上海亲戚”，把帮扶修建的路称为“上海路”，把帮扶的村寨改名为“上帮村”！

链接二 边疆绽放白玉兰

20世纪60年代，上海数十万知识青年奔赴新疆，参加新疆生产建设，其中有5万多人来到了阿克苏，与新疆各族人民一同建设边疆。1997年2月起，上海开始对口支援新疆阿克苏地区。在阿克苏，重点推进白玉兰新农村重点村整村推进建设，援建一批文化、卫生、教育事业项目，帮助当地实现“五通”（通水、通电、通路、通电话、通广播电视）、“五有”（有学校、有医疗保障、有科技文化室、有集体经济收入、有强有力的村级领导班子）目标。14年

◎ 金湖杨国家森林公园成功创建南疆首个 5A 级景区

间，上海共无偿援助各类资金、物资、设备合计人民币 5.75 亿元，实施援助项目 662 项，为阿克苏地区经济社会跨越式发展和边疆地区社会稳定作出了积极贡献。

2010 年 3 月，全国对口支援新疆工作会议召开，确定上海对口支援喀什地区的巴楚县、莎车县、泽普县、叶城县。新的一轮援疆工作任务明确后，2010 年 11 月，中共中央政治局委员、上海市委书记俞正声指出，要在坚持“民生为本、产业为重、规划为先”的基础上，发挥好上海在技术和人才方面的优势，为喀什的经济社会发展提供人才支撑。2011 年起，上海全力对口支援喀什地区，在几年的时间里，上海的援疆干部在新疆创造了多个第一。上海市帮助编制的受援四县规划荣获自治区“创新奖”，巴楚县村庄规划列为新疆唯一全国试点乡村规划；上海助推泽普金湖杨国家森林公园成功创建南疆首个 5A 级景区；上海创造性地开展了对喀什二院的医疗组团式援疆，得到中组部在全国 19 个对口援疆省市的推广；莎车图文中心荣获国家“鲁班奖”，这是南疆地区第一个获此奖项的项目；上海电视台纪实频道承制的纪录片《喀什四章》，是第一份有价值的对外宣传喀什形象的名片；第一个职教联盟成立推动喀什职业教育发展；第一个由上海全额代建的三莎高等级公路提前通车并节省了资金十几亿元。

同饮长江水

链接三

1992 年，国务院发出了《关于对三峡工程库区移民工作对口支援的通知》，举国上下积极响应，上海市也积极行动。上海从 1993 年开始对口支援三峡库区，多年来一直坚持按照中央“搬得出、稳得住、能致富”的要求，用实际行动逐渐摸索出“动真情、办实事、求实效”这一行之有效的对口支援做法，紧紧围绕移民安置和就业致富、解决库区产业“空心化”等问题，做好对口支援重庆市万州区、湖北省宜昌市夷陵区的工作，引导上海企业到库区投资落户，重点援建移民安置试点村，实施“五个一”工程（一所希望小学、一所幼儿园、一个文化站、一个卫生所、一个农技站）和广播电视“村村通”工程；援建移民培训中心、妇幼保健院、邮电通信、环保监测、科技培训等一批社会公益项目。

◎ 上海援建的宜昌市上海中学

此外，长江截流之后，百万移民面临着大规模搬迁。按照“全国一盘棋、长江一条链、三峡一个点”的全局战略，上海开辟了 520 个安置点，分 4 批安置三峡移民 7519 人，帮扶“新上海人”安稳致富。

（许　璇）

潍坊社区嘉兴大厦
联合党支部成立仪式

49 “支部建在楼上”的全国首个联合党支部

1999年6月14日，上海浦东新区潍坊社区党工委在嘉兴大厦建立全国首个联合党支部，成为浦东“两新”组织党建的一面旗帜。1996年24层的商务楼嘉兴大厦建成后，入驻企业的产权形式多元，企业门类多样，企业属地、规模不一。嘉兴大厦筹建联合党支部时，大厦内有74家企业、1000多名员工，党员只有8名，分散在7家不同的企业。嘉兴大厦联合党支部，作为一个跨地域、跨行业、跨所有制的联合党组织，实现了楼内党员不出大厦就能参加党的活动，使党员重新找到了“娘家”，实现了党的工作在楼宇内的有效覆盖，“支部建在楼上”应运而生。

“支部建在楼上”是由属地党组织牵头，在商务楼宇当中建立党组织、设立党员服务点，由此党组织以新的方式融入社会、整合社会、主导社会，进而加强党的领导力、影响力和渗透力。“经济发展到哪里，党组织就要建到哪里。”按照这一思路，2004年7月，静安区面向社会公开招聘第一批楼宇专职党群工作者，同时，静安寺街道也探索出一套“商务楼宇党建工作法”，从精神上、组织上、生活上、事业上多方位关心党员，为新经济组织党员营造温暖的“家”。短短一年多时间，就有385名党员回到楼宇党组织的怀抱。

以楼宇为根据地，“支部建在楼上”打造了党组织坚强牢固的营盘，从这一意义上看，“支部建在楼上”不单单是党组织设置方式的创新，而且是对党的组织建设与制度建设新的创造。通过多年的实践探索，“楼宇党建”工作受到越来越多“两新”组织和党员的认同理解，党组织的渗透力、影响力和感召力不断增强。

链接一

写字楼里的白领之家——白领驿家

2004年，上海市静安区在全市率先开始招录职业化、专业化的党群工作者。这批党群工作者在楼宇做党建工作的过程中，发现群众在白领群体占比较大。基于这种情况，需要以一种比较社会化的方式来做新形势下白领的楼宇党建工作，把党建的工作对象及时从党员向群众延伸。

2009年12月10日，“白领驿家”诞生于上海市成都北路137号2楼201甲的中凯城市之光小区。它是静安区委、区政府打造的公益性、服务型载体，采用政府支持、社会化运作、公益性服务的方式运作，立足于“服务白领、凝聚白

◎ 2016年7月，“白领驿家”举办“带着党旗去旅行”城市定向赛

领、组织白领、服务社会"，按照白领不同的爱好、趣缘和需求，整合区域内各类资源，为静安区域内的10万白领提供了一个互动、互助、自治的交流平台。"白领驿家"紧紧围绕白领"吃、喝、玩、乐、动，衣、食、住、行、医"等不同的需求，通过"白领驿家"官方网站、热线电话等媒介，整合了400多处服务资源。近十年来，"白领驿家"以需求导向开展项目化运作和公益服务，相继推出了"缘来驿家人""驿家心SPA""驿家乐学堂""公益也时尚""文驿星空间""筑梦忆初心"六大品牌。在品牌建设、社团发展、服务推动等方面取得许多成果。

链接二

白领青年的『解忧杂货铺』——金领驿站

"金领驿站"是上海浦东独有的"另类"党建基地。20世纪90年代末，浦东新区探索楼宇党建模式，通过"将支部建在楼宇上"成功开启楼宇党建1.0时代。随着陆家嘴城市化进程的不断深入，楼宇党建"由点到线"，突出党组织的服务功能，从而进入2.0时代。2014年8月随着第一个"金领驿站"建成，浦东围绕体制、机制、功能、载体、队伍五大要素进行探索，深入推进陆家嘴金融城楼宇党建3.0时代建设。

"金领驿站"长期备有"三张清单"，第一张是需求清单，所有来驿站参加过活动的党员、青年都可以把自己的需求记录在案；第二张是资源清单，驿站可以提供的所有服务都能让党员一目了然；第三张是项目清单，每隔一段时间都要更新，所有项目都会根据青年白领提出的需求来设计、改进，办事进度记录在案。青年白领觉得陆家嘴区域吃午饭太贵，党组织给协调场地、卫生等，在每栋办公楼都建起了白领餐厅，每顿午餐能在25元到30元间解决；白领工作繁忙，感冒等小毛病没工夫去医院开药，党组织又协调建起了金领驿站配药点，执业医

金领驿站已成陆家嘴白领的心灵家园

师长期驻扎。

至 2018 年底，在陆家嘴的金领驿站站点已有 40 个，共组织开展各类主题活动 3000 多场次，累计实现服务党员、员工达 35 万余次，如今已成为了陆家嘴白领青年的“解忧杂货铺”。

链接三

全情景式的党员政治生活微社区——党员政治生活馆

中国（上海）自贸试验区 2013 年 9 月挂牌成立后，吸引了大量企业入驻，尤以外资企业和小微企业为众。小微企业大量孵化，人员流动性加快，新的组织、新的业态、新的行业或产业制高点、新的经济增长点不断产生，驻区行政和监管单位、开发公司众多，“体制有别、条线不一、隶属各异”，党的组织覆盖和工作覆盖不断出现“真空”地带，不同性质企业间也缺乏有效互动和资源整合的平台。

◎ 党员政治生活馆

为了切实解决基层党组织和党员“想过、能过、认真过、高质量过”政治生活的难点，保税区综合党委针对保税区内外资企业和小微企业多、企业员工流动性大、党员组织归属跨单位、党组织活动阵地匮乏等情况，率先建立了党员政治生活馆。作为中国（上海）自贸试验区保税区党建服务中心，党员政治生活馆推出“预约制、自助式、主题化”定制服务，提供誓词教育、历史教育、警示教育、素质教育、主题教育等内容，形成“全情景式的党员政治生活微社区”。

只要提前预约，党员随到随用，党员政治生活馆让党员有了家的感觉，不再漂泊无定。很多企业之前的支部组织生活像是游击战一样，想尽一切办法找合适的场所，有时因无合适场所就减少甚至不开组织生活会。有了党员政治生活馆后，支部的组织生活会正常了，学习教育活动正常了，党员的精神面貌更是有了改观。

（白璇煜）

OMEGA
南京路步行街
南京路步行街

50 “中华商业第一街”重装亮相

1999年9月20日，南京路步行街建成开通。南京路是上海最早最繁华的街区之一，早在19世纪五六十年代，南京路已有“进口商品的橱窗”之称。20世纪二三十年代，随着“四大环球百货”（先施公司、永安公司、新新公司、大新公司）的相继建成开业，南京路更以其繁荣繁华而享誉中外，开创了亚洲百货业的诸多先河，被誉为“远东第一商街”。

1998年8月20日，上海市政府决定建设南京路步行街，由黄浦区人民政府负责实施。南京路步行街东起河南中路，西至西藏中路，全长1033米。由法国夏氏建筑事务所负责方案设计，同济大学建筑设计研究院、黄浦区城市规划管理局负责深化和施工设计，黄浦区建设发展有限公司承担施工建设。

南京路步行街采用不对称的布置形式，以4.2米宽的“金带”为主线，贯穿于整条步行街中，“金带”上集中布置城市公共设施，如座椅、购物亭、问讯亭、广告牌、雕塑小品、路灯、废物箱、电话亭等，并设有34个造型各异的花坛。南京路步行街集“购物、旅游、休闲、商务、展示”等五大功能于一体，还具有“万国商品博览会、繁荣繁华不夜城、购物天堂欢乐游、两个文明大窗口”的四大特点，并集聚了数十个中华老字号旗舰店，享有“中华商业第一街”的美誉。

南京路步行街的改造，充分吸收了古今中外的商业精华，经过20年的不断建设，南京路步行街充满勃勃生机，展现出它百余年不落的繁华。作为上海绝对的“黄金地段”，它也是经营者必争之地，是旅游者必达之处。

2019年1月，南京路步行街作为首批试点步行街纳入商务部关于开展步行街改造提升试点。未来，南京路步行街作为具有国内国际领先水平的步行街将再次惊艳世人。

链接一

中国第一家中外合资百货公司——『第一八佰伴』

上海有一家百货公司叫作“第一八佰伴”。许多人可能并不知道这家百货公司名字的由来。“第一”是指上海市第一百货商店，“八佰伴”是日本八佰伴国际流通集团，“上海第一八佰伴”是这两家公司成立的合资公司，也是中国政府批准成立的第一家中外合资的百货公司。

1991年4月，日本八佰伴国际流通集团总裁和田一夫率团来上海考察，欲与上海市第一百货商店在浦东合资开办一家大型零售企业。经与市政府洽谈，成功签订了办合资企

© 1995年12月，上海第一八佰伴在浦东开张营业，吸引了众多消费者

业的意向书。1992 年 5 月，国务院批复上海市政府，同意兴办中日合资上海第一八佰伴有限公司。同年 9 月 29 日（中日邦交正常化 20 周年纪念日），“第一八佰伴”奠基盛典隆重举行。

1995 年 12 月 20 日，上海第一八佰伴试营业，当天共有 107 万消费者涌进商厦参观购物，创造了吉尼斯世界纪录。上海第一八佰伴给中国百货业带来的一个最大的改变，就是原来商场的一楼都是卖羊毛衫、衬衫的，自从上海第一八佰伴进驻上海后，全国百货公司的一楼都跟着改成了化妆品柜台。由于日本八佰伴倒闭，1998 年 3 月，日方撤资，第一八佰伴改由中方经营。

经过 20 多年的发展，如今，上海第一八佰伴越办越火，屡次创下了中国百货公司营业额最高的纪录。

链接二

上海西南明珠——徐家汇商城

1994 年借助于地铁 1 号线徐家汇站的开通，原本仅为上海西南城郊接合部的徐家汇一跃而起，成为上海乃至全国第一个环型商圈。

说到徐家汇商圈的崛起，不能不提徐家汇商城——这家史无前例包揽了徐家汇商圈的规划、用地、开发等环节的商业公司，正是它的“造城运动”，徐家汇商圈才快速崛起。1993 年，徐家汇商圈一期工程，东方商厦、第六百货和太平洋百货建成。2000 年，徐家汇商圈二期工程，美罗城和港汇广场两大购物中心相继迎客，错位竞争充分满足各层次消费引领上海各大商圈，相较以外来游客为主的南京东路、以高雅高档著称的南京西路和淮海路，商住结合、错位竞争、兼容性十足的徐家汇成为百货商场最密集的繁华商圈。

经过 20 多年的发展，徐家汇商圈一路壮大。随着年轻、时尚的消费者不断向线上转移，传统的商场受到了一定程度的冲击，打通线上线下成为传统零售业

◎ 徐家汇夜景

升级的必经之路。徐家汇商城整合商圈内的汇金百货、第六百货、太平洋百货、港汇广场、美罗城等多家实体百货强大的供应链资源，结合了市场消费趋势和整个电商市场环境，推出了网上徐家汇商城。2015 年，徐家汇商城启动开发近 30 年来最大规模的改造重生计划，徐家汇中心、徐家汇商圈空中连廊及多个项目改造重建，共同重塑徐家汇城市功能新的内涵。

链接三

零售界的第三次革命——智慧零售

透明鲜食仓中的新鲜出炉的面包，消费者拿到手中时还冒着热气。烘焙这些美味、码放柜中，以及完成销售这一系列制售过程不需要人力，只需要一间可以自动开启工作流程的智慧便利店即可实现……有 6 组蓝色能量柱和重力圆盘，实操中可根据运营面积大小进行组合，原来，这个名叫

◎ X-24h智慧零售空间

“X-24h智慧零售空间”的便利店，整合了人工智能、重力感应、智能锁鲜、无人制售等前沿技术，推出“仓店一体化"管理体系，每间智慧商店既是一个仓库又是一个店，可以以很少的人力投入，建设一个在途即时消费生态圈，且高适配各种消费场景。

这是在2018年4月第15届中国国际自助服务产品及自动售货系统展（CVS）上，“天使之橙”首发的全新概念便利店。全新的科技化消费体验，展示区吸引了诸多驻足体验的消费者，让人直呼：新零售3.0时代要来了。

2017年3月9日，苏宁控股集团董事长张近东就未来零售发展做了题为《大力推动实体零售向智慧零售转型》的发言，明确提出未来零售就是智慧零售。智慧零售，是指运用互联网、物联网技术，感知消费习惯，预测消费趋势，引导生产制造，为消费者提供多样化、个性化的产品和服务。中国零售业经历了三次大的变革，前两次分别是实体零售和虚拟零售，而第三次零售变革是中国在主导，就是我们当前正在经历的虚实融合的智慧零售。

（白璇煜）

51 第一届中国上海国际艺术节开幕

1999 年 11 月 2 日，第一届中国上海国际艺术节开幕。由于这次办节尝试市场运作，国家不拨款，上海市政府也不投资，因此只有高质量的剧目才有可能胜出。

艺术节上，国内外参演剧目，可谓精品荟萃。大型服饰舞蹈《金舞银饰》为第一届中国上海国际艺术节拉开帷幕。《金舞银饰》以古典风格的舞蹈展示中国历代丰富多彩的服饰文化，在此次艺术节期间，该剧在原有的框架基础上，进行了全新的诠释和创意。500 多名演职人员来自上海歌舞团、歌剧院、上海舞校等十几个院团；重新设计的演出服装多达 1200 余件，从壁画飞天到宫廷旗袍，几乎包括了各种中国服饰的特色。美国哈拉利魔术团是艺术节规模最大的演出项目，由上海演艺总公司等数家单位入股投资共同举办，在距演出还有 10 多天的时候，50000 张票已售出 8 成。享誉世界的日本宝冢歌剧团在艺术节表演的 4 场演出票早早售罄，该团为回应上海观众的热情，又加演了一场。俄罗斯马林斯基芭蕾舞团演出的《天鹅湖》、英国皇家歌剧院主演的《茶花女》、大师级指挥家夏尔·迪图瓦执棒的法国国家交响乐团的交响音乐会以及国内的优秀剧目都成为市民抢票的热点。

上海国际艺术节是由中华人民共和国文化部主办、上海市人民政府承办的国家级国际艺术节，每年举办一届，迄今已成功举办了20届。上海国际艺术节的举办，为吸引世界优秀文化、弘扬中华民族艺术、推动中外文化交流、繁荣文化市场起到了巨大的推动作用。

链接一

用光影连接世界的上海国际电影节

1993年10月7日，第一届上海国际电影节在上海闪亮登场。中国著名导演谢晋担任评委会主席，美国好莱坞著名导演奥立弗·斯通、日本导演大岛渚、中国香港导演徐克、澳大利亚导演保罗·考克斯、俄罗斯导演卡伦·沙赫纳扎洛夫、巴西导演赫克托·巴本科出任国际评委。

此次电影节在20部参赛片中评出了4项金爵奖和1项评委会特别奖。中国台湾中影公司出品的《无言的山丘》获最佳影片奖。有20万观众观摩了来自33个国家和地区的

上海国际电影节已成为上海开展中外交流的重要平台

167 部参赛参展影片和评委个人影片回顾展。国际影片交易市场共有来自海内外 16 家制片商设展台。电影节还邀请了著名国际影星索菲亚·罗兰、德博拉·拉芬、桃井熏等参加电影节有关活动。

上海国际电影节于每年 6 月上旬举行，迄今已成功举办 21 届。1994 年，上海国际电影节获得国际电影制片人协会承认，为中国唯一的国际 A 类电影节，最高奖名称为金爵奖，下设 8 个奖项，都由来自各国的国际评委评审产生。

上海国际电影节旨在呈现并鼓励多元艺术创作。创办以来，在专业架构及服务、社会影响力等方面迅速提升，被誉为是“全球成长最快的国际电影节”。上海国际电影节的开幕红毯不仅集聚世界各国著名电影人，同时完整呈现华语影坛的最新风貌，成为展示年度华语电影力量的最佳窗口，越来越多的电影人把参加上海电影节作为重要的影片推广机会。

链接二

中国第一秀——『ERA- 时空之旅』

超级多媒体梦幻剧“ERA- 时空之旅”是上海文广新闻传媒集团、中国对外文化集团公司、上海杂技团上海马戏城三方联合投资制造，精心打造的舞台精品剧。该剧自 2005 年 9 月 27 日在上海马戏城首演，至今已驻场演出近 14 年。

“ERA- 时空之旅”运用高科技手段打造充满惊奇和魔幻的神奇效果，采用特殊装置以及声、光、电、水幕、烟雾、特效等现代化手段，使舞台立体化、多维化。其独创的大型水幕、全息投影、多媒体技术应用等带给观众穿越时空的独特经历，打造了炫丽的舞美影像，创造前所未有的视听震撼。在 100 分钟的演出中，始终让观众全神贯注，不断有悬念，不断有感悟，不断有惊奇，不断有参与感、愉悦感。成为一种超越时间、超越空间的绝美艺术，一场颠覆传统的舞台革命，成为上海城市文化的新名片，成为媲美百老汇音乐剧、拉斯维加斯顶级娱乐秀的中国著名演艺品牌，创造了中国演艺

© 超级多媒体梦幻剧“ERA-时空之旅”

神话的新纪元。

观众一进入剧场，就能看到舞台上巨大的玻璃圆墙，把整个大厅的一切尽收其中。当大厅变成一片漆黑的时候，梦幻镜的中央出现了一丝微光，来自远古的歌声和奇妙的影像，把人们带入梦幻时空。魔术师以神奇的手法将一碗水朝天泼去，霎时，雨从天而下，形成了壮观的水幕，水幕上不仅能出现多种多样的背景画面，而且能同步影示现场表演的动作轨迹，这些都是数字视频技术带给观众的惊喜。看完了该剧，让人不得不信服它“中国第一秀”的称号。

链接三

首届长三角国际文化产业博览会

2018年11月29日，首届长三角国际文化产业博览会（简称“长三角文博会”）在上海展览中心举行。举办长三角文博会是为认真落实习近平总书记关于“支持长江三角洲区域一体化发展并上升为国家战略”的重要指示，深化落实长三角地区主要领导座谈会的部署要求，由上海市、江苏省、浙江省、安徽省“三省一市”党委宣传部共同发起。

◎ 一位参观者在展会上观看进行动作和语音演示的机器人

首届长三角文博会按展览、论坛、“区城联动”活动三大主体内容布局。文博会展览规模 2 万平方米，整个展区分为“价值链”“新动能”“新视野”“酷天下”和“最乐活”5 个板块布局，涵盖广播影视、数字内容、网络视听、动漫游戏、创意设计、艺术品交易、文化装备、演艺娱乐等领域优秀文化企业。论坛主题聚焦“长三角文化融合与创新发展”，主题分别为江苏省委宣传部主办的“运河文化”，浙江省委宣传部主办的“数字经济拓展文化产业新空间”，上海市委宣传部、光明日报社主办的“江南文化与新时代发展”以及上海市委宣传部主办的“演艺产业与城市文化品牌塑造”和“推动文化产业高质量发展”。“区城联动”活动以上海市所辖区和江浙皖地级市中的部分主体为代表，充分体现长三角城市群的合作联动，发挥城市在推进文化产业方面的积极作用。

（白璇煜）

52 集观赏游览、休闲娱乐于一体的延中绿地

2001 年 7 月 1 日，延安中路大型公共绿地（简称延中绿地）正式对外开放。延中绿地位于上海市静安区、原卢湾区、黄浦区三区交界处，由加拿大蒙特利尔设计，上海宏城房地产公司和静安绿化发展有限公司负责施工。

规划建设延安中路大型公共绿地，是上海市委、市政府为改善城市生态环境，缓解中心城区热岛效应，提高市民生活质量，推进社会、经济、环境协调发展的重大举措。延中绿地作为具有中国山水园林和历史文化和谐交融的典范，已成为集观赏游览、休闲娱乐于一体的开放式都市花园。

延中绿地南部是展现历史文化的空间，以中共二大会址和平民女子学校为中心，周围种植了规则式的墨西哥落羽杉林、红花继木和龟甲冬青，体现了庄严肃穆的气氛。中部为城市森林空间，地形高低起伏，绿化种植以高大乔木为主，并配植各种花灌木及四季常绿的草坪，形成高低错落、疏密有序、层次丰富的美丽景观。特别是绿地内原有的一棵大朴树，由于堆地形被深埋了二米多，但采取了开排水沟，做通气管等一系列科学的方法，使这棵大朴树生长良好，成为绿地内的一大奇观。北部为自然山水空间，建有高达 10 米，长 150 米黄石堆砌的大型假山、瀑布，栽植名贵花木，东侧毛竹成林，山上松柏茂盛，枫槭辉映，山下水池野趣盎然，辟有樱花路、榉树林荫

道。延中绿地形成了壮观美丽的“城市山林”景观，为久居都市的人们带来了亲近自然的感受。

链接一

浓缩上海地域文化、体现海派风格的徐家汇公园

徐家汇公园位于上海城市副中心徐家汇范围内，北起衡山路，东邻宛平路，西靠天平路，南至肇嘉浜路，基地整体形态呈梯形。徐家汇公园原址是大中华橡胶厂、上海百代唱片公司（中国唱片上海分公司）和周边住宅区域。

建设徐家汇公园开创了上海市中心城区“三废”企业拔点和生态环境建设相结合的成功范例。徐家汇公园经历了三期改造和建设，徐家汇公园一期工程于 2001 年 9 月底竣工。徐家汇公园设计坚持以“人与自然和谐共存”为原则，以绿为主，绿文结合，一改过去的工业污染园区，构建了一座浓缩上海地域文化、体现海派风格的现代城市公园。在产生生

© 徐家汇公园

态效益转化为经济效益的“转移效应”的同时，更塑造了具有文化内涵、生态优美、时代感强、市民喜爱的城市绿化空间形象，做到了历史与现代、城市与生态的有机融合。公园内保留了大中华橡胶厂的纪念烟囱，设计者选择了不锈钢板对原体进行装饰，显示出轻盈感，选择花岗岩饰面作为基座，使陈旧的烟囱具有了现代感。公园还保留了百代唱片公司的“小红楼”，二楼进行复古式维修，陈列中国近代唱片成立的历程，根据衡山路法式风情的景观定位，对“红楼”外环境进行重新规划，提炼了法式园林的造园手法。2005 年 10 月 31 日，“小红楼”被上海市政府评为“优秀历史建筑”。

链接二

浦西最大的集中绿地——大宁灵石公园

大宁灵石公园是上海市城市总体规划确定的三大绿地之一，也是浦西最大的集中绿地，是市、区二级政府造福于民的实事项目和重点工程。2005 年 5 月，大宁灵石公园正式建成投入使用。公园总面积 68 万平方米，其中绿地面积为 50794 平方米，水域面积为 70798 平方米。

公园在设计理念上注重文化内涵，以人为本，构建“人与自然的和谐共处”。在设计风格上崇尚师法自然，传承历史，讲究中西合璧，古今相融，营造成一个叠山理水，起伏多变丘陵式地貌特色，以自然山水为框架，以丰富多彩的乔木、灌木、草坪、地被植物和上海不多见的沼泽配置成景色各异、山水迷人的大型生态景观公园。公园的地形依据中国地形的特点，由东向西逐级递高，公园由此而分为东、南、西、北四个大块。东块是原广中公园的自然式园林景区；南块是南国风情、湿地沼泽和河湖港汊景区；西块是西方园林精品和山林景区；北块是湖光山色和北海景区。黄浦江支流彭越浦河南北贯穿整个公园，把大宁灵石公园分成东、西、中三个园区。东区以水为主，由湖堤景区、湖光山色景区、湖滨湿地景区组成；中区为沪上少见的沼泽园；西区为山林景区

◎ 大宁灵石公园

和欧式风情景区。园内建有 4 公里长 6 米宽的环园道路，另辟 2 公里长 4 米宽的环湖小径围绕着面积约 100 亩，水深 4 米的大片湖面。大宁灵石公园在东北、西北和南偏西处分别设东门、山门（也称西门）和水门。其东、西门前建有大型敞开式入口广场。

链接三

提升城市生态和游憩功能的郊野公园

2012 年，上海在全市规划了 21 座郊野公园，确定以其中 7 座郊野公园作为先行建设试点。2017 年 6 月 1 日，上海市政府公布的《关于本市郊野公园建设管理的意见》提出，上海以郊区基本农田、生态片林、水系湿地、自然村落、历史风貌等现有生态人文资源为基础建设郊野公园体系。规划在郊区选址布局，建设一批具有较大规模、自然条件较好、公共交通便利的郊野公园，进一步优化郊区农村生活、生产、生态格局，逐步形成与城市发展相适应的大都市游憩空

◎ 青西郊野公园

间环境，成为大上海的后花园、市民休闲游乐的好去处。郊野公园规划遵循“坚持生态优先、彰显自然特色、适应游憩活动、体现地域特点”的原则，以生态保育为前提，注重环境效应，促进自然生态修复和环境优化，整合农田、湿地、林地、水网等要素，体现江南水乡文脉和自然野趣，科学组织游憩、休闲、健身、科普等多样化户外活动。

截至 2018 年，上海已经开园的郊野公园有 6 个：以“农”为特色的廊下郊野公园，以远郊生态涵养型为特色的长兴岛郊野公园，以远郊湿地型为特色的青西郊野公园，以近郊都市森林型为特色的浦江郊野公园，以近郊休闲型为特色嘉北郊野公园，以郊野文化遗址为特色的广富林郊野公园。

（白璇煜）

NEC

53 2002 年网球大师杯赛在上海举行

2002 年 11 月 11 日至 17 日，2002 网球大师杯赛在上海举行。世界网坛最具实力的高手——包括正选的休伊特、费雷罗、费德勒、莫亚、科斯塔、诺瓦克、萨芬、阿加西和替补选手约翰森齐聚上海，捉对厮杀。决赛中澳大利亚网球名将休伊特经过 4 个多小时残酷而漫长的拉锯战 7-5/7-5/2-6/2-6/6-4 击败西班牙人费雷罗，继 2001 年悉尼网球大师杯赛获得大师杯冠军之后连续第二年获得本项赛事冠军，同时他也连续第二年获得 ATP 年终第一，达到了职业生涯巅峰。

这是大师杯赛首次在亚洲、在发展中国家举行。大师杯赛是世界最高级别的男子网球赛事，由当年积分排名居前 8 位的顶级选手参赛，争夺世界第一的桂冠。这次比赛的赛场设在位于浦东的新国际展览中心，比赛使用新国际展览中心的 4 号馆和 5 号馆，总面积达 5 万多平方米。室内净高达 17 米的 5 号馆用作主赛馆，设座席 1 万个，包厢 230 个；4 号馆为训练场、贵宾就餐区和赞助商商品展示区。整个场馆的设计既符合国际标准、展示独特的网球文化，又体现出中国传统文化魅力和上海特色。

网球大师杯赛诞生于 1999 年 12 月 9 日，当天，四大满贯赛委员会、ITF（国际网球联合会）和 ATP（男子职业网球选手协会）共同宣布 ATP 年终总决赛和男子大满贯杯赛将不再继续，取而代之的将是一项新的赛事——由 3 个组织共同拥有的男子职业网球巡回赛的年终总决赛——“网球大师杯赛”。

链接一

首届F1中国大奖赛在上海举行

世界一级方程式锦标赛，简称F1，是由国际汽车运动联合会（FIA）举办的最高等级的年度系列场地赛车比赛，是当今世界最高水平的赛车比赛，与奥运会、世界杯足球赛并称为“世界三大体育盛事”。

2004年9月26日，首届F1中国大奖赛在上海国际赛车场“上字型”赛道上举行，成为了当年赛季的第16站，比赛吸引了14余万车迷到场观看，经过56圈的角逐，共有18名车手完成了全部比赛，最终法拉利车队的车手巴里切罗以1小时29分12秒420的成绩在上海国际赛道夺得冠军，这是巴里切罗连续3次夺得分站冠军，他也提前两站夺得年度车手亚军。英美车队的巴顿和迈凯伦车队的莱科宁分列第二和第三。

◎ 2004年9月26日，法拉利车手巴里切罗出发时一马当先

从2004年首届比赛开始，F1中国大奖赛就是F1世界锦标赛赛历上最重要的分站之一，上海国际赛车场成为中国站的常年举办地。这项代表着世界最高水平的赛车运动既得到了持续的发展，同时也在中国形成了自己的特色，产生了良好的社会效应。

国际田联钻石联赛上海站

链接二

国际田联钻石联赛简称钻石联赛，是国际田联于2010年推出的一项覆盖全球的田径系列赛。该赛事取代原来的国际田联黄金联赛，季末大奖也从金条改成钻石。国际田联推出这一新的联赛，旨在进一步提升田径运动在全世界的吸引力和影响力。钻石联赛比赛项目从黄金联赛的男女共10个扩大到男女32个，由于项目大幅度增加，比赛场次也增加了两倍多，因此吸引了更多运动员参与。上海因为有连续举办国际田联黄金大奖赛的经验和成绩，成为钻石联赛入选城市。

中国选手在钻石联赛上海站屡创佳绩。2016年，中国健儿获

◎ 国际田联钻石联赛在上海举行

得了男女 4*100 米接力冠军，并在男子跳远、男子跳高和男子 110 米栏三个项目上分获 1 金、1 银、2 铜。2017 年，中国军团荣获男子 100 米和女子铅球两枚金牌，以及男子跳高和跳远项目银牌、男子跳远和 110 米栏项目铜牌。2018 年，两位女将分别在铅球和标枪项目中斩获金牌，男子 100 米、跳远和撑竿跳项目中也分别获得了 2 银、2 铜的优异成绩。

自从田径 2005 年国际黄金大奖赛落户上海，经过多年的积淀和发展，钻石联赛上海站已经成为沪上最为火热的体育赛事之一，是全球田径拼图的重要组成部分。这张上海城市和上海体育的“名片”，不仅让更多中国体育爱好者认识田径、了解田径、爱上田径，也为中国田径走向世界提供了良好的平台，为中国田径健儿提供了与世界顶尖高手过招的“练兵场”。

链接三

上港队首次问鼎中超联赛

2018 年 11 月 7 日，2018 年中超联赛第 29 轮同时开始 8 场比赛。在上海体育场，上海上港主场迎战北京人和。上半场，艾哈迈多夫世界波破门打破僵局；下半场，武磊破门扩大比分，艾哈迈多夫因伤退场，迪奥普为人和扳回一球。最终，上海上港 2 比 1 战胜北京人和。他们以 29 场比赛积 68 分的成绩，提前一轮获得 2018 年中超联赛冠军，这也是上海上港队首个中超冠军。

在没有任何内外援引进，俱乐部高层又出现重要人事变动的情况下，2018 赛季开始前的上港队其实并未将夺得中超冠军作为主要目标。在每一场动员会上，俱乐部高层反复提及的是一句有些模棱两可的话——“争取比上赛季多赢两场”。在低调的姿态下，上港就这样开启了 2018 赛季的征程，直至令人喜出望外的大结局来临。荣誉并非凭空得来。在 2018 冠军赛季中，上港队始终努力踩稳每一步，用尽手中的全部资源拼出最美的画卷，捧起这尊期盼已久的冠军奖杯。

在中超历史上，恒大 7 次夺冠，鲁能 3 次夺冠，国安、亚泰、深足、实德也

◎ 上港队庆祝夺得中超联赛冠军

曾夺得过冠军，但是上海球队从未夺冠。上海上港的前身上海东亚，在 2007 年仍然是一只中乙球队，通过 10 年时间从乙级联赛到中超冠军。上海上港将困难化为动力，多年的努力终于得到了回报。

（白璇煜）

54 给科学家一双慧眼的上海光源

2004年12月25日，坐落在上海张江高科技园区的上海同步辐射光源（SSRF）开工。这是中国当时规模最大的科学装置，投资逾12亿人民币。上海光源装置由中国科学院和上海市共同出资建设，占地约300亩，2009年建成投入应用。

上海光源是我国自主研制的第一台第三代同步辐射装置。在周长432米的环形加速器中，能量为3.5GeV的电子束以接近光的速度飞行，在拐弯时放射出高强度电磁波。这些电磁波被条分缕析成从远红外到硬X射线等不同波长的、高品质的同步辐射光，传送到实验站的样品上。这些光可以看得到细胞的结构、生物体的结构或者材料的结构等等。医院的X光可以把肉眼看不到的人体内部情况看清楚，而同步辐射光和医院的X光还是有很大区别的，它的亮度可以达到我们平时用的X光的上百亿倍，使人们能够在原子和分子尺度上观察物质的微观世界。

上海光源已被应用到许多研究领域，其性能水平、运行开放和成果产出在国际同类装置中名列前茅。来自高校、科研院所、医院和公司的用户在这里进行了实验，研究覆盖的学科包括生命科学、凝聚态物理、化学、材料科学、地质考古学、环境和地球科学、高分子科学、医学药学、信息和能源科学等。

链接一

『硬X射线自由电子激光装置』启动建设

2018 年 4 月 27 日，“硬 X 射线自由电子激光装置”建设启动仪式于上海科技大学举行。硬 X 射线自由电子激光装置的建设选址在上海张江综合性国家科学中心核心区域，装置总长约 3.1 公里，将建设埋深 29 米的地下隧道，包含超导直线加速器隧道、波荡器隧道、光束线隧道等 10 条隧道及 5 个工作井。

硬 X 射线自由电子激光具有更高的亮度、更短的脉冲结构和更好的相干性，能提供的 X 射线峰值亮度比第三代同步辐射光源高 10 的 9 次方倍，具备纳米级的超高空间分辨能力和飞秒级的超快时间分辨能力。另外，X 射线自由电子激光可将对微观世界的研究能力从拍“分子照片”提升到拍“分子电影”的水平，也可同时满足面向物质、单分子、超强超短单颗粒成像，以及极端光物理等多个实验站的需求。

X 射线自由电子激光装置已成为发达国家争夺 21 世纪科技至高点的必备高科技基础设施。上海的硬 X 射线自由电子激光装置建成后，将成为世界上最高效和最先进的自由电子激光用户装置之一。硬 X 射线自由电子激光装置也将与已有的第三代同步辐射光源、上海同步辐射光源和国

◎ 硬 X 射线自由电子激光装置全长 3.1 公里

家蛋白质科学设施、软X射线自由电子激光装置、超强超短激光装置、活细胞结构与功能成像等线站工程组成大科学装置集群，推动我国的光子科学走向世界前列，实现跨越发展。

链接二

长三角合力打造G60科创走廊

G60科创走廊沿线是中国经济最具活力、城镇化水平最高的区域之一。G60科创走廊包括：上海、嘉兴、杭州、金华、苏州、湖州、宣城、芜湖、合肥等9个城市，覆盖面积约7.62万平方公里。

上海市松江区历来是上海制造业发展的主战场之一。2016年5月24日，松江区率先提出沿G60高速公路构建产城融合的科创走廊。坚持科技创新和制度创新多重驱动，全面落实供给侧结构性改革，大力推进转型升级，带动整个区域向“松江制造”突破性发展，正式进入G60科创走廊1.0时代。2017年3月，浙江省政府批准嘉兴市设立浙江省全面接轨上海示范区。与此同时，松江区依托上海核心城市功能积极辐射嘉兴、杭州，推动沪嘉杭区域合作。2017年7月12日，松江区与杭州、嘉兴签订《沪嘉杭G60科创走

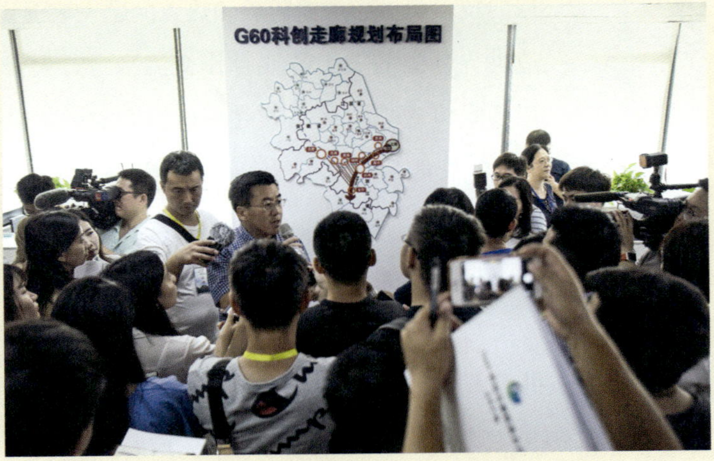

◎ 2018年8月，一名负责人在介绍G60科创走廊规划分布图

廊建设战略合作协议》，标志着G60科创走廊2.0时代的正式开启。2018年以来，松江区把握面向长三角一体化的先发示范优势，以更加开放的视野、全面创新的思维，提出以沪苏湖合高铁建设为契机深化拓展高铁时代的G60科创走廊建设3.0版。

G60科创走廊在深化产业集群布局、加强基础设施互联互通、推进协同创新、推动品牌园区深度合作和产融结合、推广科创走廊"零距离"综合审批制度改革成果等方面发力，建成长三角地区具有独特品牌优势的协同融合发展平台。从更高层面看，G60科创走廊将扮演长三角更高质量一体化"引擎"的角色，成为区域内"中国制造"迈向"中国创造"的主阵地。

首届世界人工智能大会

链接三

2018年9月17日至19日，被誉为"人工智能的奥林匹克盛会"的首届世界人工智能大会在上海举行。国家主席习近平致信，向大会的召开表示热烈祝贺。

本次大会以"人工智能赋能新时代"为主题，以"国际化、高端化、专业化、市场化"为特色，集聚全球人工智能领域最具影响力的科学家和企业家，以及相关政府的领导人，围绕人工智能领域的技术前沿、产业趋势和热点问题发表演讲和进行高端对话，打造世界顶尖的人工智能合作交流平台。大会现场，琳琅满目的应用场景将虚拟与现实连在一起，人类的"最强大脑"们也汇聚一堂，共同描绘着人工智能的前景，向人们释放着未来发展的新信号。人们深刻感受到人工智能的变革力：在教育、健康、金融、零售、交通、制造、服务等领域加速落地，全面赋能，一个由人工智能新技术、新理念赋能的新时代正迎面而来。

借着首届世界人工智能大会的东风，一批全球人工智能创新项目在上海签约落户，包括阿里巴巴、腾讯、百度、华为、微软、亚马逊等国内外知名科技企

◎ 2018年9月，首届世界人工智能大会在上海举行

业，将在上海设立人工智能科研机构。9月17日，上海发布《关于加快推进上海人工智能高质量发展的实施办法》，推出22条细则聚焦人才、数据、资本三大重点。

（白璇煜）

55 老厂房散发新魅力

2005年4月28日，位于苏州河南岸莫干山路50号的M50创意园区挂牌。100年前，新工厂造就了上海的近代工业；100年后，老厂房又孕育着上海的创意产业。对工业历史建筑进行保护开发的同时，注入新的时尚元素，吸引创意人才进驻，已经成为上海发展创意产业的独特道路。

M50创意园区占地面积约41亩，建筑面积41606平方米，是上海具有标志意义的创意园区之一，拥有自20世纪30年代至90年代各个历史时期的工业建筑50余幢，是目前苏州河畔保留最为完整的民族工业建筑遗存。M50原为近代徽商代表人物之一周氏的家族企业——信和纱厂。解放后更名为上海第十二毛纺织厂、上海春明粗纺厂。春明厂从1999年底停止了原主业的生产。在上海市经委和纺织控股集团公司的引导下，园区运营方对老旧厂房建筑和园区环境进行了修缮，2002年2月，“上海春明都市型工业园区”挂牌。

此后，原来结构单一的工业园区逐步转型成充满活力的创意园区，引进了以视觉艺术和创意设计为主体的艺术家工作室、文化艺术机构和设计企业等文化创意企业。这里真正为普通市民所知是在2005年4月，被上海市经委挂牌为上海创意产业聚集区之一，命名为M50创意园。

M50创意园以视觉艺术时尚创意为主题，意在打造作为一个以“艺术、创意、生活”为核心价值的品牌。全球各地的艺术工作者聚集于此，包括瑞士香格纳画廊、法国东廊艺术、英国领事馆文化艺术处艺术家工作室、加拿大艺术景画廊等。这群充满艺术细胞的创造者，让源源不绝的灵感在老厂房内生根。从事建筑、装饰、家具设计的公司也纷纷入驻，甚至一些时尚的品牌服饰店、艺术书店、音乐商店也占据着一些小仓库。艺术气息浓厚的M50创意园内还时常举办艺术展览与时尚活动，每年约300场，当中最具影响力的实属M50艺术季系列活动、M50年度创意新锐评选活动。

从一度闲置的老厂房到今天上海的时尚地标之一，经历十多年的成功转型，M50创意园已成为上海这座现代化大都市最生动的文化印记，并掀起了一股改造工业厂房为文化创意园区的风潮。

链接一

连接国内外时尚、创意、文化、设计的8号桥

2005年4月，上海市经济委员会为8号桥等18个创意产业园区挂牌，成立了第一批创意产业园区。接下来于2005年11月以及2006年的5月和11月，市经委又分别为第二批、第三批、第四批创意产业园区挂牌，如此累计形成四批共75个创意产业园区。

8号桥创意园区位于建国中路8—10号，占地面积7000多平方米，总建筑面积12000平方米，曾是旧属法租界的一片旧厂房，解放后成为上海汽车制动器厂旧工业厂房，共有20世纪50年代至80年代建造的老厂房8栋。2003年经过新的设计改造后，8号桥保留了工业老建筑特有的底蕴，注入新产业元素，从而成为一个激发创意灵感，吸引创意人才的新天地，由于楼与楼之间用桥巧妙连接，因此得名为“8号桥”。经过一番设计和包装，老厂房彻底改变面貌，抛开工业厂房原有的沉重感，随处可见的是前卫的创意。利用原厂房的高空间、多层次的布局开展各种时尚展览活动。8号桥已成为各类设计创意企业的集聚区，以及全

◎ 8号桥创意园区一期广场入口

国工业旅游示范点中首个以创意产业为特色的示范点，是上海都市的旅游新景点。

链接二

集创意产业园区与游客打卡地于一身的田子坊

田子坊位于泰康路210弄，原是20世纪50年代上海典型的弄堂工厂，包括上海食品工业机械厂、上海钟塑配件厂等5家工业企业。20世纪90年代，由于产业结构调整，这些工厂效益逐年下滑，有些厂房闲置多年。于是，2000年5月，在市经委和卢湾区政府的支持下，对田子坊进行了改造，开发旧厂房2万余平方米，吸引来自18个国家和地区的70余家企业，并形成了以室内设计、视觉艺术、工艺美术为主的产业特色。

1999年，老画家黄永玉提议以田子方（战国时期卓越的政治家、在画坛被尊为祖师爷）为谐音命名，“田子坊”的雅号由此应运而生。田子坊还是上海历史街区中保存历史文化遗产类型最为丰富的社区之一，有旧式里弄、新式里弄、花园住宅；建筑风格包容了折中主义、英国新文艺复兴风格、

◎ 田子坊

现代主义风格、中国传统砖木结构风格、西班牙建筑风格、英国城堡建筑风格和巴洛克风格等，其中尤以石库门建筑最为丰富，共有20多种形态。田子坊最大的特色之一就是，它依然有很多居民在这里生活，在旧城改造、历史保护与居民改善、创意发展之中，寻求到了平衡。

上海“田子坊”获“2006中国最佳创意产业园区”称号，也是上海唯一获此国家级称号的创意产业集聚区。现今，田子坊已成为游人如织的网红打卡地，正是最初的艺术创意让这里充满了文艺气息！

链接三

亚洲规模最大的时尚中心

上海国际时尚中心是亚洲规模最大的时尚中心，位于杨树浦路2866号，曾经是上海第十七棉纺织总厂。这里依然保留着上海纺织工业史的红砖老厂房和老仓库，还有105米高的大烟囱矗立。上海国际时尚中心的厂房屋顶采用整齐的锯齿形设计，经过多年改造，于2010年、2011年和2013年

上海国际时尚中心

分三期竣工。在 2013 年被评为“上海市工业旅游景点服务质量优秀单位”，2015 年又正式被评为国家 AAAA 级旅游景区。2017 年，上海国际时尚中心入选十大国家工业遗产旅游基地，也是当中唯一位于特大城市的工业遗址。

上海国际时尚中心的目标是打造成全球“第六时尚之都”，被定位为国际时尚业界互动对接的地标性载体和营运承载基地。它具备时尚多功能秀场、接待会所、创意办公、精品仓、公寓酒店和餐饮娱乐等六大功能；成为上海乃至全国设施最完备、配套最齐全专业秀场，也是世界顶级品牌发布首选地，上海国际服装文化节、上海时装周主场。

随着创意产业在上海正如火如荼地蓬勃兴起，一个又一个的创意园区落户在城市各个角落，让梦想照进现实，闪闪发光。

（许　璇）

56 崇明踏上“三岛联动”新征程

2005年5月18日，国务院发出《关于同意上海市调整宝山区和崇明县行政区划的批复》，同意将宝山区的长兴乡、横沙乡划入崇明县管辖。此后，本市编制完成《崇明三岛总体规划（崇明县区域总体规划）2005—2020年》，明确崇明、长兴、横沙三岛功能、产业、人口、基础设施联动，分别建设综合生态岛、海洋装备岛和生态休闲岛。位于江海交汇处的崇明，从此踏上“三岛联动”新征程。

总体规划为崇明发展确立了新“六大功能”——以长江口湿地保护区、国际候鸟保护区、平原森林、河口水系为主体的生态涵养功能；布局合理、环境幽雅、交通便捷、文化先进的生态居住功能；以休闲度假、运动娱乐、疗养、培训、会展为主体的生态旅游功能；以有机农产品、特色种养业和绿色食品加工业为主体的生态农业功能；以现代船舶制造和港机制造为主体的海洋经济功能；以总部办公、科技研发、国际教育、咨询论坛为主体的知识经济功能。时任上海市市长韩正当年提出“对崇明不考核GDP”的要求，更是体现了对崇明三岛发展的新期待。

2007年4月，时任上海市委书记习近平在崇明调研时指出，要用科学思维、战略眼光，充分认识崇明三岛建设的重要意义。崇明拥有地理位置、生态环境、土地资源、岸线条件四大优势，是上海可持续发展的重要战略空间，是上海进一步联动长三角、服务长三角的前沿。在这之后十多年里，上海长江隧桥建成通车、崇明生态岛建设纲要发布、“行动计划”滚动实施、“撤县设区”顺利完成……崇明逐步走出一条“人居、产业和环境相协调”的生态发展之路。如今，建设“世界级生态岛”的崇明，正在为上海迈向卓越的全球城市作出新的更大贡献。

链接一

从荒滩上崛起的『前卫生态第一村』

地处崇明岛北部沿岸的前卫村，是20世纪60年代末从一片滩涂中围垦而诞生的。从垦荒播种到打工谋生，从联营办厂到开发品牌，从循环利用到庭园经济……前卫村干部群众“从荒滩中起步、在奋斗中崛起、在求索中定位”的辛路历程是崇明在生态发展道路上艰苦创业的一个缩影。到世纪之交，历经30多年奋斗的前卫村确立了“水、田、路、林、湿地”和“农、工、商、旅、教”全面协调立体的生态农业模式，形成其独有的生态产业链格局，先后荣获“全球生态

◎ 前卫村

500佳提名奖”“全国生态农业示范点”等荣誉称号。

其中，以“生态第一，生态农业为基础，多价值叠加”为原则的“农家乐”旅游项目成为前卫村一道亮丽的风景线。该项目采用统一标准、统一安排、统一经营管理模式，“吃农家饭、住农家屋、干农家活、享农家乐”吸引了成千上万的游客，最高峰时全年接待游客20万人次，实实在在地提高了当地群众收入，并使旅游业成为前卫村生态经济新的增长点。2004年7月，时任中共中央总书记、国家主席胡锦涛来到前卫村考察。在同当地群众座谈时，胡锦涛指出：“现在大家生活水平提高了，需求也提高了，希望到农家旅游度假的人也会越来越多。‘农家乐’前途无量。”

链接二

在林场内落成的『东平国家森林公园』

在崇明岛中北部，有华东地区最大的一片平原人工森林——自20世纪50年代开始围垦建场的东平林场。就在这片林场中，20世纪80年代启动了上海市生态建设的一项“大手笔”——规划建设森林公园。

东平森林公园于1989年建成并对外开放，总面积3.55平方公里。森林繁茂、绿草如茵、湖水澄碧、野趣浓郁……建成伊始，森林公园以其优美的自然人文环境、完善的基础配套设施和“仅售1角”的门票价格，赢得了很高的知名度。在市民口中，“东平林场”的称呼很快就被“森林公园”所取代。园内最早的标志性建筑是设计灵感源自崇明特产“老毛蟹”的多功能会议中心——“西班牙会议中心”；此外宝岛度假村、森林小木屋、沙滩排球场等设施也广受市民青睐。

1993年，东平森林公园正式被国家林业部命名为“东平国家森林公园”；1997年被评为上海市十佳休闲旅游新景点之一。为适应都市市民休闲度假新需求，1998年，公园建造了墙高14米、拥有两条国际标准

东平国家森林公园

比赛用道的攀岩场，并承办了全国攀岩锦标赛等重大赛事。从这年开始，以“绿色旅游、回归自然”为主题的上海崇明森林旅游节每年举办，并发展成为上海旅游节的重点活动项目之一。“森林旅游”逐渐成为崇明生态岛建设的“主打品牌”。

链接三

于湿地中建设的『东滩自然保护区』

从某种意义上说，上海这座城市就是从湿地上建起来的。在湿地保护已经成为全球重大环保议题的今天回望过去，上海早在20世纪末就开始在崇明东滩湿地中创建鸟类国家级自然保护区，实现野生动物保护区建设“零”的突破。

崇明东滩湿地面积为326平方公里，其中，自然保护区的面积为241.55平方公里，包括大堤以外的潮间带滩涂和水域；堤内以鱼蟹塘和水稻田为主的人工湿地面积约为为85平方公里，也是迁徙水鸟的重要栖息地。崇明东滩记录的鸟类达312种，迁徙水鸟上百万只，其中包括国家一级保护动物4种，国家二级保护动物43种；已查明的物种还包括两栖爬

◎ 东滩自然保护区

行动物 16 种、软体动物 21 种、环节动物 13 种、昆虫 73 种。

从 1998 年批准建立，到 1999 年正式加入东亚—澳大利西亚迁徙涉禽保护网络，到 2002 年被湿地国际秘书处接纳为国际重要湿地，再到 2005 年被正式列为国家级保护区，东滩湿地自然保护区的建设发展得到国际国内的广泛认可。上海市市长国际企业家咨询会议代表到崇明东滩湿地参观考察时，曾给予高度评价，认为在国际大都市的城市中心旁，能有这样一块 200 多平方公里的自然保护区，相当不容易！崇明东滩成为改革开放新时期上海生态建设又一张重要“名片”。

（龚思文）

57 洋山深水港一期开港

2005 年 12 月 10 日，洋山深水港区（一期工程）顺利开港。洋山深水港成为中国最大的集装箱深水港。

在 1992 年的上海市第六次党代会上，中共上海市委将深水港建设列为上海新一轮城市基础设施建设十大工程之首。专家先后对北上（罗泾）、东进（外高桥）、南下（金山嘴）等建港方案进行过论证，但都因航道水深不够、岸线不足等原因而作罢。1995 年 9 月，提出跳出长江口，在距上海南汇芦潮港约 30 公里的大小洋山岛建深水港的设想。洋山深水港区一期工程从 2002 年 6 月开工到建成运营，只有短短 3 年半的时间。工程难度之大、技术要求之高、工期安排之紧、作业条件之苦，都远远超出了人们的想象。

洋山深水港区和保税港区是上海建设国际航运中心的核心工程。洋山深水港区一期工程投入运营，在国际航运中心硬件设施方面取得重大突破，改写了上海没有−15 米以上深水航道和深水码头、泊位的历史，第五、第六代集装箱船可以全天候满载进港作业，为提升上海港的枢纽地位，加快国际航运中心建设，提供了非常好的硬件设施条件。与此同时，上海国际航运中心洋山深水港区开港暨洋山保税港区的启用，在国际航运中心“软环境”方面取得重大突破。洋山深水港区与洋山保税港区两者互为依托、相辅相成，既大大提升了航运基础设施的能级，又扭转了我国与周边国家港口竞争的政策劣势，对显著增强上海国际航运中心的集聚辐射和国际中转功能，具有非常重大的促进作用。

浦东国际机场

链接一

上海浦东国际机场位于上海市浦东新区，距上海市中心约30公里，为4F级民用机场，是中国三大门户复合枢纽之一。1999年3月，浦东机场一期主体工程及绝大部分配套项目完成。同年10月1日，正式投入试运行。

浦东机场建设遵循“一次规划、分期建设、滚动发展”的原则不断发展。如今浦东国际机场不仅成为境内第二大门户枢纽机场，还已跻身全球排名前十大机场。2018年，浦东国际机场旅客吞吐量突破7400万人次，连续3年排名全球第九；货邮吞吐量376.86万吨，连续11年保持全球第三。通航点方面，2018年，浦东国际机场通航48个国家272个航点，通航点数量在全球超大型机场中名列前茅。在国际机场协会（ACI）全球机场服务质量（ASQ）测评中，浦东国际机场跃至全球第4位（346家机场参评），还获得了

◎ 上海浦东国际机场

2017 年度机场服务质量“全球旅客量 4000 万级以上最佳机场第二名”大奖。

2019 年下半年，浦东机场近 60 万平方米的卫星厅将建成投用。届时浦东国际机场可满足每年 8000 万人次进出港。伴随着浦东开发开放发展起来的浦东国际机场正对标国际最高标准、最好水平，全力打造与卓越全球城市相匹配的世界级航空枢纽。

链接二 虹桥综合交通枢纽

虹桥综合交通枢纽始建于 2006 年，于 2010 年启用并成功服务当年的世博会。虹桥综合交通枢纽内有虹桥机场二号航站楼、虹桥火车站、长途客车站、地铁 2 号线和 10 号线，可满足 100 万人在多种交通工具之间的切换，是中国内地乃至世界上最大的综合交通枢纽之一。

大多数城市火车站、公交车、地铁站和机场四散在城市周围。如果要缩短它们之间的距离，需要一些革命性的设计——将所有路

◎ 虹桥综合交通枢纽火车站候车大厅

线都纳入一栋建筑中，也就是综合交通枢纽。按照之前的交通布局，搭乘出租车从机场到火车站要耗时 1 小时，现在在虹桥综合交通枢纽则只需步行 5 分钟。

虹桥综合交通枢纽是城市交通建设上的一大创新，它将航空、高速铁路、地铁等多种交通方式结合在一起，不管是汇集的交通方式的数量还是规模，在国际上都是前所未有的。它的重要性不仅体现在交通本身，更体现在服务功能上。虹桥综合交通枢纽不仅能服务于上海城市发展的需要，还能服务长三角区域经济的需要；不仅能满足可持续发展的需要，还能满足现代化交通发展的战略需要；不仅能满足为各类展会服务的需要，也能满足发展现代物流产业的需要规模。

国际邮轮母港建设

链接三

2014 年 9 月，交通运输部决定在天津、上海、厦门、三亚四港开展邮轮运输试点示范工作，先行先试开展邮轮产业发展各项工作，为促进我国邮轮运输业健康可持续发展积累经验、做好示范。

上海港现拥有 2 座邮轮码头，分别位于宝山区的上海吴淞口国际邮轮港和位于虹口区的上海港国际客运中心。吴淞口国际邮轮港是上海重要的城市基础功能，弥补了上海港无大型邮轮专用码头的缺陷，与上海港国际客运中心实现功能互补、错位发展，共同形成

◎ 上海吴淞口国际邮轮港

我国规模最大、功能最全的国际邮轮母港，成为我国邮轮产业中心。上海吴淞口国际邮轮港一期岸线长度 774 米，建有 2 个大型邮轮泊位，同时可靠泊 1 艘 10 万吨级邮轮和 1 艘 25 万吨级邮轮。邮轮港于 2008 年 12 月 20 日开工建设，于 2010 年 4 月 27 日成功试靠 11.6 万吨“钻石公主”号，2011 年 10 月正式开港运营。2018 年 7 月 13 日，吴淞口国际邮轮港后续工程正式运营，吴淞口国际邮轮港具备四船同靠能力。当日迎来“盛世公主号”“诺唯真喜悦号”“地中海辉煌号”3 艘 13 万吨以上大型邮轮同时靠泊，正式开启吴淞国际邮轮港“三船同靠”邮轮运营新纪元。上海港国际客运中心项目包括改建 850 米岸线的国际客运码头，形成开放的公共滨江绿化和观景岸线。新建国际客运综合大楼、上海国际港务集团办公楼以及与国际客运配套的宾馆、商务、办公建筑等设施，总建筑面积约 35 万平方米（包括铺占整个建设基地面积的地下二层停车场和车辆通道）。

（白璇煜）

58 “两湾一宅”焕新颜

2006年2月，经过6年多的建设，“两湾一宅”棚户区改造成为上海内环线内规模最大的现代化生态居住园区“中远两湾城”。“两湾一宅”是潭子湾、潘家湾和王家宅的简称。这里曾是上海工人运动的摇篮之一，20世纪90年代成为上海市中心城区面积最大、危棚简屋最集中、影响最广泛的棚户区。旧区改造前，这里没有一条像样的道路，医院、浴室等公用设施缺乏，居民们使用马桶和煤球炉，深受脏乱差之苦，盼着搬入新居。

在20世纪90年代初，上海仍有一大批与“两湾一宅”类似的棚户简屋和人口密集的旧里房屋。1992年10月，在上海市第六次党代会上，市委、市政府明确，把旧区改造、改善居住的起点，落在结构简陋、环境最差的危棚简屋上，提出“到本世纪末完成市区365万平方米危棚简屋改造，住宅成套率达到70%”。由此，上海拉开了大规模旧区改造的序幕。1998年8月10日，“两湾一宅”首期动迁拉开帷幕。10个月后，伴随着几声巨响，在瓢泼大雨中，“两湾一宅”最后的房屋化为瓦砾。蜗居了半个世纪的居民，陆续搬往桃浦、宝山、江桥等动迁居民安置小区。

经过改造建设，昔日整天与黑臭河水为伴的“两湾一宅”彻底消失，呈现在人们眼前的是6万平方米的中央环岛公园、15万平方米的主题广场、2公里长的河滨绿色走廊和160万平方米的建筑。通过旧区改造，居民群众的住房条件得到了极大改善，城市面貌焕然一新，进一步了增强群众的向心力和凝聚力。用居民们的话说，就是“住房宽了，环境美了，心情好了”。

链接一

以土地批租形式成片改造旧城区

1992 年 12 月 12 日，北京东路 71 号街坊旧区改造正式动工，被评为上海“十大改革开放新鲜事”、1992 年上海“十大经济新闻”。1992 年底至 1993 年，兴起了上海新一轮土地批租、旧区改造的高潮。

北京东路 71 号街坊，占地 2.38 公顷，有近百年的建筑史，是处于市中心黄金地段的大面积危旧房。其中全危房约占五分之一，是“七五”期间（1986—1990 年）上海确定的 23 片急需改造的基地之一。

1992 年 3 月中旬，新加坡长立国际开发股份有限公司来沪寻找投资项目，奔波了一周，虽然接触了许多单位，但都没能达成意向。这位外商不甘心两手空空地回去，临走前一天，抱着最后一试

◎ 北京东路 71 号街坊改造现场

的心情由市浦东开发办介绍来到黄浦区。经过数轮谈判，该地块以批租形式出让给黄浦区房产经营公司和新加坡长立国际开发股份有限公司。该地块当年批租、当年动迁、当年开工。经过精心建设，该地块矗立起建筑面积达20万平方米，取名为“外滩京城”的现代化商业、办公综合楼。原先在那儿开设的专业商店回搬新楼，恢复营业，而1200余户居民则告别了居住几十年的破旧拥挤的老住宅，喜迁新居。

通过开展土地批租和加快房地产开发、加快市政建设相结合的方式，至1995年，全市共拆除危棚简屋180万平方米，占1991年危棚简屋统计范围内的近50%。

链接二 上海首创住房公积金制度

1991年5月1日，《上海市住房制度改革实施方案》获国务院批准后正式开始实施，拉开了上海住房制度改革的大幕。改革的主要内容可以概括为五句话：推行公积金、提租发补贴、配房买债券、买房给优惠、建立房委会。其中，推行住房公积金制度是基础。

1992年5月8日，上海华光仪表仪器厂的女会计杨希鸿，在一份借款合同上签下了自己的名字。合同书上写明，杨希鸿向住房公积金中心贷了8万元分期偿还的贷款。这8万元，帮助杨希鸿圆了多年的住房梦。在这份油印的、略显粗糙的合同的首页，印着001的编号，表明她成了全上海乃至全国首个通过公积金贷款买房的人。这是第一笔公积金贷款，也是全中国第一笔按揭贷款。

1993年12月，第三次全国房改工作会议召开，上海在会上介绍住房改革的做法与经验，全国房改方案基本模式参考上海。这项历史性重大创举和制度创新，很快在全国得到普遍推广和广泛复制。1994年4月，国务院颁布了《关于深化城镇住房制度改革的决定》，决定全面推行住房公积金制度。

2004年3月，上海成立了上海市住房公积金管理委员会。主要职能是对本

© 2001年，上海市住房公积金个人贷款发放突破100亿元

市住房公积金的重大政策、重要事项进行决策审批，批准增值收益分配方案的各项工作。截至2017年底，累计向全市243万户职工家庭发放个人购房贷款7059.11亿元，支持购房建筑面积约2.16亿平方米。

链接三

从『拆、改、留』到『留、改、拆』

21世纪上海旧区改造从过去的大拆大建模式转变为“拆、改、留”并举，再到坚持“留、改、拆”并举，将旧区改造与保护历史建筑、改善居民的生活条件有机结合起来。

建于1930年的步高里，位于卢湾区瑞金二路社区陕西南路和建国西路交界处，占地约7000平方米，共有砖木结构二层石库门建筑78幢，形成了完整的里弄街坊格局，是上海晚期石库门里弄的代表，1989年成为市级文物保护单位。

2007年，政府共拨款550万元，市文管会资助100万元，进行了里弄综合改造，这一修缮工程被步高里居民简称为“大修”。该工程内容包括新式坐便器安

◎ 改造后的步高里

装、厨房水电煤设施更新、室内喷淋安装、外墙修复、路面铺设、市政管道整治以及建筑内外的局部维修等。改造中，采用国外先进技术对清水红砖和石材进行清洗和修补，去除了过去屡次“画墙式”修缮留下的红砖粉和涂料，“修旧如旧”恢复原貌。内部改造中，一种配备新式专利底座的坐便器成功解决了在居室仅 0.6 平方米内安置马桶的问题，并在防潮、防异味等预防措施上取得重大突破，使居民们告别了几十年来倒老式马桶的日子，生活质量得到很大改善。

2016 年初，上海市政府推进“光明工程”项目，步高里进行了电能计量表前供电设施维护和更新改造工程，将每户居民住宅的电能计量表前供电设施基本容量配置标准提高至 8 千瓦。“光明工程”由电力公司作为项目实施主体，房管等部门配合，改造资金由市、区两级政府和市电力公司共同筹措，居民未负担任何费用。由政府主导对步高里实施的更新改造，一定程度上改善了建筑的实用性和居民的居住条件。

（许　璇）

上海64条永不拓宽的马路

上海是国家历史文化名城，百年历史看上海。在城市建设的进程中，上海注重挖掘城市自身独特的历史文化内涵。2007年起，上海将山阴路、复兴西路、武康路等64条地处上海中心城12个风貌区内的马路纳入整体规划保护范围，道路红线永不拓宽，而且街道两侧的建筑风格、尺度也将保持历史原貌。

59 永不拓宽的马路

2007 年 9 月，上海市人民政府将 64 条马路纳入了一类历史风貌道路保护名单，承诺“永不拓宽”，不允许做出任何形式的拓宽，规定街道两侧的建筑风格、尺度都要保持历史原貌。这 64 条“一级保护道路”，集中地体现了上海的历史文化，因此被要求受到“最高级别”的保护，保存着老上海原汁原味的风貌。

这 64 条永不拓宽的马路可以分成三类：“纵横经典”“繁华深处”“梧桐树下”。“纵横经典”包括 15 条一类风貌保护道路，主要分布在上海核心区域的外滩和人民广场历史文化风貌区。这 15 条道路，布局紧凑、横平竖直，其中几条算得上上海最早的道路，几乎全部采用中国地名命名。“繁华深处”包括 14 条一类风貌保护道路，在繁华商业区外围，沿线里弄建筑较多，给人以庭院深深之感，主要分布在虹桥路、南京西路、山阴路、提篮桥、新华路和愚园路等 6 片历史文化风貌区。“梧桐树下”马路沿线以老洋房、法国梧桐为主要风貌，集中于衡山路—复兴路历史文化风貌区周边，共计 35 条一类风貌保护道路。

随着历史文脉保护日益受到关注，承载城市记忆的风貌保护道路阵容也日益庞大。继 2005 年公布 144 条风貌保护道路（街巷）以后，上海又陆续在郊区和浦东新区确定了 234 条，后又新增 23 条，承载城市记忆的风貌保护道路阵容日益庞大。

上海音乐厅整体平移

链接一

2002 年，为配合延安路高架的拓宽建设，74 岁的上海音乐厅开始向东南方向蹒跚“行走”。2003 年 6 月 17 日，经过整整半年的整体平移，“年逾古稀”的上海音乐厅，终于在下午 1 点 30 分向最后的终点“冲刺”。这座有几个篮球场大的音乐厅在四个平推的千斤顶推动下，开始缓缓地向最后的到位点前进。仅仅用了 15 分钟，上海音乐厅如愿以偿地平移到预定的位置，上海音乐厅整体向南移动 66.46 米，抬高 3.38 米。

上海音乐厅是砖木混合结构，这种结构，最怕的就是摇晃——容易散架。于是最可靠的办法就是把整个建筑“打包”。用大量钢架从外面，也从里面把每一堵墙撑住，从建筑底部进行切割，用 58 台千斤顶将建筑物顶升起来，用钢筋混凝土做一个新的底盘承托并固定整个建筑物。当整个“打包”完成以后，便开始一步一步地往新址移动。每移动一米，就要进行一次监

◎ 平移中的上海音乐厅

测。人工凭经验检查所有墙面和立柱，同时通过技术手段检测重心是否出现偏差。每检测一次花的时间需两三天。

平移完成后，上海音乐厅开始修缮扩建，对原有的装饰区整旧如旧，内外部墙面颜色也清洗恢复到建厅原貌。除保持原有良好的建声效果外，上海音乐厅的舞台深度加大了一倍，新建了南厅和西厅，增加演员休息室，重建屋顶，座位增加到 1200 座，成为上海的文化新地标。

链接二

衡山路—复兴路历史风貌区

2002 年 7 月 25 日，上海市第十一届人民代表大会常务委员会第四十一次会议通过颁布了《上海市历史风貌保护区和优秀历史建筑保护条例》，是上海依法保护城市历史文化遗产的重要事件。入选的有 12 个历史风貌区，总面积为 27 平方公里。12 个历史风貌区分别是：外滩、人民广场、老城厢、南京西路、衡山路—复兴路、愚园路、虹桥路、山阴路、

◎ 俯瞰衡复历史文化风貌区

提篮桥、龙华、新华路、江湾等。这些历史文化风貌区内的建筑或记载着世界建筑的精髓，或演绎着海派石库门的精致，或传递着城市历史文化的气息，风格迥异，并随着时间的推移，越来越显现出珍贵的保留价值。

衡山路—复兴路（简称“衡复”）历史风貌区是上海首批以立法形式认定和保护的 12 个历史风貌区之一。作为上海保护规模最大的地区，衡复历史风貌区总面积 7.66 平方公里，其中徐汇区域 4.3 平方公里，有 950 幢优秀历史建筑，1774 幢保留历史建筑，2259 幢一般历史建筑，拥有深厚的历史人文底蕴，是上海城市文脉的发源地和承载区。很多堪称“网红”的马路都处于该风貌区内，比如武康路、安福路、乌鲁木齐中路、长乐路、巨鹿路等。风貌区内庭院深深，梧桐掩映，各式小楼洋房林立，关于此地的上海传奇人物故事数不胜数。

上海特色小镇建设

链接三

2016 年，国家住建部、发改委、财政部联合发布《关于开展特色小镇培育工作的通知》，提出“到 2020 年，培育 1000 个左右各具特色、富有活力的休闲旅游、商贸物流、现代制造、教育科技、传统文化、美丽宜居等特色小镇”。特色小镇是城与乡之间的重要连接点。一方面，小镇可承接大城市的非核心功能疏解；另一方面，乡村人口可通过小镇享受各类公共服务，“三农”问题在这里可以得到解决。

目前，上海有 9 个镇被命名为国家级特色小镇。2016 年，国家住建部公布第一批全国特色小镇，上海金山区枫泾镇、松江区车墩镇、青浦区朱家角镇 3 个镇入选。2017 年，第二批全国特色小镇评出，上海有 6 个镇入选，分别是浦东新区新场镇、闵行区吴泾镇、崇明区东平镇、嘉定区安亭镇、宝山区罗泾镇、奉贤区庄行镇。上海 9 个国家级特色小城镇差异很大，按照定位可以分成三类：第一类是拥有特色产业和优势产业的小城镇。比如嘉定安亭镇定位汽车未来小镇，松江车墩镇定位影视特色小镇，闵行吴泾镇定位科技时尚特色小镇。第二类是历

© 枫泾古镇

史底蕴深厚的古镇。比如金山枫泾镇定位科创特色小镇，青浦朱家角镇定位文创 + 基金特色小镇，浦东新场镇定位文创特色小镇。第三类是以农业为特色的小城镇。比如宝山罗泾镇定位长江口绿色小镇，奉贤庄行镇定位农艺特色小镇，崇明东平镇打造农垦系统璀璨明珠。

（白璇煜）

60 中国 2010 年上海世界博览会开幕

举世瞩目的 2010 年上海世界博览会开幕式于 2010 年 4 月 30 日晚在上海世博文化中心隆重举行。这是第一次在发展中国家、在中国举办的综合性世界博览会，主题为“城市，让生活更美好”。当日 20 时 29 分，国家主席胡锦涛宣布：中国 2010 年上海世界博览会开幕。法国总统萨科齐等 20 位外国国家元首及政府首脑出席上海世博会开幕式。

上海世博会是继北京奥运会后我国举办的又一国际盛会，也是第一次在发展中国家举办的注册类世界博览会。中国 2010 年上海世界博览会会场，位于南浦大桥和卢浦大桥区域，并沿着上海城区黄浦江两岸进行布局。5.28 平方公里的世博园区，充分展示着世界的多彩：丹麦的“小美人鱼”铜像、卢森堡的“金色少女”雕像，还有法国的 7 件国宝……这些各国堪称“国宝”级的展品，很多是首次走出国门。世博会期间，来自世界各地的文化娱乐节目轮番演出约 2 万场次。

2010 上海世博会从 2010 年 5 月 1 日开幕，到 10 月 31 日闭幕，184 天里来自 246 个国家、国际组织的参展方，7308 万人次参观游客，通过展示、论坛、表演等形式，一起探讨城市未来发展前景，共同谱写了一曲人类文明和谐共生的激情乐章，生动诠释了“理解、沟通、欢聚、合作”的世博理念。

世博园区的后续开发利用

链接一

上海市政府对“后世博”整体规划是，世博园区将被打造成为国际知名企业总部集聚区、商务与绿色生态融合的世界级工作社区、具有国际影响力的低碳社区。根据整体规划，5.28 平方公里世博园区将形成“五区一带”的功能结构。浦西部分包括两大功能区，一是依托原浦西企业馆区的文化博览区；二是整体保留的城市最佳实践区。浦东部分包括三大功能区，一是以世博村地块为依托的政务办公社区；二是原 AB 片区组成的会展商务区；三是原 C 片区组成的世博文化公园。“一带”指滨江生态休闲景观带，是依托滨江绿地和休闲公共服务设施形成的沿江生态休闲景观带。

世博园区目前建设已是亮点纷呈，园区市级公共活动中心功能已初步显现。B 片区央企总部集聚区已建成，大部分企业已入驻，整个项目已开始出功能。中华艺术宫、世博展览馆、奔驰文化中心、世博中心、当代艺术博物馆、儿童艺术

◎ 世博公园一角

剧场等场馆改建后重新向公众开放，每年举办超过400场会议、展览、文化和娱乐活动。沙特馆、意大利馆、法国馆等成功转型，打造了月亮船、意大利中心、民生现代美术馆等精品旅游文化产品。世博轴成为集零售、餐饮、娱乐、休闲、文化、创意、展示于一体的超大规模商业综合体，年客流量超过1600万人次。世博公园、后滩公园和白莲泾公园每年吸引游客超过50万人次，定期举办“简单生活节”、“草莓音乐节”、“爵士音乐节”等品牌活动，已成为开放式旅游休闲及户外文化活动中心。城市最佳实践区存量建筑招商完成率达95%以上，一批创意产业进驻后提升了区域影响力，通过举办一些具有重大影响的创意秀场活动，使得该区域特色更加鲜明，以LEED-ND铂金级认证为引领、以文化创意设计为特征的新型街区初步显现。

可爱的『小白菜』

链接二

在上海世博会上，有一群被称作“小白菜”的志愿者用坚强、乐观、奉献的志愿精神，给中外游客留下了深刻的印象。“小白菜”用自己的实际行动诠释着志愿者的意义，践行着志愿者的诺言，他们更用事实诠释了“海宝一代”，用青春书写着壮丽，用志愿精神书写着青春。

在“世博会志愿者”这面旗帜下，整个世博会的志愿服务体系分成了三大部分：一是8万余人的园区志愿者，二是10万名左右的城市志愿服务站点志愿者，还有197万名城市文明志愿者。上海世博会成功地探索出超长服务周期、超大服务人群的大项目志愿工作模式，其中，政府承办、体制内动员、社会组织参与是上海世博会志愿服务运作中的突出特色。上海市政府在“打造公共服务型政府”的理念下，实现了管理的强制性与志愿者志愿性的平衡，实现了志愿服务的社会化运作，可以说是后奥运时代中国志愿服务的又一经典范例。

184天，世博会这场人类文明盛宴，给上海、给中国、给世界留下了太多值

◎ 志愿者在世博园区为游客服务

得纪念的瞬间。志愿者，世博会上最可爱的人，他们感动了整座城市，塑造了新的“精神名片”。志愿者已经成为了上海这座城市最亲切的称呼、最时尚的身份。在上海走向未来的大踏步中，“阳光、快乐、奉献和担当”的志愿者风采早已定格在这座城市的品格中。

链接三 设立『世界城市日』

世界城市日，出自2010年10月31日上海世博会高峰论坛上发布的《上海宣言》中的倡议。倡议表示，将10月31日上海世博会闭幕之日定为世界城市日，让上海世博会的理念与实践得以永续，激励人类为城市创新与和谐发展而不懈追求和奋斗。“世界城市日”的申设，是上海世博会工作的有效延续。

在中国政府和有关各方的共同努力下，2013年12月6日，第68届联合国大会第二委员会通过有关人类住区问题的决议，决定自2014年起将每年的10月31日设为“世界城市日”。这是中国首次在联合国推动设立的国际日，获得了联合国全体会员国的支持。首个“世界城

◎ 2014年10月31日，首届“世界城市日”启动仪式在上海举行

市日”活动全球启动仪式于2014年10月31日在上海举行，主题为“城市转型与发展”，契合了中国当前新型城市化发展战略和可持续的发展理念。

上海世界城市日事务协调中心设在上海。该中心将组织开展庆典、论坛、展览、宣传推广等日常活动，遴选全球范围内城市可持续发展领域的出色案例，更新《上海手册》，合作开展如理论培训、发行出版物等知识分享与传播等活动。通过与联合国人居署开展充分合作，上海世界城市日事务协调中心将促进各级政府和社会团体、个人共同应对城市化进程的挑战，协助解决国内外各类城市的可持续发展问题。

（白璇煜）

家庭医生

61 “家庭医生”守护市民健康

2011年5月17日，《中共上海市委、上海市人民政府贯彻〈中共中央、国务院关于深化医药卫生体制改革的意见〉的实施意见》和《上海市深化医药卫生体制改革近期重点实施方案》正式公布，明确提出建立家庭医生制度要求。与此同时，上海在总结长宁等区先行探索经验的基础上，在10个区开展家庭医生制度试点工作。居民与所在社区卫生服务机构的家庭医生签约获取服务；家庭医生则为签约居民制定健康管理计划，实施个性化健康干预，并视情提供优先转诊等服务。2013年3月起，家庭医生制度在全市范围推广。

家庭医生制度的建立离不开基层卫生服务载体的优化。21世纪初，随着上海医疗卫生事业改革逐步推进，市民们纷纷注意到，自己家附近的“地段医院”更名为“社区卫生服务中心”，硬件设施、人员配备也持续改进。优质医疗服务不再完全集中于市级大医院，而是更多地来到基层一线、来到百姓身边。

2014年，上海进一步探索“1+1+1”医疗机构组合签约，即居民选择1家三级医院、1家二级医院、1家社区卫生服务中心，签约居民通过家庭医生转诊至上级医院；二、三级医院针对社区推行“两个50%”，即包括知名专家在内的门诊预约号源50%、预约开放前的50%时段，优先向家庭医生和签约居民开放。数据显示：全市已签约居民72%在签约医疗机构组合内就诊，其中在签约社区卫生服务中心内就诊高达 50%。以构建整合型健康服务体系为目标的家庭医生“嘉定模式”还得到世界卫生组织的关注与合作。

从管理单个疾病到管理居民健康，家庭医生成为群众的“健康守门人”。上海户籍人口期望寿命等“三大健康指标”保持国内领先并达到世界先进水平，其中家庭医生功不可没。

链接一

市级医院『旧貌换新颜』

世纪之交的上海，在经历了“一年一个样、三年大变样”后，城市面貌已经发生显著变化；但市级医院基础设施建设却仍处于滞后状态。“看病像到了‘小菜场’、进了‘难民营’”——市民群众对医院“环境、条件差”的抱怨屡见不鲜。改造迫在眉睫，但所需的大量资金一时成为瓶颈。

为此，在市领导提议下，本市医疗卫生领域借鉴城市建

◎ 2017 年 12 月，经过 4 轮五年规划建设，上海市胸科医院旧貌换新颜

设改革经验，通过成立专司卫生投融资建设的实体，统筹市级卫生国有资产的投资、经营和管理，以逐步解决所需资金问题。2002年3月，上海申康投资有限公司（简称“申康投资公司”）挂牌成立。申康投资公司在12亿元财政资金投入外加1亿元贴息贷款的基础上，通过资产运作、盘活存量、探索“拨改投”机制和途径等方式，确保国有资产保值增效；并通过发挥政府对市级医院投资的导向作用，借助银行融资和有效调动存量资金，保障市级医院基本建设和改造项目扎实推进。

自2002年以来，全市共实施了86个市级医院基本建设和改造项目，完成总投资313亿元。在市级医院原有总面积116万平方米的基础上，新建建筑面积418万平方米，几乎是新增加了4倍的规模。医院环境面貌焕然一新，设施设备也极大改善。

链接二

『医联工程』方便患者就医

2005年9月，上海申康医院发展中心（简称“申康中心”）正式成立，上海在全国率先实现公立医院“管办分离”。“医联工程”正是在此背景下，于2006年启动建设的。

“医联工程”通过建设区域医疗信息共享及协同服务系统，逐步实现各级医疗机构间临床信息共享，减少重复检验检查用药。经过10多年的建设和积累，医联平台的数据量已接近1.9PB（1PB相当于1024TB、1024×1024GB）。在如此庞大的数据平台支撑下，患者如果想到医院看专家门诊，可以通过医联网、医联APP、微信公众号等多种渠道免费进行实名制预约。在就诊过程中，患者可利用医院的一站式自助服务机或手机APP便捷地自助挂号、缴费、查询、预约，不用重复排队；医生可以查看患者在其他医院的就诊信息，实时查询调阅CT、MRI等影像资料、检验检查结果报告、用药等信息。就诊结束后，患者在家中就能在线查询检验报告。

◎ 医院设置"预约者挂号"/"自助机服务"专窗

"医联工程"曾获得国家科技进步二等奖、联合国人居署改善居住环境最佳范例奖等殊荣。前世界卫生组织总干事陈冯富珍女士评价上海医联工程"规模之大、功能之全、覆盖面之广，世界一流"。

链接三

『四医联动』为生活困难群体看病解忧

为更好地解决生活困难群体"看病难""看病贵"问题，2007年，上海市长宁区在仙霞新村街道先行试点名为"利贫"的课题项目，通过对5个居民区内113户低保家庭总计346人长达一年的医疗保健救助试点，梳理出可对贫困人群减免的基本药品目录与基本检查目录；经过第三方专业社会组织共同分析评估，最终形成了一套以社区卫生服务中心为平台，规范可行、救助程度适宜的城市贫困人群医疗保健救助制度。这便是"四医联动"的雏形。

2010年，长宁区联合卫生计生、民政、人力资源和社会保障（医保）、财政等职能部门，在全市首推"基本医疗保险＋基本医疗服务＋政府医疗救助＋社

◎ 市民在社区卫生服务中心取药

会组织医疗帮扶”一站式医疗救助（即“四医联动”）新模式。在该模式下，由困难居民与所属社区卫生服务中心家庭医生进行签约，实行定点首诊、预约就诊，并根据病情需要经家庭医生转诊至区属二级医疗机构就医，医疗保险支付范围内个人自负（自付）部分分别按95%、90%报销，个人分别只承担5%、10%，困难居民医疗费用负担大大减轻了。此外，“四医联动”改病患事后报销为民政救助事前垫付，确保救助能在第一时间抵达最需要帮助的人群。

“吃药还是吃饭？”“四医联动”让这不再成为问题。

（龚思文）

由贸易试验区挂牌仪式

62 上海自贸区谱写改革开放新篇章

2013年9月29日，中国大陆境内首个自由贸易区——中国（上海）自由贸易试验区挂牌仪式在上海浦东外高桥举行。在这之前，国务院已于同年8月批准设立中国（上海）自由贸易试验区。成立之初的上海自贸试验区涵盖外高桥保税区、外高桥保税物流园区、洋山保税港区和浦东机场综合保税区等4个海关特殊监管区，总面积28.78平方公里。以开放倒逼改革、以制度创新倒逼深化改革的“国家试验”由此展开。

2014年5月，中共中央总书记、国家主席、中央军委主席习近平在上海视察时指出：“上海自由贸易试验区是块大试验田，要播下良种，精心耕作，精心管护，期待有好收成，并且把培育良种的经验推广开来。”按照中央要求，从构筑投资、贸易、金融和事中事后监管制度的“四梁八柱”基础体系入手，到“三区一堡”建设高质量发展定位，上海自贸试验区建设任务梯次展开、系统深化，并在全国率先开展了外商投资“负面清单”、国际贸易“单一窗口”、自由贸易账户、“证照分离”、分类综合执法等一系列重大基础性改革，为全国深化改革和扩大开放提供了可借鉴的制度和改革经验。2015年4月，上海自贸试验区范围扩展到陆家嘴金融片区、金桥开发片区和张江高科技片区，总面积达120.72平方公里。

2018 年 11 月，习近平主席在首届中国国际进口博览会开幕式上宣布，将增设中国上海自由贸易试验区的新片区，鼓励和支持上海在推进投资和贸易自由化便利化方面大胆创新探索，为全国积累更多可复制可推广经验。迈上更高起点、拥有更广阔战略空间，上海自贸试验区将继续谱写全面深化改革和扩大开放的新篇章。

链接一

不断瘦身的外商投资『负面清单』

2013 年 9 月上海自贸试验区挂牌成立当日，“全国首例”外商投资准入“负面清单”也同步问世，包括了 18 个行业门类、1069 个小类的 190 条内容。“非禁即入”新模式开始进入公众视野。仅仅 9 个月后，在提高负面清单开放度、透明度的基础上，2014 年版负面清单出炉，特别管理措施压缩至 139 条。2015 版负面清单升级为“全国版”，适用于上海、

◎ 企业代表在上海自贸试验区查阅相关政策信息

广东、天津、福建4个自贸试验区，并进一步缩减为122条。2017年7月正式实施的2017版负面清单缩减至95条，覆盖包括上海在内的11个自贸试验区。2018年7月正式实施的2018年版负面清单则进一步减至45条措施，涉及农业、采矿、文化、增值电信、金融等领域的新开放。负面清单的不断“瘦身”，标志着自贸试验区开放程度越来越高。

值得一提的是，2014年首次国务院常务会议决定公开国务院各部门全部行政审批事项清单，除公开的事项外，各部门不得擅自新设行政审批事项，逐步向审批事项“负面清单”管理迈进。“法定职责必须为、法无授权不可为”——起步于上海自贸试验区的“负面清单”，不只是放松政府管制的一种先进制度，而且是政府管理制度上的一次自我革命。

链接二

快捷便利的国际贸易『单一窗口』

试想，一部手机在组装好的同一天内就走完货物申报进口全流程并实现上架销售，何以成为可能？通过国际贸易“单一窗口”就能做到。

2014年6月，上海国际贸易“单一窗口”上线运行。过去货物通关或船舶进出港时，要同时对接多个口岸监管单位，在海关、检验检疫、海事等部门之间奔波。而“单一窗口”让企业得以一次性递交满足贸易监管所需的所有材料，监管部门通过“一个平台”将结果反馈给相关企业，实现“信息多跑路，企业少奔波”。

随着上海自贸试验区不断深化制度创新，上海国际贸易“单一窗口”已从最初的1.0版跃升为3.0版，功能模块增加到10个，其中2018年新增“进博专区”功能，覆盖22个口岸和贸易监管部门，实现了与国家“单一窗口”标准版全面融合对接。目前，“单一窗口”已是全球单证处理量最大的平台，平均每天处理2000多万张单证，日均在线用户5800多个，累计服务企业达到27万家，口岸货物申报和船舶申报

工作人员介绍中国（上海）国际贸易单一窗口相关情况

100% 通过单一窗口办理，企业申报数据项在船舶申报环节缩减 65%，在货物申报环节缩减 24%。

链接三

持续深化的『证照分离』改革试点

现场签署一份告知承诺书，承诺符合申请条件后，便能当场取得经营许可证——这是在上海浦东率先试点的“证照分离”改革带来的“加速度”。如今，“证照分离”正加快向全国复制推广。

在上海自贸试验区成立伊始即试行“先照后证”基础上，2016 年初，在浦东新区率先开展的“证照分离”改革试点，对 116 项行政许可事项先行开展改革试验；2018 年根据国务院批复的《上海市进一步推进“证照分离”改革试点工作方

◎ 浦东新区市场监督管理局工作人员为企业代表颁发营业执照

案》，在前期116项改革试点基础上，又进一步落实商事制度、医疗、投资等10个领域47项审批事项改革试点，推进“照后减证”。企业面临的“办证难”“准入不准营”等“最后一公里”问题真正被打通了。

“证照分离”的有序实施离不开监管体系的健全和完善。2014年1月，浦东新区率先完成工商、质监、食药监“三合一”改革，挂牌成立浦东新区市场监督管理局（后纳入价格监督检查职能），构建覆盖生产、流动、消费全过程的监管体系。此后，随着自贸区管委会知识产权局以及浦东新区知识产权局、城市管理行政执法局等部门相继组建成立，事中事后监管的体制机制保障也更加有力。

（龚思文）

十八大报告中的八大关键词
新民晚报
浪漫开卷
上海世博会全球征集吉祥物
文匯報
世博盛会隆重开幕
潮涌浦江 扬帆启航
庆贺上海报业集团成立
传媒整合，潮涌浦江。上海报业集团扬帆启航！荟集报业资源，传承历史文脉，彰显主流价值。
新技术、新媒体、新领域。创新无止境，我们新出发。上海报业集团！

63 上海报业迈出融合转型新步伐

2013年10月28日，解放日报报业集团、文汇新民联合报业集团宣布合并，组建上海报业集团。新成立的上海报业集团肩负起通过深化改革激发主流媒体活力的重任。

上海是中国近代报刊的发源地。20世纪末，上海传媒业在改革开放大潮中乘势而上，文汇新民、解放日报等先后完成集团化改造，精彩纷呈的各类报刊丰富着市民都市生活。但是，随着互联网、移动通信技术的持续发展，作为传统媒介的报刊面临着生存发展压力。党的十八大以来，在媒体融合发展上升为国家战略的重大形势下，上海积极贯彻中央要求，将改革创新作为文化传媒业特别是主流媒体发展的动力源泉。

新组建的上海报业集团以统筹经营为主要职责；旗下的解放日报社、文汇报社、新民晚报社独立建制，实行党委领导下的总编辑负责制，在把握好舆论导向的同时做新做实媒体内容。在技术日新月异浪潮中，集团注重打造具有互联网气质、富有影响力的新产品，形成了“三二四”布局，即：以上观新闻、文汇和新民邻声为标志的三大传统主流媒体的互联网主阵地，以澎湃、界面为标志的两大互联网新媒体，以摩尔金融、唔哩、第六声、周到为标志的四大互联网细分市场项目。

以上海报业集团成立为起点，本市主流媒体以新姿态、新方式进行内容生产，媒体“深度融合、整体转型”改革迈出了新步伐。

链接一

SMG：改革重组 打造价值品牌

自21世纪初上海文化广播影视集团成立以来，“SMG”一直是市民耳熟能详的“高频词”。历经十多年改革发展的SMG，近年来又成为上海主流媒体“深度融合、整体转型”的标志之一。

2014年3月，在市委、市政府统一部署下，原属事业单位性质的上海文化广播影视集团（即“大文广”）撤销，与上海广播电视台、上海东方传媒有限公司（即“小文广”）合并，改制成立国有独资的上海文化广播影视有限公司。其

© SMG 世博眼演播室

中，东方卫视中心整合原来6个频道的娱乐资源，推出独立制作人制度，以激励节目创新；电视新闻中心和“看看新闻网”融合发展，建立全媒体指挥中心，实现全媒体流程和组织再造；东方广播中心整合四大广播板块，推出数字新媒体产品“阿基米德”；第一财经实现广播、电视、日报的全媒体整合。至此，SMG旗下拥有12个广播频率、15个电视频道、15个数字电视付费频道、8种报纸杂志，一批全国知名文艺院团、演艺场馆，以及东方明珠广播电视塔等城市文化地标。

此外，SMG通过战略合作，与阿里资本联手，打造带有互联网气质的数据新闻产品——DT财经；还与美国顶级VR公司JAUNT合资成立JAUNT中国，成为全国首家发布VR战略的广电系企业。

链接二

新媒体：移动互联时代『新主力』

2017年新年伊始，不少上海市民发现阅读栏上曾广受欢迎的《东方早报》消失了。其实，它并未远去，而是早已经过上海报业集团的打造，历经了一番整体转型“脱胎换骨”后，又以全新面貌获得了重生。2014年7月，澎湃新闻网及APP正式上线，成为第一个定位于互联网原创新闻生产的新媒体。相比于其前身《东方早报》，澎湃新闻更加专注于时政与思想，通过垂直分析的方式将内容做深做透，逐渐打造成为新媒体品牌中的“现象级产品”。

与此同时，《解放日报》、《文汇报》、《新民晚报》等“主力部队”也在“深度融合、整体转型”中着力打造新媒体平台。2014年1月，“上海观察”APP上线。它最初的定位是聚焦上海本地时政、财经、社会新闻，及时发布上海最新消息，在上海党政干部、公务员以及广大市民中形成了广泛影响力，并且成为全国省级党报转型的标志性项目之一。2016年11月，“上海观察”更名为“上观新闻”，其新闻报道视角进

◎“上观”“澎湃”等新媒体带来全新资讯体验

一步拓宽至全国。同年内，“文汇”APP、“新民邻声”APP 也相继上线，在继续为市民提供文化佳肴的同时，带来全新资讯体验。

链接三

世纪出版集团：转型发展中提升综合实力

上海出版业的转型发展同样走在全国前列。1999 年 2 月，市委、市政府批复同意组建上海世纪出版集团。此后，全市出版单位转企改制的大幕全面拉开。2015 年 7 月，上海世纪出版集团整体改制为上海世纪出版（集团）有限公司，为做强做大国有重点出版企业打下扎实基础。

2016 年 12 月，中共中央总书记、国家主席、中央军委主席习近平致信祝贺《大辞海》出版暨《辞海》第一版面世 80 周年，提出“坚定文化自信，坚持改革创新，打造传世精品”的殷切期望。《大辞海》是以《辞海》为基础编纂的特大型综合性词典，

◎ 第二十七届全国图书交易博览会上海展区（2017 年）

2003 年起由世纪出版集团旗下的上海辞书出版社陆续出版。

近年来，世纪出版集团按照习近平总书记重要指示和上海市委关于全面打响“上海文化”品牌的要求，聚焦专业出版品牌建设进行资源整合重组，以上海人民出版社、上海文艺出版社、上海少年儿童出版社 3 家出版单位和教育出版板块为核心的“3+1”综合改革取得阶段性成果。集团还打造了思南书局、广富林朵云书院等全新城市文化地标，并重组成立新的上海印刷（集团）有限公司。通过深化改革创新，集团已发展成为集书刊出版、印刷印务、新型实体书店、艺术品经营四大业务于一体的综合性大型出版传媒集团，综合实力和影响力显著提升。

（龚思文）

残疾人专用车
普陀 3388
12式
60
沪·A4828

64 破解超大城市交通治理“世界级难题”

2016年3月24日，上海启动道路交通违法行为大整治行动。从那天起，走出家门的市民发现，着装整齐的公安干警、辅警和身着橙色马甲的平安志愿者遍布城市每一条道路。“全警动、全市动、全民动”——剑锋所指，是被喻为“超大城市治理世界级难题”的道路交通治理问题。

落实最严查处措施、借助新技术提升执法效能、深化交通管理勤务机制改革、持续营造宣传声势……大整治行动启动后一个月内，全市共查处各类交通违法行为143万余起，同比上升117%，整治的震慑作用明显；启动后一年间，全市道路交通事故数同比下降23.8%，其中因机动车违反交通信号、超速行驶引发的事故数分别下降65.2%和48.9%，法治保障力度亦得到彰显。在高频次、高强度、不间断整治已成常态的状况下，如今全市239条黄线道路已基本实现“零违停”，机动车乱鸣号、行人乱穿马路等突出交通违法行为更是大幅减少。精细化治理措施立竿见影、成效显著。

然而，要真正在全社会“立规矩、正风气”，除加大整治力度外，法律法规的优化完善必不可少。2016年12月，上海市第十四届人大常委会第三十四次会议表决通过新修订的《上海市道路交通管理条例》；2017年3月，新《条例》正式实施。与上一版《条例》相比，新《条例》增设了机动车“一次连续变换两条车道”、乘坐人未按规定使用安全带等20多种违法行为，大多针对市民反映强烈、亟须解决的交通安全瓶颈问题。同时，新《条例》还对落实公交优先发展战略、倡导绿色交通理念等要求予以明确和强化，进一步保障和改善市民的交通出行环境。

链接一

『零燃放』让春节更清新

一部地方性法规能否改变人们固守多年的风俗习惯？《上海市烟花爆竹安全管理条例》的修订实施，给出了肯定的答案。

经100多名人大代表联名倡议，在广泛调研、走访、座谈，充分酝酿、交锋、交融的基础上，2015年12月，上海市第十四届人大常委会第二十六次会议对《上海市烟花爆竹

◎ 公安干警和消防官兵正在清点收缴非法存储运输的烟花爆竹

安全管理条例》作出全面修订，将禁放区域从内环线内扩展至外环线内，同时确立了烟花爆竹从生产、经营、运输、仓储、销售直至燃放的全过程管理制度。新《条例》于2016年元旦正式实施后，上海随即启动“史上最严”烟花爆竹安全管控模式。一时间，电子显示屏、移动电视、手机短信、横幅、海报全方位、全时段开展宣传，居委会干部走家串户发放告知书。2016年从小年夜到年初六，公安机关每天投入2万名警力；全市30万平安志愿者与公安民警、消防官兵“混合编组”，实施现场监护、巡查检查并劝阻违法行为。

至今，上海外环内的市民已经连续度过了四个没有爆竹声、空气里不再弥漫火药味的春节，公众安全感显著提升。以2019年春节为例，全市报警类110呼入量下降20.7%，119火警下降13%。“禁燃令”已然深入人心，人人守法带来了家家受益。

链接二

日渐疏朗的城市『天际线』

位于淮海中路的武康大楼，是出自著名建筑师邬达克之手的上海城市地标性建筑之一。然而由于历史原因，大楼周边道路架空电线和各式立杆随处可见，将天空分割成了数个多边形，与历史风貌区的人文底蕴着实不符。从20世纪90年代起，上海已经开始实施架空线入地及整治工作，20多年来共完成600公里架空线入地。但由于违规架设成本较低、整治难度较大等原因，到2018年初，内环线内仍有71%道路有架空线。

2018年1月，上海市委、市政府召开加强城市管理精细化工作推进大会，正式发布《贯彻落实〈中共上海市委、上海市人民政府关于加强本市城市管理精细化工作的实施意见〉三年行动计划（2018—2020年）》；“开展架空线整治”便是行动计划中的重要内容之一。这一年，按照中共中央政治局委员、上海市委书记李强提出关于提高城市管理精细化水平要“以绣花般的细心、耐心和卓越心”的要求，上海共完成116公里道路架

架空线整治让武康大楼告别“蛛网”

空线入地和合杆整治，拔除各类路杆 9800 余根，合杆路段减杆率达 68%；浦江饭店、上海大剧院、国家会展中心等周边路段均实现架空线入地及合杆。到 2019 年 1 月，武康大楼周边区域架空线入地工程也基本完工，这栋历史建筑终于告别了缠绕在周边上空的“蛛网”，展现出舒朗的天际线。

链接三

『垃圾分类工作就是新时尚』

目前，上海日均生活垃圾清运量可达 2.6 万至 2.7 万吨；而通过生活垃圾分类管理，可提高生活垃圾回收和资源化利用效率，减少约 35% 以上的处理量。从中不难看出，实施生活垃圾分类对于这座超大城市而言，有着多么重要的意义！

早在 2000 年，上海就是全国首批生活垃圾分类试点城市之一。“迎世博”期间，上海启动分类回收玻璃瓶、“利乐包装”等举措。2014 年 5 月，本市实施《上海市促进生活垃圾分类减量办法》，“干

◎ 设在居民小区内的智能垃圾箱房

湿分类”成为广大市民对垃圾分类的直观认知。2018 年，本市发布《关于建立完善本市生活垃圾全程分类体系的实施方案》及相关行动计划，并率先在企事业单位和部分区试点推进生活垃圾源头分类。2018 年 11 月，习近平总书记在上海市虹口区市民驿站考察时，听到几位年轻人交流社区推广垃圾分类的做法，总书记强调：垃圾分类工作就是新时尚！我关注着这件事，希望上海抓实办好。

2019 年 1 月，市十五届人大二次会议高票通过《上海市生活垃圾管理条例》，自 7 月 1 日起施行；上海市垃圾分类工作纳入了法治框架。“上中下游一起抓，前中末端齐发力”，垃圾分类“新时尚”正在为这座城市平添“新亮色”。

（龚思文）

MICKEY
AVENUE
米奇大街
奇想花园
明日世界

65 上海迪士尼开启“寻梦之旅”

2016年6月16日，中国内地首座、全球第六座迪士尼乐园——上海迪士尼盛大开园。11时40分许，在蒙蒙细雨中，乐园大门缓缓打开，演职人员盛装列队，热情欢迎首批游客入园。

上海迪士尼“寻梦之旅”正式开启背后，是漫长的艰辛历程——从1990年时任上海市市长朱镕基向迪士尼公司提出合作建园意向，到2009年迪士尼公司宣布将在上海浦东兴建迪士尼乐园，到2010年谈判结束正式签约，到2011年破土动工，再到2016年建成开园……前前后后一共经历了26年时间。

按照“高起点规划、高品质开发、实现功能高度融合”要求，上海迪士尼主题乐园秉承了“原汁原味迪士尼、别具一格中国风”设计理念，不仅建设有全球迪士尼乐园中最大最高的奇幻城堡、第一个海盗主题园区、线路最长的花车巡游以及全球首发的“创极速光轮”等设施，还通过园林景观、十二生肖和白玉兰等造型体现中国元素。上海国际旅游度假区则建造了生态园、香草园、星愿公园、欢欣露天音乐剧场、奕欧来上海购物村等假日休闲功能性配套项目，为游客提供高品质体验环境。

2017年5月，上海迪士尼客流量正式突破1000万大关——此时距离开园不到1年，上海迪士尼在全国主题公园和全世界迪士尼乐园中都创造了最快纪录。2018年4月，乐园首个主要扩建项目、同时也是第七个主题园区——“迪士尼·皮克斯玩具总动员”开幕；目前第二个主要扩建项目“疯狂动物城”的规划建设也在有序开展……随着上海迪士尼“寻梦之旅”持续深入，它为上海建设世界著名旅游城市、世界一流旅游目的地城市发挥的作用也越来越大。

链接一

上海旅游节展现城市魅力

“世界那么大，先到上海来看看！”

2018 年 9 月 15 日夜晚，上海淮海路商业街再次成为了欢乐的海洋。在国内外游客的共同见证下，以“走进美好与欢乐”为主题、一年一度的上海旅游节开幕。来自世界 25 个国家和地区的 25 辆主题花车、37 个表演团队，将上海的城市魅力展现得淋漓尽致；同时，市民期待的为期一周的上海旅游节景点半价活动也正式启动，覆盖东方明珠广播电视塔、上海野生动物园、上海科技馆、上海中心上海之巅观光厅等 75 家主要景区。和往年一样，在接下来 20 多天时间里，周周有活动、天天有精彩。

定位于“人民大众的节日”的上海旅游节，起源于上海黄浦旅游节。1990 年 10 月 6 日傍晚，第一届上海黄浦旅游节在南京西路仙乐斯广场开幕，中外宾客共同游览了被誉为“中华第一街”的南京路和外滩等。此后，旅游节每年都在金秋举办，涵盖了观光、休闲、娱乐、文体、会展、美食、购物等活动，是目前国内规模最大、最具城市影响力的大型旅游节庆活动，吸引社会各界的大力支持和广泛参与。有文化、有品牌，还有故事；有精彩绝伦的都市风光，更有阅读不尽的都市人文……如今，上海旅游节已成为上海建设世界著名旅游城市节庆盛典的标志之一。

© 2014 上海旅游节开幕大巡游

链接二

『一江一河』打造世纪精品

上海市民一定不会忘记2017年12月31日，黄浦江两岸从杨浦大桥至徐浦大桥45公里岸线公共空间贯通，在新年到来之际向市民开放；曾经千帆竞过的黄浦江两岸，生产岸线逐步让位于生活岸线，成为上海创新驱动发展、经济转型升级重要示范区。从2002年黄浦江两岸综合开发启动，到2016年中共中央政治局委员、上海市委书记韩正明确指出到2017年底两岸45公里核心区基本实现贯通开放目标——上海市委、市政府赠予市民群众的这份沉甸甸的新年大礼，凝聚着15年的砥砺前行。浦东、杨浦、虹口、黄浦、徐汇等沿江各区按照高起点、严要求，结合自身优势，打造本区域特色亮点——曾经的“工业锈带”亮了，老码头、旧仓库变身创意空间，骑行道、跑步道、步行道、绿化带如五彩丝带飘飞江畔。随着《黄浦江两岸公共空间建设三年行动计划（2018年—2020年）》的持续推进，两岸景观、灯光、公共空间设计还在进一步优化提升。

而上海的另一条母亲河苏州河，也在2018年12月底启动了四期整治工程，

◎ 夜幕降临，黄浦江畔华灯璀璨

进入全流域综合治理新阶段。同时，苏州河中心城区 42 公里公共空间也将力争在 2020 年前实现贯通开放，积极打造“城市项链、发展名片、游憩宝地”。“一江一河”交相辉映，“世界级滨水公共开放空间”必将成为上海这座城市的品质象征。

链接三

深坑酒店 『独一无二』的佘山

曾经是一处深达百米、周长千米、足足有五个足球场大小的采石坑，如今却变成一座青山相伴左右的超五星级酒店。2018 年 11 月，世界上首家深坑酒店，同时也是全球人工海拔最低的酒店——上海佘山世茂洲际酒店开业。

自 2006 年立项开始，深坑酒店建设工程便备受关注，光方案论证就长达 7 年；2013 年开工当年，深坑酒店入选美国国家地理“伟大工程巡礼”。负向施工、坑内建筑的消防、防

© 佘山深坑酒店

水、抗震……这些都是世界建筑业面临的前所未有的难题。正所谓“普通项目的正常操作放在深坑就是特殊操作”。来自中建八局等单位的建设者们跨过一道道障碍，攻克了一项项技术难题，包括架设 80 米立柱搭载垂直运输电梯、混凝土向下超深 77 米三级接力输送技术等等。建设实践中，深坑酒店项目取得了 5 项发明专利、14 项实用新型专利，先后荣获 2015 年上海建筑施工行业第二届 BIM 技术应用大赛一等奖以及 2015 年中国建设工程 BIM 大赛卓越工程一等奖等一系列奖项。

安坐于潭水与悬崖之间——这座全世界往下建造最深的“独一无二”建筑，无愧于“世界建筑奇迹”赞誉，充分满足游客对旅游品质的需求。

（龚思文）

1952
The Guns of Navarone
by Alistair MacLean
becomes an instant bestseller
Charlotte's Web by
E.B. White is published
1957
Caedmon Audio,
the first company to sell audio
1940 - 1960
STRIDE TOWARD FREEDOM
After becoming the voice of the civil
rights movement, Martin Luther King Jr.
selects Harper & Brothers to publish
Stride Toward Freedom, his memoir
about the Montgomery bus boycott
1958
DR. ZHIVAGO
by Boris Pasternak

Collins
真正上海数学
Real Shanghai Mathematics
1.1
Teacher Book
Collins
真正上海数学
Real Shanghai Mathematics
1.1
Pupil Textbook
Collins
真正上海数学
Real Shanghai Mathematics
Practice Book
1.1

66 中国中小学教材首次系统进入欧美

2017 年 3 月 14 日，上海世纪出版集团与哈珀·柯林斯出版集团在伦敦书展举行签约仪式，授权其出版发行上海《数学》（1—6 年级）纸质教材英文版。签约后，哈珀·柯林斯出版集团组织专家团队对教材进行了“尽可能忠实于原文”“保持原汁原味”的翻译，以适合英语国家的学生使用。2018 年 10 月 10 日，哈珀·柯林斯出版集团在法兰克福书展举行上海《数学》教材英文版即《真正上海数学》新书首发仪式，宣布该套教材正式出版发行。

这套被英国教育界誉为“世界领先的数学教程”出版，是我国中小学教材第一次成系统、大规模进入欧美发达国家的国民教育体系。该教材中文原版由上海市中小学（幼儿园）课程改革委员会组织编写，上海世纪出版集团下的少年儿童出版社、上海教育出版社出版。在此之前，华东师大版《一课一练·数学》《三招过关》等教辅书籍也曾“飘洋过海”到英国并广受好评。与此同时，以互派教师、互学互鉴为主要内容的中英数学教师交流项目也持续开展。

日益深化的交流合作背后，不仅反映出外界对上海数学教研成果的肯定，也充分体现了上海多年来探索实施教育改革的突出业绩。其中在基础教育领域，从 21 世纪初的“二期课改”到近年来基于课程标准的教学和评价改革，推动着上海基础教育不断迈上新台阶。由教育主管部门牵头有关单位统一编写的系列课程教材在紧扣课程标准的前提下，注重“削枝强干”，尊重学生认知规律，突出学科基础功能；又通过教师在教学实践中的反馈来修订完善，从而形成“循环实证”良性循环，支撑着上海基础教育的稳步发展。

链接一

走向全国的上海高校『课程思政』

复旦大学“治国理政”、同济大学“中国道路”、华东师大“中国智慧”、上海大学“大国方略”……主题鲜明、内容丰富的“热门思政课”广受高校学生追捧。思政课如何贯彻好“立德树人”根本任务，并让各类课程与思政课同向同行、形成协同效应？上海高校经过10多年的探索实践，给出了“课程思政”的“上海方案”，已被教育部向全国推广。

2005年，中共中央宣传部、教育部印发《关于进一步加强和改进高等学校思想政治理论课的意见》及实施方案（即

◎ 2018年9月，复旦大学2018级新生聆听入学第一堂思政课

“05 方案”)。上海各高校在认真贯彻“05 方案”、形成完整的“4+1”(4 门必修课 + 形势与政策课)思政课程体系的基础上，将“一校一特色”的“中国系列”选修课有机结合到这一体系中——“4+1”扩充为“4+1+X”。此后，在推进教育综合改革进程中，上海高校积极构建以“政治认同、国家意识、文化自信和公民人格”为重点的德育顶层内容体系，推动“4+1+X”逐步发展为以思政课为核心、综合素养课为支撑、专业课为辐射“三位一体”的思想政治教育课程体系，实现从“思政课程”向“课程思政”的改革和转变。2017 年以来，在中央强调思政课要“全员、全过程、全方位育人”的新形势下，“课程思政”的“上海方案”成为贯彻中央要求的生动实践。

链接二

沪上首批十一所现代化寄宿制高中

一直关注教育的上海市民，一定对 20 世纪末沪上涌现的一批环境优美、设施先进的寄宿制高中记忆犹新。它们依托历史名校或办学基础良好的重点中学，实施扩建或易地新建而成。首批 11 所现代化寄宿制高中是：上海市进才中学、上海市七宝中学、上海市杨浦高级中学、上海市位育中学、上海市延安中学、上海市育才中学、上海市新中高级中学、上海市复兴高级中学、上海市晋元高级中学、上海市嘉定一中和上海市青浦高级中学。上述 11 所高中在新建或改扩建后，新增校园面积约 1700 亩，校舍建筑面积约 53 万平方米；以 2003 年计，招生规模总计 453 个班级，在校学生约 2.1 万人。

来到寄宿制高中学习和生活的青少年学子，体验的不只是良好的校园环境和先进的设施条件。在“以学生发展为本”理念指引下，每一名学生学习的时间和空间都得到了全面拓展。比如，上海市育才中学实施“学程选课走班”的教学管理模式，图书馆、计算机房等学校资源“全天候”向全体学生开放，充分调动和激发学生自主学习和发展的内驱力。

© 上海市育才中学

同时，11 所高中还注重以教学科研和改革实验推动学校发展，不仅在上海市实验性示范性高中建设进程中发挥主力军作用，还进一步辐射带动上海新一轮高中教育持续优质发展。

链接三 畅通应用型人才成长渠道

2017 年 10 月，在阿联酋阿布扎比举办的第 44 届世界技能大赛上，来自中国上海的选手潘沈涵和杨山巍分别获得花艺和车身修理项目金牌，实现上海选手在该赛事中金牌“零的突破”。世界顶尖应用型人才涌现的背后，凝聚着多年来上海为持续加强职业教育体系建设所作的不懈努力。建设“五个中心”、打响“四大品牌”、产业转型升级……这些重大战略的推进实施都对高素质劳动者和应用型人才提出了新需求。如何畅通应用型人才向更高层次“深造”的渠道，成为了上海职业教育体系建设亟待突破和解决的关键问题。

为此，上海分别从 2010 年、2014 年启动“中高职贯通”“中

© 2014 年 9 月，上海首次推行中职—应用本科贯通培养模式

本贯通”模式试点工作。所谓“中高职贯通”，是指中职学生经过 5 年学习获得高职学历证书和相关技能证书；而“中本贯通”，则是指中职学生经过 3 年中职和转段考试后升入 4 年本科学习，完成学业可以获取本科学历证书和技能证书。到 2018 年，上海已经设立了 165 个中高职贯通专业试点和 52 个中本贯通专业试点，通过打通中职、高职和应用本科“壁垒”，为应用型人才成长搭建“立交桥”，极大地提升了职业教育的吸引力和竞争力。

（龚思文）

C919
C919
↙H H2 H↗

67 国产大型客机翱翔蓝天

2017年5月5日，由中国自行研制、具有完全自主知识产权的喷气式大型客机C919，在上海浦东国际机场一跃而起，直上云霄；79分钟后，飞机稳稳降落，C919首飞取得圆满成功。这一历史性时刻，标志着萦绕中华民族百年的“大飞机梦”终于取得历史性突破，意味着中国飞机制造业真正走出了一条自主研制的大发展之路。在这之前，由中国自主设计并制造的新一代支线喷气式客机——ARJ21已于2008年11月在上海成功首飞，并于2016年6月正式投入运营。

进入21世纪后，为改变我国干线飞机完全依靠进口的局面，党中央、国务院决定启动大型飞机研制重大科技专项。2007年2月，国务院原则批准大飞机项目落户上海。2008年5月，中国商用飞机有限责任公司（中国商飞）在沪揭牌成立，中国大型客机研制项目正式启动，首型大飞机取名C919。此后，C919走上了一条“中国设计、系统集成、全球招标，逐步提升国产化”的发展道路，形成了以上海为龙头，陕西、四川、江西、辽宁、江苏等22个省市、200多家企业、近20万人参与的民用飞机产业链，提升了我国航空产业配套能级。

伴随着ARJ21新支线飞机投入运营、C919大型客机成功首飞，我国民用飞机正在向市场化、产业化、国际化快速推进。通过C919和ARJ21客机研制，我国掌握了5大类、20个专业、6000多项民用飞机技术，加快了新材料、现代制造、先进动力等领域关键技术的群体突破，推进了流体力学、固体力学、计算数学等诸多基础学科的发展，初步走出了一条国家重大科技专项创新发展之路。

链接一

百年江南造船厂的『二次创业』新辉煌

在黄浦江浦西沿岸卢浦大桥与南浦大桥之间，曾经坐落着拥有100多年历史、被誉为“中国第一厂”的江南造船厂。这里曾创造了中国第一炉钢、第一门钢炮、第一艘铁甲兵轮、第一台万吨水压机、第一艘潜艇。到了改革开放新时期，“江南巴拿马”型散货船成为中国第一个在国际市场挂牌交易的著名品牌；“远望”系列航天测控船为中国航天事业作出突出贡献。然而，由于受限于黄浦江水深等因素，进入21世纪后江南造船厂只能承建10万吨以下船舶，通过“二次创业”实现转型突破正当其时。

◎ 拥有一百多年历史的江南造船厂从黄浦江畔搬迁至东海之滨

2005 年 6 月 3 日，江南长兴造船基地在长兴岛的芦苇荒滩上打下第一根桩；经过三年时间，江南造船厂完成了“从江边到海边”“从陆上到岛上”的整体搬迁。同时，船厂干部职工克服生活条件艰苦等困难，共同推动这座百年老厂实现造船技术质的飞跃。2012 年，江南造船厂拿下“雪龙”号恢复性改造施工合同，正式进军极地科考船领域；同年，为海军建造的第一艘 052D 型驱逐舰下水；2015 年，首艘万吨级海监船“中国海警 2901”交付。2017 年，我国完全自主研制的 055 型万吨级驱逐舰在基地下水，成为我国海军实现战略转型发展的标志性战舰。目前，江南长兴造船基地拥有 4 座大坞、17 座舾装码头，是目前国内规模最大、设施最先进、生产品种最为广泛的现代化造船基地。

链接二

华力二期新生产线助『中国芯』增产能

小到公交卡和手机，大到航空航天工程，芯片都是必不可少的核心部件。虽然中国电子信息产业在全球所占规模非常可观，但国产高端芯片在全球市场的份额占比很有限。2016 年 12 月，作为“909 工程”二次升级改造项目——总投资 387 亿元的华力 12 英寸先进工艺集成电路生产线在上海浦东康桥工业区开工建设，迈开了大幅提升本土芯片制造能力的新步伐。

上海是国内集成电路产业链最完整、产业集中度最高、综合技术能力最强的标杆区域。在这之前，上海华虹集团已经拥有三条具备国际竞争力的 8 英寸芯片生产线、一条全自动的 12 英寸芯片生产线和一个国家级集成电路研发中心。此次开建项目是华虹集团的第二条 12 英寸芯片生产线。相比于第一条 12 英寸生产线，新生产线在技术工艺和产能两方面都有所提升——工艺覆盖 28 纳米以下，属于全球的主流工艺技术，日后将逐步具备 14 纳米三维工艺的高性能芯片生产能力；月产能从原来的 3.5 万片提升到 4 万片，这就意味着项目投产后，华虹集团 12 英寸芯片的月产能将翻一番。

◎ 上海华力微电子 12 英寸集成电路生产线

经过 22 个月的艰苦奋战，2018 年 10 月，华力二期 12 英寸先进生产线正式建成投片。向着加快关键核心技术研发、进一步完善集成电路产业体系的目标，新生产线助力“上海制造”在新的起点上再出发。

链接三

北斗西虹桥基地促卫星导航产业集聚

作为中国自行研制的全球卫星导航系统，北斗导航产品在空间检测、智能物流、无人驾驶汽车、农机导航等领域体现出了强大的市场竞争力，也是上海科技创新的重要方向。中国北斗西虹桥基地坐落于上海青浦，北斗导航相关的百余家企业正是在这里安营扎寨、茁壮成长。

2013 年底，由西虹桥商务开发有限公司投资建设的北斗西虹桥基地开园运营，成为国内首个正式运营的北斗产业园。园区开园以来，产业集聚效应明显，已形成了较为完整的垂直产业链分工——产业链上游，有海积、金赞、北伽等企业，这些企业致力于导航芯片研发、相关导航机器的零部件生产；中游有真灼、华测、索罗斯腾、联适、艾倍科

© 中国北斗产业技术创新西虹桥基地

等企业，主攻导航产品，如测量接收机、综合控制系统等；下游有普适、势航、博冕、齐运、爱喜、心云等企业，主要提供基于北斗导航核心技术的综合测绘服务、健康监测服务、公共交通服务等，还有一些产业配套和跨界融合企业。园区企业连成串、结成片、组团式发展，“强强联手”形成科创“生态林”，大大提升了科创成果转化的效率和成功率。

如今，市民们时刻体验着由物联网、智慧交通、物流配送带来的便利，离不开北斗西虹桥基地及园区企业的承载和支持。

（龚思文）

原油期货
上市仪式
9:08:12
原油期货合约行情
原油期货上市仪式

68 “中国版”原油期货在上海启航

2018年3月26日，中国原油期货在上海期货交易所正式上市交易。交易首日即迎来“开门红”——原油主力合约SC1809成交4.07万手、成交176.40亿元；原油品种成交4.23万手、成交183.47亿元。原油是石油中最大、最基础的产品，而中国是原油的进口和消费大国。能否形成反映中国和亚太地区石油市场供求关系的价格体系，关乎中国在国际能源市场的定价权、话语权。

作为我国期货市场第一个对外开放的品种，中国原油期货从开始酝酿到最终上市，经历了17年时间。2001年，上海期货交易所开始研究论证石油期货交易，对石油期货产品上市路径提出“两步走”策略：先从石油产品中市场化程度最高的燃料油起步，再逐步推出其他石油期货。2004年，燃料油期货上市交易；2013年，石油沥青期货上市。通过这两种期货产品的交易，我国石油期货合约的设计、交易结算、交割流程、仓库管理、风险控制、市场监管等得到了全流程的检验和完善。党的十八大以来，中央有关部委同上海市一起，从原油期货的产品设计、交易结算、交割安排、市场参与者制度、标的原油确定、海关申报、税收制度、监管规则调整、跨境监管安排等多个方面开展了全方位的组织协调和筹备，终于推动原油期货于2018年正式上市。

中国原油期货的上市为国内外能源生产、流通、消费企业和各类投资者提供了风险管理工具，成为金融服务实体经济的重要力量，也是服务国家“一带一路”倡议，助力我国金融对外开放以及上海国际金融中心建设的有力举措。

链接一

『上海金』：人民币定价的国际金融产品

为适应国际金价瞬息万变的形势，2002年10月，上海黄金交易所（简称“上金所”）正式开业，成为我国唯一专门从事黄金交易的国家级市场，进而逐步建成了由竞价、询价、定价、租赁等市场共同组成的多层次黄金市场体系。自2007年起，上金所已连续成为全球最大的场内黄金现货交易所，白银交易量也居全球场内交易市场第三位。

在此基础上，2014年9月，上金所设在上海自贸试验区的国际化平台——上海国际黄金交易中心正式运营，启动并推出“黄金国际板”。国际投资者可使用离岸人民币自由

◎ 2002年10月，上海黄金交易所正式开业

参与上金所所有产品的交易，共享中国黄金市场发展机遇。“上海金”成为中国增强全球要素定价权的重要尝试，国际黄金市场由此形成以人民币标价的“上海金”基准价格，与以美元标价的LBMA黄金基准价格互为补充，推动国际黄金市场体系平衡发展。

为进一步增强人民币在黄金定价中的话语权，上金所还结合自身优势，推出全球第一个以人民币标识、交易、结算、交割的黄金集中定价交易机制，每天2次向全球发布“上海金”基准价。目前，上交所正着力推动黄金市场联网登记托管平台建设，积极推进“互联网黄金”业务。

链接二

『沪港通』：我国证券市场走向世界关键一步

英国《金融时报》曾提到，上海和香港证券市场互联互通，“或许是自欧元问世以来金融市场上实施的最复杂的项目”。这话并不是空穴来风。实现“沪港通”，需要创造性地解决交易机制、结算交收、市场监管、投资者保护、额度控制等一系列复杂问题，涉及制度、技术、法律等各个层面的改革和创新。因此，2014年11月17日“沪港通”正式“开闸”，这一标志性事件吸引了各方关注。

“沪港通”的实施，无论是对增强中国资本市场的综合实力，提升上海和香港两个国际金融中心的地位，还是对推动中国资本市场对外开放和人民币国际化，都具有重要意义。自推出以来，“沪港通”运行平稳并经受住市场波动的考验，成为境外投资者参与A股市场和内地投资者投资港股的重要通道。到2018年11月，迎来“四周岁生日”的“沪港通”累计成交10.31万亿元人民币。

“沪港通”迈出关键一步后，中国证券市场进一步走向世界。2015年11月，上海证券交易所、中国金融期货交易所与德意志交易所合资成立中欧国际交易所，欧洲离岸人民币证券市场正式运

◎ 2014 年，沪港股票市场交易互联互通机制试点开通仪式在上海举行

行。2018 年 11 月，“上海证券交易所与伦敦证券交易所互联互通存托凭证业务”（“沪伦通存托凭证”）相关配套业务规则正式发布实施，“沪伦通”进入倒计时。

链接三

上海清算所：力推全球中央对手方协会落户中国

2008 年，美国第四大投资银行雷曼兄弟公司破产，次贷危机从华尔街迅速蔓延并引发全球金融海啸。然而，伦敦清算所凭借其运行机制，迅速处置未平仓头寸，有效地避免损失并阻截了冲击；此外，凡是建立中央对手清算机制的金融市场，也都没有受到严重冲击。一时间，以伦敦清算所为代表的中央对手清算机制引起全世界关注。

第二年秋天，上海清算所正式开业，“白手起家”迅速建成了我国场外金融市场的中央对手清算服务体系，覆盖利率、汇率、债券、大宗商品等 17 项中央对手清算业务，并成立中国公司信用债券登记托管结算中心。“可交割外汇期

◎ 2009 年 11 月，上海清算所正式开业

权中央对手清算服务”等都是出自上海清算所的“世界第一”。2018 年 2 月，上海清算所正式推出跨境外汇即期交易中央对手清算业务，实现了我国跨境外汇交易清算基础设施建设新突破。

2013 年 5 月，年轻的上海清算所正式加入全球中央对手方协会（CCP12）——这一成立于 21 世纪初、久负盛名的国际组织。2015 年 5 月，在 CCP12 圣保罗全体会员大会上，上海清算所高票当选为执委会成员。在上海清算所大力推动下，CCP12 实体落户于中国上海，并于 2017 年 1 月开业运营。上海国际金融中心建设又翻开了新的一页。

（龚思文）

http://zwdt.sh.gov.cn/govPortals/index.do
一网通办
上海市人民政府
www.shanghai.gov.cn
上海城市精神
海纳百川 · 追求卓越 · 开明睿智 · 大气谦和
首页
一网通办
要闻动态
政务公开
政民互动
公众服务
走进上海
无障碍
一网通办
部门入口
区入口
请输入关键字或统一审批编码
一网通办首页
个人办事
法人办事
行政权力
公共服务
您好！请登录
注册
返回
做实"一网通办"内容，打响"一网通办"品牌
智能推荐
进度查询
物流查询
猜您关注
三金查询
本市居民去港澳
本市居民出国
社会投资工程项目
企业开办"一窗通"
建设工程联审共享平台
企业服务云
企业信息公示
办事提醒
纳税申报
全流程一体化在线服务平台
统一身份认证
统一总客服
统一公共支付
统一物流快递
长三角"一网通办"
诉讼服务
检察为民
个人社区事务服务
不动产登记
开办企业"一窗通"
电子税务局
义务教育招生入学
政务服务
适用人群
热点推荐
按个人
按法人
按部门
按主题

69 像“网购”一样便利的“一网通办”

2018年10月17日，经过3个多月的试运行，上海政务“一网通办”总门户正式上线；38个市级部门、16个区、220个街镇社区事务受理服务中心的网上办事服务入驻“一网通办”总门户，1008项事项实现网上办理，97%以上的审批及服务事项实现只跑一次、一次办成，167项服务事项实现全市通办。在“互联网+”、大数据、云计算高速发展的今天，以“中国上海”门户网站为总门户、“随申办市民云”APP为移动端载体的上海政务“一网通办”成为上海优化营商环境的“新名片”。

同年3月，市委、市政府印发《全面推进“一网通办”加快建设智慧政府工作方案》；4月，上海市大数据中心揭牌成立，本市人口、法人、空间地理、电子证照四大基础数据库完成“上云迁移”；7月1日，“一网通办”总门户上线试运行；9月1日，“市民云”APP上线，实现统一身份认证、统一总客服、统一公共支付平台和统一物流快递。9月底，上海统一政务数据共享交换平台投入运行，实现与各部门数据对接。有了完善的基础支撑，“一网通办”正式开通可谓水到渠成。11月1日，《上海市公共数据和一网通办管理办法》正式施行，“一网通办”的推进实施得到进一步规范和保障。

加强政务数据资源整合，打通信息壁垒和“数据孤岛”；变“串联”为“并联”，实现业务流程革命性再造；政府部门由

“朝南坐”转变为主动提供“推送式”服务；审批事项100%接入……随着“一网通办”深入实施，受益面也持续扩大。截至2019年3月22日，上海已有771万个人用户、189万企业法人在“一网通办”建立档案，“随申办市民云”用户已超过1000万。“找政府办事像‘网购’一样便利”，在上海已然成为现实。

链接一

沪上先行：政务公开·政府『上网』

从20世纪90年代起，“政务公开”工作开启了上海建设法治政府、服务政府、责任政府新篇章，也为上海经济健康有序发展起到了重要保障作用。

1998年12月，市委、市政府印发《关于实行政务公开制度，深入开展政务公开工作的决定》，就政务公开内容形式等提出了明确要求；自2001年起，市政府主要文件以《上海市人民政府公报》形式向市民免费发放。同时，政府及其部

◎ 2001年起，《上海市人民政府公报》向市民免费发放

门“上网”步伐也不断加快。1999年1月，本市开通“公众信息服务网”，市政府所属委办局和公用事业单位实现政（事）务公开信息上网；2002年1月，“中国上海”门户网站正式开通，及时更新和发布法规、规章和相关政策性文件，并通过持续优化完善，努力打造市政府政务公开和市民、企业网上办事的线上“窗口”。上海政务“一站式服务”初具雏形。

2004年1月，上海颁布《上海市政府信息公开规定》并于5月起施行，在全国省级政府中第一个制定政府信息公开规章，并率先强调“公开是原则，不公开是特例”。在良好的法治和营商环境成为上海标志性特征的今天，起步于当年的政务公开以及政府“上网”可谓是开先河之举。

链接二

『上海发布』：权威信息即时共享

2011年7月，中国互联网络信息中心（CNNIC）发布报告指出，上半年中国微博用户从6331万增至1.95亿，微博在网民中的普及率从13.8%增至40.2%。在微博迅速崛起的同时，这一新媒体基于“关注”和“分享”的优势特性也引起市委、市政府高度关注。

同年11月28日上午8时40分，忙着刷新微博的市民不约而同地“遇见”并关注了一位新“博主”——“@上海发布”。这个由市政府新闻办实名认证的政务微博，开通短短20分钟内粉丝总数就突破了10000人。“上海发布”设有“早安上海”“午间时光”“灯下阅读”“天气预报”“空气质量”“交通快讯”“住房保障”“菜里乾坤”等内容丰富的栏目，基本涵盖了市民生活“衣食住行”等方方面面；它不仅通过发布权威的上海政务信息为市民提供即时资讯，还通过风趣幽默的语言增进与网友互动，从而及时回应群众关切。

“上海发布”强大功能背后，是“一站式服务”理念指引下本市政务微博群联

◎“上海发布”团队参与报道上海“两会”后的市政府记者招待会

动及多部门信息整合；彰显的不仅是政务服务与新媒体结合的传播方法，更是引领着“互联网 + 政务”的发展趋势。开通仅仅半年多，“上海发布”就荣登全国政务微博影响力首位；2016 至今连续三年荣膺“上海政务新媒体特别贡献奖”。

链接三

申城『一号通』：打造政务『总客服』

进入 21 世纪以来，为加强同市民群众沟通联系，本市各级政府及工作部门曾各自设立政务服务热线共计 230 余条。但群众反映号码太多“记忆不便”，工作人员反映跨部门问题“处理不便”。经充分酝酿，2012 年，市政府决定将各条热线归于“一号通”，让热线电话走出“碎片化”困境。

2012 年 10 月 8 日，上海市民服务热线“12345”开通试运行，全天候接听市民来电。市民拨打“12345”后，首先由呼叫中心话务员接听，对于能直接解答的咨询类问题就直接解答，对于不能马上解决的咨询类问题及求助、投诉和建议

◎ 上海市“12345”市民服务热线受理现场

则及时转交相关区县、部门办理。相关区县、部门办理来电事项并回复市民的同时，需将办理结果反馈给市民服务热线。从纵向上看，“受理、派单、处置、反馈、督办、回访”的工作流程形成闭环；从横向上看，热线平台上不同部门“一门式办公”，有助于实现政务服务功能的整合与协同运作。

上海市“12345”市民服务热线以优质高效服务获得了广泛好评。以 2017 年为例，热线共接听市民电话 330 万个，网站和手机 APP 受理 21 万件，转送工单 173 万件；人工回访事项解决率 83.4%，电话回访市民 15.7 万件，综合满意率达 93.4%。

（龚思文）

CHINA INTERNATIONAL IMPORT EXPO
CIIE

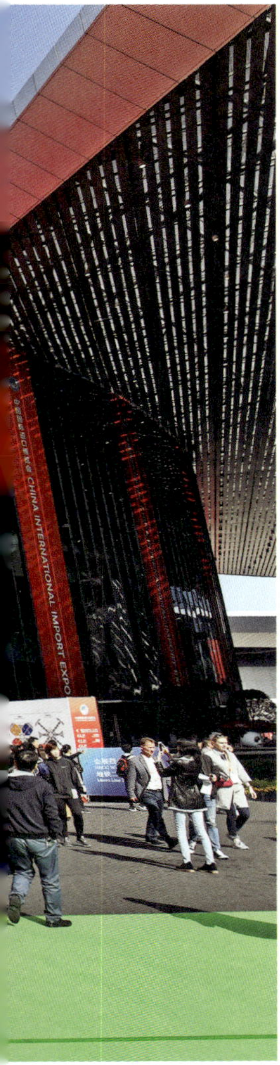

70 首届进博会在上海成功举办

2018年11月5日，以“新时代，共享未来”为主题的首届中国国际进口博览会在上海隆重开幕。这是由中共中央总书记、国家主席、中央军委主席习近平亲自谋划、亲自提出、亲自部署推动的盛会，是迄今为止世界上第一个以进口为主题的国家级展会，是国际贸易发展史上一大创举。

“中国经济是一片大海，而不是一个小池塘”。这个“大海”，是无惧任何狂风骤雨的壮阔之海，是不拒众流的“开放之海”，是共享中国市场的“机遇之海”。在进博会开幕式上的主旨演讲中，习近平主席掷地有声的话语，为推动建设开放型世界经济、支持经济全球化亮出“中国方案”，宣布中国进一步扩大开放的重大举措——激发进口潜力、持续放宽市场准入、营造国际一流营商环境、打造对外开放新高地、推动多边和双边合作深入发展，为全球经济和自由贸易秩序注入信心和动力。

为期六天的首届中国国际进口博览会，举办场馆为国家会展中心（上海），展览总面积达30万平方米；共吸引了172个国家、地区和国际组织参会，3600多家企业参展，超过40万名境内外采购商到会洽谈采购；按一年计，累计意向成交578.3亿美元。在当前保护主义、单边主义抬头的背景下，举办进博会是中国主动向世界开放市场的重大举措，也是中国推动建设开放型世界经济、支持经济全球化的实际行动。当前，按照习近平总书记关于进博会“不仅要年年办下去，而且要办出水平、办出成效、越办越好”的重要指示精神，第二届中国国际进口博览会各项服务保障准备工作已全面部署并扎实推进。

新时代，共享未来！“6 天 +365 天”，进博会永不落幕！

链接一

承载重大展会举办的国家会展中心

改革开放新时期，上海连续举办华交会、工博会、跨采大会、上交会等在国内外有广泛影响的大型会展，办展数量、专业展规模和展出面积不断增大，对展会举办场馆也提出了更高要求。为适应会展业快速发展新形势，商务部、上海市在虹桥商务区共同建设具有国际一流规模、水平和竞争力的国家级会展项目——国家会展中心（上海）。

2014 年 12 月，国家会展中心（上海）建成。该项目位于虹桥商务区，总建筑面积 147 万平方米，拥有 40 万平方米的室内展厅和 10 万平方米的室外展场，配套 15 万平方米商业中心，是目前世界上面积最大的建筑单体和会展综合体。从空中俯瞰，其建筑整体呈四叶草造型，气势宏伟、蔚为壮观，人们将其形象地称为“四叶草”。国家会展中心（上海）是上海国际贸易中心建设的加速器和

◎ 呈“四叶草”造型的国家会展中心（上海）

国内外交流合作、互利共赢的大舞台，吸引上海车展、法兰克福汽配展、工博会等知名展会前来落户，也成为首届中国国际进口博览会的举办场馆。

随着国家会展中心（上海）的建成，上海可供展览面积和展出总面积跃居世界城市前列；到 2017 年，全市可供展览面积已超过 100 万平方米，位居全球主要会展城市第一；是年上海展览业直接带动相关产业收入超过 1200 亿元，展览会的辐射力、影响力也不断扩大。

链接二

展示装备制造业高新技术的工博会

工博会（全称中国国际工业博览会）是中国唯一以高新技术装备为交易展示主体的国家级大型工业博览会。它的前身是 1999 年由上海市人民政府、国家经贸委、外经贸部共同主办的上海国际工业博览会；经国务院批准，2006 年正式更名为中国国际工业博览会。历经 20 年的发展，工博会通过市场化、专业化、国家化和品牌化运作，集展示、交易、评奖、论坛等多种功能于一体，逐步成为我国乃至亚太地区最具影

◎ 工博会的“数控机床与金属加工”展区

响力、最具权威性的装备制造类大型国际品牌展之一。

工博会举办期间，许多境外企业通过这一平台展示最新技术产品，寻求交流合作，开拓中国市场。以 2018 年 9 月举办的第 20 届工博会为例，在“创新、智能、绿色”主题指引下，欧盟“Horizon 2020”精挑细选 18 家创新企业首次参展，展示其全球尖端创新产品，涉及绿色建筑循环利用、碳排放和回收等技术和设备；ABB 也首次发布该公司历史上最小的工业机器人，希望在中国获得更大的市场份额。与此同时，工博会还是中国企业“发声”和展示的平台，包括神舟五号返回舱、C919 大型客机、北斗导航等“大国重器”都曾集中展示于工博会，为我国制造业转型发挥了示范引领作用。

链接三

『上海车展』成为汽车产业变革窗口

2019 年 4 月 16 日至 25 日，以“共创 · 美好生活”为主题的第 18 届上海国际汽车工业展览会（简称“上海车展”）在国家会展中心（上海）举办，吸引 99.3 万人次参观者来到现场观展。与 1985 年首届上海车展“73 家参展商、1.5 万平方米展台面积”的规模相比，34 年后的上海车展早已是“今非昔比”——展出总面积超过 36 万平方米；20 个国家和地区

的1000余家知名汽车厂商共展出整车近1500辆，其中全球首发车129辆，新能源车218辆，概念车76辆。

创办于1985年的上海车展，是中国最早的专业国际汽车展览会，逢“单数年”举办。2004年6月，上海车展成为中国第一个被国际博览联盟（UFI）认可的汽车展。伴随中国汽车工业发展，经过30多年积累，上海车展已经成为中国最权威、国际上最具影响力汽车大展之一，不仅集中展现汽车行业最前沿技术与产品，也引领着参观者共同体验当下汽车发展新趋势，真正成为了解汽车产业变革的一扇窗口。同时，上海车展还以官方网站为平台，引进世界一流的网上互动多媒体交流与展览技术，举办“网上互动上海车展”，并组织“中国汽车设计论坛”等高层次论坛等与之配套，进一步扩大其参与面和影响力。

（龚思文）

◎ 2004年6月，上海车展成为中国第一个被UFI认可的汽车展

后　记

为庆祝新中国成立70周年、上海解放70周年，在市委宣传部的支持下，由中共上海市委党史研究室编写的《上海相册：70年70个瞬间》一书，在上海解放70周年之际，正式出版与广大读者见面了。

中共上海市委宣传部多次关心本书的编写工作。市委党史研究室高度重视本书的编写工作。研究二处、研究三处全体人员精心编写、全力推进。徐建刚主任全程主持本书研讨、写作和修改；严爱云副主任、谢黎萍副主任参与了全书的组织、协调，并提出大量宝贵修改意见；黄金平、张励负责全书的框架设计、推进落实以及统稿。全书由谢黎萍副主任负责初审，徐建刚主任终审定稿。在本书编写过程中，还得到了相关区委党史研究室的大力支持，为我们提供了珍贵的历史照片和资料。市委党史研究室相关处室给予热情支持和大力帮助，郭炜、胡迎、张丽燕、王岚协助做了大量照片查找工作，姚吉安协助拍摄有关照片。上海人民出版社编辑为本书的出版付出了辛勤劳动，在此一并致谢。

由于我们水平有限，加之时间紧、跨度大，书中疏漏和不足之处，希望广大读者给予批评指正。此外，本书所用照片的摄制者，有的因各种原因一时未能取得联系，望能在见书后与我们联系。

编　者

2019年4月

图书在版编目(CIP)数据

上海相册:70年70个瞬间/中共上海市委党史研究室编;黄金平,张励主编. —上海:上海人民出版社,2019
ISBN 978-7-208-15814-6

Ⅰ. ①上…　Ⅱ. ①中…②黄…③张…　Ⅲ. ①上海-地方史-摄影集　Ⅳ. ①K295.1-64

中国版本图书馆CIP数据核字(2019)第069841号

责任编辑　罗　俊
封面设计　零创意文化

上海相册:70年70个瞬间
中共上海市委党史研究室 编
黄金平　张励 主编

出　　版　上海人民出版社
　　　　　(200001　上海福建中路193号)
发　　行　上海人民出版社发行中心
印　　刷　上海中华印刷有限公司
开　　本　720×1000　1/16
印　　张　27
插　　页　2
字　　数　385,000
版　　次　2019年5月第1版
印　　次　2020年7月第5次印刷
ISBN 978-7-208-15814-6/D·3399
定　　价　98.00元